메타사피엔스

현실이 된 가상을 살아가는 메타버스의 신인류

메타사피엔스

지은이 | 송민우, 안준식
사 진 | CHUYO
총 괄 | 송준기

초판 1쇄 인쇄 | 2021년 12월 10일
초판 1쇄 발행 | 2021년 12월 17일

책임편집 | 유지은
편 집 | 윤소연, 양지원

마케팅 총괄 | 임동건
마케팅 | 이혜연, 김미나, 이현아, 안보라, 한우리, 브루스
경영지원 | 이순미
펴낸곳 | 파지트
디자인 | 빅웨이브
제작지원 | 플랜비디자인

출판등록 | 2021-000049 호
주소 | 경기도 화성시 동탄원천로 354-28
전화 | 031-8050-0508
팩스 | 02-2179-8994
이메일 | pazit.book@gmail.com

ISBN | 979-11-976316-1-0 03320

META SAPIENS

메타사피엔스

송민우 · 안준식 지음

PAZIT

송민우, 안준식, 두 저자는 분명 2021년 우리 곁에 있다. 그러나 그들은 2045년 《레디 플레이어 원》 속 '오아시스'를 살아가는 탐험가이기도 하다.

2021년 들어 이 글을 쓰는 시점인 10월까지, 나는 대략 300여 기업을 만났다. 최고 경영자를 만나 자문하고, 임직원 대상으로 강연하며, 실무자들과 프로젝트를 하면서 늘 언급되는 소설이 있었다. 바로 2011년, 어니스트 클라인의 데뷔작인 장편 소설 《레디 플레이어 원》이다. 우리에게는 원작 소설보다 2018년 개봉했던 스티븐 스필버그 감독의 동명 영화가 더 익숙하기는 하다.

"레디 플레이어 원 같은 메타버스 세상은 언제쯤 오나요?"

이런 질문을 받을 때마다 "이미 우리 곁에 거의 도착했습니다. 당신이 생각하는 메타버스가 영화 속 오아시스 같은 VR기기 기반의 메타버스라면 근접한 게 있습니다."라고 답변하지는 못하고 삼켜버렸다. 다만 "〈VR챗〉이라는 플랫폼이 있는데, 나중에 둘러보면 좋겠습니다."라고 답하곤 했다. 〈VR챗〉의 하루 평균 사용자 수는 대략 1만 5천 명 정도이다. 국내 사용자는 그중에 십 분의 일도 안 되리라 짐작한다. 사용자 수가 매우 적고, 접속 환경이나 사용 방법이 대중적이지 않아서 아직 우리에게는 꽤 낯선 메타버스이다. 그러나 메타버스를 꿈꾸고, 만들려는 이들이라면 적어도 한 번쯤은 〈VR챗〉 세상을 탐험해보면 좋겠다. 우리에게는 제페토, 로블록스, 마인크래프트, 이프랜드, 게더타운 등이 더 익숙한 메타버스이지만, 어니스트 클라인이 상상했던 '오아시스'를 먼저 도달한 이들이 어떤 메타버스를 만들고, 무슨 생각을 하며, 어찌 살아가는지 궁금하지 않은 가? 이 책은 당신을 그 세상으로 인도한다. 2021년에서 2045년 메타버스를 살아가는 두 탐험가의 이야기를 들어보자. 두 탐험가는 그들의 메타버스에서 어떤 미래를 보았을까?

김상균, 인지과학자 · 교수

메타버스를 잘 이해하기 위한 가장 좋은 방법의 하나는 온몸으로 이미 그것을 경험하고 있는 사람에게서 메타버스의 현재와 미래에 관해 이야기를 듣는 것이다. 독창적이고 흥미로운 사례들로 가득한 이 책은 저자들의 풍부한 경험을 바탕으로 메타버스가 인류의 지평을 가상 세계로 어떻게 확대해 나가고 있는지 명백하게 보여주고 있다.

김종성, 유튜버 · 〈위니버스〉 대표

메타버스는 이미 와 있다. 그리고 바로 이 책을 통해 일반인들의 경험 너머 메타버스 가장 최전선에서 어떤 일들이 일어나고 있는지 그 생생한 목격담을 들어볼 수 있다. 이미 현실보다 VR 세계에서 더 많은 삶을 사는 두 개척자의 체험담을 통해 우리 앞에 다가온 메타버스의 삶을 미리 느껴 보기 바란다. 메타버스가 만들 세계를 더 깊게 이해하고 싶은 이들에게 이 책을 권한다.

류정혜, 카카오엔터테인먼트 그룹장

미디어 연구자 마셜 매클루언은 "미디어가 인간 육체나 정신을 확장한다." 라고 말한다. 음성을 널리 전달하는 라디오는 귀의 확장이고, 활자를 인쇄하는 기술은 눈의 확장인 셈이다. 이 책은 전방위적으로 인간을 확장하는 메타버스의 세계로 우리를 이끈다. 메타버스에서 우리는 인간 시각의 한계를 뛰어넘고, 아바타를 통해 촉감을 경험하며, 24시간으로 분절되지 않는 가상의 시간을 경험한다. 메타버스가 만드는 여러 가능성을 이야기할 때 우리가 의외로 간과하는 것은 이 공간이 사람들이 모인 공동체라는 점이다. 성별과 지위가 드러나지 않는 아바타들은 소통의 규칙을 형성하고 새로운 방식으로 관계를 맺어나간다. 코로나19 감염의 걱정이 없는 그곳에서 그들은 같이 영화를 보고 맥주를 마시고 교회에 간다. 이 책은 신인류가 모이는 공동체로서의 메타버스로 향하는 안내서이다.

장정우, KAIST 인문사회과학부 교수

이 책은 우리에게 가상이 현실인지, 현실이 가상인지, 이 둘의 구분이 의미가 있는지 묻는다. 진실을 왜곡하는 인간의 불완전한 감각과 인지 때문에 고통이 생기고 이를 무지라 한다. 무지가 고통의 원인인지 행복의 원인인지는 차치하고, 이런 관점에서 생각해 보면 우리가 살고 있다고 굳게 믿고 있는 현실 세계 역시 이미 메타버스다. 그렇다면 메타버스에 대한 오해와 편견을 가질 이유 자체가 사라진다.

최두아, 휴레이포지티브 CEO

송민우, 안준식 두 저자는 메타버스의 세상이 뜨거운 이슈가 되는 오늘날, 한 권의 책으로 앞으로 일어날 세상, 사실은 현재에도 존재하는 세상에 관하여 기술하였다. 현재와 미래를 오가면서 현실감 있고, 섬세하며, 구현할 수 있는 상상의 나래를 폈다. 디지털과 새로운 인류의 만남, 우리가 알고 있던지 모르고 있던 익숙하면서도 새로운 세상인 메타버스에 관한 이야기이다. 인류가 지금까지 한 번도 경험해 보지 못한 세계를 미리 내다보며, 새로운 세계를 만들어내는 사회 현상과 기술에 대해 적절하게 표현된 내용은 두 저자만의 독특한 콘텐츠일 것이다. 또한 두 저자는 젊은 눈으로 보는 디지털의 신인류, 디지털이 만들어내는 가상 사회, 메타버스가 인공지능을 만나면 나타나는 문화 등 다양한 분야의 현상들도 같이 이야기한다. 참고할 만한 것들이다. 이제는 시간과 공간을 초월하며 만들어지는 신대륙을 두 저자의 상상 속에서 만나 보길 바란다.

최재홍, 강릉 원주대학교 교수

VR이라는 이름으로 이미 메타버스를 즐겨왔던 마니아들의 심리와 그 기반이 되는 기술들의 특징을 깊이 있게 파고들고 있다. 너도나도 표면적으로만 메타버스를 외치는 시대에 무엇이 진짜 중요한 요소인지를 알려준다.

황준원, 유튜버 · 〈미래채널MyF〉 대표

2020년 이전까지 역사 속 한 귀퉁이에 묻혀있던 '메타버스'라는 단어가 2021년 인류의 삶 속으로 파고들었다. 2007년 애플의 아이폰이 등장했던 때와 정확하게 똑같은 시대가 펼쳐지고 있다. 스마트폰이 세계에 등장한 이후 모든 기업이 '모바일의 세계'를 향해 뛰어갔던 것처럼, 메타버스라는 단어가 등장하기만을 기다렸다는 듯 모든 조류가 메타버스의 시대를 향해 흐른다. 이 책은 현실 경계 언저리에 있는 가상 세계의 비밀을 낱낱이 해체한다. VR과 AR 기술의 진보가 현실과 맞닿으며 어떤 방식으로 혁신이 작동되는지 그 원리를 눈앞에 가져다준다. 이 책을 통해 메타버스라는 4음절의 홍수 너머에서 건져 올려 쥐어야 할 몇 가지를 한번 확인해 보시길 소망한다.

홍성용, 〈매일 경제〉 기자 · 《네이버vs.카카오》 저자

실제 디지털 그래픽의 침대에서
잠들고 일어나며, 일상을 살아가는
진정한 메타버스의 사람들

'제페토와 로블록스의 늪에서 벗어나야만 한다.'

저희가 책을 쓰기까지의 여정은 이 생각과 함께 출발했습니다. 그것이 메타버스의 도래를 반대하였기 때문은 결코 아닙니다. 필자들은 '메타버스'라는 키워드가 떠오르기 한참 전부터 이미 가상 현실 속에서 수많은 국적의 사람들과 밤을 지새우며 살았습니다. 그래서 처음 제페토가 알려지기 시작했을 즈음에는, 그것이 더 많은 사람을 가상 현실로 데려오리라는 기대감을 품었습니다. 하지만 제페토 이용자는 현실과 가상 현실에 대등한 가치를 부여하지 못했습니다. '살아갈 수 없는' 가상 현실은 그저 가상일 뿐, 우리의 현실이 될 수 없었기 때문입니다.

그래서 이 책에서는 실제 디지털 그래픽의 침대에서 잠들고 일어나며, 사람들을 만나고 일상을 살아가는 진정한 메타버스의 사람들에 관해 이야기하려 합니다. 이들이 창조한 세계와 그 속에서 공유되는 문화, 그리고 무엇보다도 진정한 메타버스에서의 삶을 소개합니다. 이는 먼 미래나 상상의 이야기가 아닙니다. 지금, 이 순간, 현실에 존재하지 않는 풍경 속을 살아가는 사람들의 수는 지난 몇 년 동안 급속도로 증가해 왔습니다. 그래

서 이제는 그 흐름을 소개해야 할 때가 되었다고 생각합니다.

챕터1에서는 현실보다 더 현실 같은, 진정한 메타버스의 인류가 살아가는 가상 현실을 소개합니다. 이곳에서 사람들은 단지 소비자가 아니라, 디지털의 현실을 창조하는 신념을 가진 창작자로서 살아갑니다. 챕터2에서는 현실의 경계 너머에서 수천 시간을 살아가는 사람들에게 메타버스가 주는 영향에 관해 이야기합니다. 메타버스에서의 인간관계가 궁극적으로 어떠한 형태를 향해 나아가고 있는지를 중심적으로 다뤘습니다. 챕터3에서는 지금의 가상 현실 세계를 살아가는 사람들이 공유하는 문화의 흐름을 담았습니다. 가상 현실의 문화는 가상의 존재에 대한 상호 동의를 유도했을 뿐 아니라, 기술적 발달에 핵심적인 동력으로 작용했습니다.

챕터4에서는 가상 현실을 살아가는 사람들이 이용하는 가상 현실의 시장을 다룹니다. 부스Booth와 버츄얼 마켓Vket으로 대표되는 실제 메타버스의 시장에서는 3차원 오브젝트뿐만 아니라 HLSLHigh Level Shading Language 소스와 유니티 스크립트 등의 기술적 요소 및 다양한 분야의 전문 인력이 현금과 블록체인 기반의 화폐로 거래되고 있습니다. 챕터5에서는 현실을 탈피한 메타버스의 가치관으로 살아가는 사람들의 눈에 비치는 우리의 물질적 현실을 다루었습니다. 물질의 희소성이 성립하지 않는 디지털의 세계에서 바라본 현실의 부와 권위의 덧없음을 주로 이야기합니다. 챕터6에서는 우리의 물리적 현실을 변화시키는 메타버스의 기술과 그 위에 건축될 디지털 도시에 관해 다룹니다. 주거 환경의 일부로 기능하는 XR과 실물 메타버스 경제의 가장 현실적인 가능성을 분석했습니다.

이어서 챕터7에서는 가상에서 탄생하여 가상을 추구하는 메타버스의 문화가 가상의 세계에서 탄생한 가상의 생명체에게 부여하는 가치를 이야기합니다. 생산성을 위한 도구로서의 인공지능이 아니라, 문화적 대상으로서 메타버스 문화권에서 개발해 온 인공지능을 다루었습니다. 마지막 장에서는 이 모든 문화와 기술의 흐름이 궁극적으로 우리에게 어떤 의미가 있는지 이야기합니다. 디지털의 우주와 우리의 물질적 현실, 양쪽 모두에 속하는 메타버스의 인류가 바라보는 세계관에 대한 철학사적 고찰을 담았습니다.

메타버스가 코로나 19 시대의 비대면 문화를 만나 여러 기업의 주목을 받으며 급격하게 성장하고 있습니다. 페이스북이 회사명을 '메타'로 변경하였을 정도로, 메타버스는 피할 수 없는 시대적 흐름이 되었습니다. 그럼에도 영화 〈레디 플레이어 원〉이나 〈매트릭스〉와 같은 장면을 현실에서 볼 수 없다는 데 회의적인 시각이 적지 않습니다. 더욱이 현재 메타버스라고 불리는 것들의 대부분이 그저 미디어에 의한, 미디어를 위한 구색 맞추기에 불과하다는 생각에 저희도 어느 정도 동의합니다. 그러나 이 책에서 이야기하는 메타버스는 그러한 낮은 수준의 오락에서 벗어나 이미 영화 그 이상의 현실을 우리 앞에 가져다 두었습니다. 앞서 언급한 가상 현실에서의 삶은 전혀 과장이 아닙니다. 현실의 경계, 그 저편에서 살아온 시간과 그곳에서 만난 사람들과의 추억은 분명 가상 현실을 살아가는 우리 모두에게 더없이 소중한 것들이었습니다. 네트워크는 넓으며, 우리의 역사는 이제 막 첫 장을 열었습니다. 자, 그럼 이제 여행을 떠나죠.

송민우, 안준식

CONTENTS

CHAPTER 1

환상과
현실의 유화

가상 현실에서의 삶 _
상상할 수 있는 '거의 모든 것'이
존재하는 곳

가상 현실에는 현실을 살아가는 당신이 상상할 수 있는 거의 모든 것이 존재한다. 현재 실시간 접속자 수 1위의 세계 최대 가상 현실 플랫폼, VR챗VRChat에는 영화관, 온천, 호텔, 칵테일 바, 맥줏집, 클럽 등 현실에서 보이는 유흥시설이 대부분 구현되어 있다. 그중 가상 현실의 한 시대를 풍미했던 유명 클럽인 보이드 클럽Void Club은 사이버 펑크CyberPunk 스타일의 넓은 내부 공간과 디제잉DJ, Disk Jockey 장비로 인기를 끌었다. 내부에는 2층으로 되어있는 폴 스테이지, 볼링장, 바, 조그마한 풀장, 테이블, 호텔 등 다양한 시설이 갖춰져 있었다.

차가운 청색의 조명이 일렁이는 물결에 비치는 물에 몸을 담그며 칵테일 잔을 기울이면 국적 모를 사람이 다가와 종종 말을 걸곤 했다. 때로는 실제 디제잉을 현업으로 하고 계신 분들이 디제잉 이벤트를 주최하기도 했다.

가상 현실의 세계에서는 처음 가 본 공간에서 새로이 만난 사람들과 밤

바다를 바라보며 술자리를 함께하거나, 손에 든 폭죽을 쏘아 올리며 새해 첫날을 축하한다. 이는 혹시라도 제페토나 로블록스와 같은 대중적 매체에서 봐 왔던 것처럼 키보드와 모니터와 같은 낡은 상호작용이 아니다. 나의 손으로 다른 사람들과 악수를 하며, 창문을 열고 문을 여닫으며 꽃을 꺾어 들고 맥주캔을 들어 건배하는 것이다.

이곳에서 사람들은 3차원 오브젝트[1]로 이루어진 카메라의 셔터를 손가락으로 눌러서 사진을 찍는다. 그렇게 촬영된 사진은 컴퓨터 게임의 스크린 숏[2]과는 달리 실제 렌즈의 초점거리와 조리개 f 값[3]을 반영하여 촬영된다. 초점이 맞지 않는 물체와 배경은 흐릿하게 찍히고, 심지어 진짜 디지털카메라를 사용할 때처럼 종종 카메라가 초점을 못 잡고 사람이 아니라 전혀 뒤에 있는 배경을 초점으로 사진이 찍히기도 한다. 즉, 단순 블러[4] 효과가 아니라는 것이다. 이곳에서는 눈을 감은 사람이 있다고 다시 사진을 찍지는 않지만, 단체 사진을 찍을 때 타이머를 설정해두고 셔터를 누른 뒤 사람들 사이로 뛰어 들어가는 것은 현실과 다를 바 없다. 그러다 넘어져서 웃긴 자세로 사진에 남는 사람도 있다.

여담이지만 VR에도 드론 카메라가 있다. 한 VR챗 사용자가 부스Booth, 이후의 장에서 설명하겠지만, VR챗 사용자들이 주로 이용하는 온라인 쇼핑몰이다에서 판매하는 드론 카메라는 특이하게도 실제 드론처럼 생겼다. 실제 드론과 같이 조이스틱

---

1 컴퓨터 그래픽에서의 물체. 시각적인 형태와 특성(소프트웨어적 기능)을 모두 포함한다.
2 특정 순간의 화면을 이미지 파일로 저장하는 것
3 렌즈의 초점거리를 동공의 직경으로 나눈 것. 값이 작을수록 초점거리에 있는 피사체를 제외한 주변 배경이 흐릿하게 촬영된다.
4 블러(Blur), 이미지 편집에서의 '흐리기'

을 사용하여 카메라 화면을 보면서 드론의 비행을 제어할 수 있는데, 주로 수백 미터m ~ 수 킬로미터km 수준의 거대한 월드에서 항공 촬영을 할 때 사용한다.

VR챗의 사용자들 가운데에는 VR 속의 생활이 삶의 일부분이 된 사람들이 많이 있다. 이곳에서 잠을 자고 일어나며, 소파에 앉아 대형 스크린으로 TV를 보며 친구들과 대화를 나누고, 침대 옆에서 잠들어 있는 고양이를 쓰다듬으며 커피를 마신다. 때로는 열차에 앉아 창밖을 지나는 풍경을 바라보며 여행을 떠나고, 해저의 산호초와 말미잘, 해초가 우거진 숲에서 수영한다. 수많은 사람이 모이는 교류회에 참석하기도 하고, 도서관에서 새로 나온 VR 책을 읽고 사서와 커피를 마시며 시간을 보내곤 한다. 특이한 가상 현실 기술을 개발하는 개발자들과 새로 디자인된 기믹[5]을 연구하기도 하며, 실시간으로 피드백과 디버깅[6]을 진행한다.

모든 것이 소프트웨어로 구현된 가상의 공간에서, 프로그래밍은 우리의 손에 닿는 모든 것을 정의하는 절대적인 수단이다. VR챗과 경쟁하고 있는 차세대 VR 플랫폼인 네오스 VR(Neos VR)의 콘텐츠 개발 환경은 매우 인상적인데, 이곳의 사람들은 VR 공간 안에서 네오스 VR이 제공하는 SDK[7]인 로직스Logix를 사용하여 개발한다. 네오스 VR은 기본적으로 오브젝트의 위치와 형태[8]에 대한 직관적인 인터페이스를 제공한다. 간단히 말하자면 손

---

5 Gimmick, 특별한 장치나 작동 구조, 특성
6 Software Development Kit, SDK, 프로그래밍에서 발생한 오류를 수정하는 작업
7 Software Development Kit, 특정 플랫폼이 그 위에 타인이 원하는 서비스를 구현할 수 있도록 제공하는 프로그래밍 소스
8 Transform, x, y, z 축 방향으로의 위치와 회전, 크기

가락으로 3차원 오브젝트를 잡고, 늘리며, 던질 수 있다. 복잡한 공간을 구성하기 위해서는 건물과 가구들을 직접 손으로 잡아당겨 펼쳐서 공간 속에 배치해야 한다. 이곳에서 아이템을 제작하는 사람들은 각자의 VR 속 작업실에서 손으로 서랍을 열고 작업 중인 오브젝트를 꺼내 책상 위의 홀로그래픽 그리드 위에 펼친다. 오브젝트 모델링[9]은 외부 환경이 요구되지만, 오브젝트의 물리적 상호작용과 작동을 구현하는 스크립트는 네오스 VR 안에서 블록 코딩으로 제작한다.

기존에 블록 코딩은 주로 낮은 수준의 코딩 교육용 소프트웨어에서 사용되었다. 반면, 네오스 VR의 블록 코딩은 평면 키보드를 사용하지 않는 VR 환경에서 스크립트를 짜기 위한 효율적인 방법을 고민한 결과물이기에 낮은 수준의 시스템이 아니다. 네오스 VR은 제대로 된 파일 시스템[10]과 웹 소켓[11]을 지원한다. 외부 서버에 접근하여 파일을 올리거나 동영상을 스트리밍하는 등 네오스 VR 외부에 각자 백엔드[12]를 구축하는 것을 장려하는 것이다. 인벤토리에서 함수를 꺼내 공중에 배치하고, 이들을 손가락으로 이어 스크립트를 구성하는 모습은 마치 공중에 복잡한 거미줄을 짜는 것처럼 보인다. 취미로 개발을 해 본 사람이라면 알겠지만, 코딩은 한 번에 성공하는 법이 없다. 여러 번의 수정과 추가를 거치고 나면 스크립트는 헝클어진 털실 덩어리처럼 엉키기 마련이다. 공동으로 작업하는 사람

---

9 물체의 3차원에서의 기하학적 형태를 정점과 선분, 면 등의 요소로 정의하는 작업
10 프로그램에서 컴퓨터의 하드 디스크에 접근하는 방식
11 TCP 쌍방향 통신 채널을 제공하는 프로토콜, 외부 웹 페이지의 API에 접근할 수 있다.
12 프론트엔드(일반 사용자에게 제공되는 웹 페이지, 그래픽 요소)의 반대로, 사용자가 전송한 정보를 처리하는 서버 단을 지칭하는 용어

들이 복잡한 오브젝트를 제작하며 공중의 함수 블록들을 정리하는 모습을 보면 무언가의 경외심도 느껴진다.

이는 마블의 〈아이언맨〉과 같은 영화에서 봐 왔던 홀로그래픽 작업 환경을 보다 사실적인 형태로 구현한 것과 같다. 다만 현실은 영화에서 표현되는 것처럼 간결하고 예술적이지 않다. 개발 작업은 언제나 뇌를 괴롭히는 복잡한 사고의 축적으로 이루어진다. 몇 번 손짓하면 인공지능 비서가 알아서 작업을 진행하는 것은 여전히 먼 미래이다.

VR은 IT 기술의 집약체라고 할 수 있지만, 이곳에서 창작 활동을 하는 사람이 소프트웨어 개발에만 노력을 기울이는 것은 아니다. 우리는 현실의 물리적 제약을 고려할 필요가 없는 디지털의 공간에서 물질의 한계를 초월하는 건축 예술의 극한을 추구하고 있다. 가상 현실의 기술은 현실의 사고방식을 바탕으로 쉽게 상상할 수 있는 영역을 넘어선다. 이 기술의 환경 속에서 창조되는 예술은 그 안에서도 기술의 극한을 추구한 끝에 있다.

앞으로 이야기할 기술들은 가상 현실 디자인의 선두를 달리는 것들이기에, 글로 쓰인 설명만으로 모든 것을 이해하기는 쉽지 않을 것이다. 그러나 기술을 개발하고 적용하는 일도 근본적으로는 그러한 기술적 요소를 다루지 않는 일반 사용자에게 좋은 콘텐츠를 제공하기 위한 노력의 일환이다. 이러한 기술적인 설명을 너무 어렵게 받아들이지 않았으면 한다. 다만 열린 상상력을 준비해 두기 바란다. 필자들은 지난 수년간 현실의 경계 밖에서의 삶을 살아왔다. 그리고 이제는 우리의 세계에 관해 이야기를 들려줄 때가 되었다고 여긴다.

3차원 영상과 VR_
3D 영화와 VR 360은
진정한 가상 현실이 아니다

가상 현실과 이를 제공하는 VR^{Virtual Reality, 이하 본문에서 'VR'로 축약} 기기는 최근 몇 년간 4차 산업혁명이란 키워드와 함께 대중적인 관심을 모았다. 그러나 아직 명확한 정의는 확립되지 않았고, 그저 최신 추세에 탑승할 수 있다면 뭐든지 상관없다는 식의 마케팅이 그 본질을 흐리고 있다. 이는 급변하는 기술 시장에서 올바른 방향성이 제시되지 않은 현재의 과도기적 현상이기도 하다. 그중 가장 대표적인 것이 전통적인 3D 영상물이다. 지금의 가상 현실 기술이 연구되기 훨씬 이전부터 발달해 있었던 3D 영상이 가상 현실 붐을 맞아 VR이라는 이름을 달고 우후죽순 생겨나는 것을 방관해서는 안 된다.

요즘 스마트폰에는 최소 2개 이상의 카메라가 내장되어 있으며 사진 기술은 우리가 이전의 디지털카메라를 사용하던 때에 비해 훨씬 우리에게 가까이 와 있다. 카메라가 찍어내는 사진은 회화와는 본질적으로 다르다. 작가의 시각적 기억에 의존하여 장면을 재구성하는 회화와는 달리, 사진은 물리적 현상을 이용하여 있는 그대로의 상을 평면에 옮긴다. 그런데 사진과 카메라의 작동 구조를 깊이 관찰하면 우리가 물체를 보는 시각과는 다른 점이 있다. 그것은 한 번의 사진을 찍을 때 사용하는 렌즈가 하나라는 것이다.

우리의 두 눈은 서로 다른 위치에서 대상을 관찰하므로 두 시점에 차이가 있는데, 이를 양안시차라고 부른다. 3D 영화와 VR은 모두 양안시차의 원리를 활용하여 우리에게 3차원 시야를 제공한다. 그렇지만 우리의 두 눈에 직접 영상을 비추는 VR은 3차원 안경을 사용하는 3차원 영화와는 다르다.

3차원 영화는 평면의 형태로 존재하는 물리적 스크린에서 물체가 수직 방향으로 돌출된 정도를 시각적으로 재현한다. 이는 대상의 입체적 형태를 온전히 재구성하는 것이 아니다. 단지 쌍안 카메라를 이용하여 단일 시점에서 촬영된 영상을 제공하는 3D 영화는, 해당 카메라가 대상 공간을 촬영한 시점과 동일한 물리적 위치에 존재하는 관람자에게만 올바르게 적용되는 영상을 제공한다. 3D 영화가 일반적인 영화관보다 제한된 좌석 수를 갖는 것도 이런 이유 때문이다. 만약 3D 영화를 스크린의 중심이 아니라 좌측이나 우측에서 관람한다면, 이 시각적 효과는 왜곡되어 제작자가 의도한 장면을 제공하지 못한다.

좀 더 이해하기 쉽게 설명하자면, 3D 영화에서 돌출된 물체, 예를 들어 자동차가 화면에서 당신을 향해 운전해 오는 장면을 상영한다고 해 보자. 만약 3D 영화가 홀로그램과 같이 완전한 3차원 시각을 제공할 수 있다면, 중앙에서 조금만 옆으로 떨어져도 당신은 자동차의 옆면이 당신 옆으로 지나가는 것을 볼 수 있을 것이다. 3D 영화에서는 그렇지 않다. 해당 장면을 촬영한 쌍안 카메라의 시점만이 제공되기 때문에 어느 지점에 앉아도 자동차는 대각선으로 왜곡된 진행 방향을 취해서 정면으로 다가오는 것으로 보인다. 해당 장면을 촬영한 카메라의 시각이 스크린에 제공되는 유일한 시점이기 때문이다.

VR 기술의 요점은 3차원 시각을 제공하는 것에 있지 않다. 그것을 통해 인지할 가상 공간이 가상 현실의 본질이다. 양안시차를 이용한 입체시는 VR을 시각적으로 제공하기 위해 요구되는 아주 기초적인 요소일 뿐이다. 폴라로이드의 발명으로 3D 영화가 시장에서 성공을 거두는 동안, 두 눈에 직접 영상을 비추는 VR 기술은 비상업적인 영역에서 연구되었으며 이는 주로 군용, 교육용 등으로 활용되리라 예상했다. 그러나 VR은 여러 기술적 한계와 연구 필요성이 명확하지 않아 큰 성과를 얻지 못했다. 이는 주로 디스플레이 기술의 한계점 때문이었다. 1970년대의 흑백 텔레비전을 떠올려보면 쉽게 그 이유를 알 수 있다. 무겁고 큰 화면의 저화질 영상을 렌즈를 통해 눈에 망원경 형태로 가져오기 위해서는 거대한 디스플레이와 광학 장비를 통째로 움직일 수 있는 정교한 동력이 필요했으며, 그렇게 만들어낸 좁은 시야의 입체 영상에 상영할 컴퓨터 그래픽 기술도 부족했다.

특히 이 시기의 VR HMD[1]는 1배율 망원경을 통해 주변 환경을 바라보는 듯한 시야를 제공했다. 이러한 좁은 시야각은 우리가 디스플레이 속의 가상 환경에 실존하는 것이 아니라 이를 한 걸음 뒤에서 관찰한다는 느낌을 준다. 현실적이지도 않은 3차원 공간을 망원경과 같은 시야를 통해 들여다

---

1 Head Mount Display, 머리에 직접 고정하여 사용하는 화면

보는 것으로는 가상공간 속에 자신이 존재한다는 느낌을 받을 수 없었다.

그러다가 1979년, 3차원 영상에서 넓은 시야각이 몰입감 형성에 중요한 심리적 영향을 미친다는 것을 발견한 에릭 하울렛Eric Howlett은 LEEP[2] 기술을 발명하여 현대적인 의미의 가상 현실에 첫걸음을 내디뎠다. 넓은 시야각은 실재감 있는 VR HMD를 개발하는 데 매우 중요하다. LEEP 기술로 발명된 광각 VR HMD는 주변시Peripheral Vision의 영역에도 디스플레이의 이미지를 전달할 수 있다. 등 뒤에서 신체 앞으로 연결되는 주변시의 시야에서 우리가 있는 공간이 우리를 둘러싸고 있다는 사실을 인지한다. LEEP 기술은 이런 공간감을 VR에서 제공할 수 있었다.

3D 영화는 관람자의 시야 앞에 설치된 네모난 스크린에 상영된다. 이 콘텐츠 안에서 관람자는 카메라의 시각에서 작품을 바라볼 뿐이다. 모든 현상은 저 스크린 안에서만 일어나는 것이며, 관람자가 앉아 있는 공간은 객석이다. 당장 화면에서 고개를 돌려 옆이나 바닥, 천장을 바라보면 영화관이다. 반면, LEEP 기술이 제공하는 가상 시각은 '스크린'의 개념이 없다. 눈을 옆으로 돌려도, 하늘을 바라보아도, 땅을 내려다봐도 현실의 물체는 존재하지 않는다. LEEP 기술의 가상 현실 속에서 우리는 객석에 앉아 있는 것이 아니라, 가상의 공간 속에 서 있는 것이다. 이러한 감각은 이후 우리가 가상 현실 속에서 아바타의 형태로 존재할 때 우리 스스로가 아바타와 동일한 존재라는 자각을 주기 위해 가장 기초적으로 요구되는 요소가 되었다.

우리가 알고 있는 가상 현실이 이렇게 불리기 시작한 것도 1980년대부

---

2 Large Expanse, Extra Perspective, 넓은 확장 추가 시야

터이다. 당시 세계적인 게임 회사였던 아타리Atari에서 가상 현실 연구 부서를 설립한 것이 시초였다. 하지만 1983년에 컴퓨터의 발달과 기존 게임 콘솔 업계의 포화로 발생한 북미 게임 업계의 몰락, 아타리 쇼크(당시 세계 최대의 게임 콘솔 회사였던 아타리의 주가가 3년에 걸쳐 1/30 수준으로 폭락한 사건)로 인해 연구는 별다른 성과를 내지 못하고 2년 만에 중단되었다. 그럼에도 불구하고 당시 연구에 참여했던 제론 레니어Jaron Lanier는 이후 1985년, VPL 리서치VPL Research를 창립하고 연구를 이어나갔다. VPL 리서치는 당시 쉽게 상상할 수 없는 정말 시대를 앞서나가는 기술을 개발했다. 손의 움직임을 입력받는 더데이터글러브The DataGlove, 컴퓨터 시뮬레이션 안에서 시각과 방향성이 있는 음향을 제공하는 디아이폰The EyePhone, 몸 전체와 팔의 움직임을 입력받는 더데이터수트The DataSuit가 주요 연구 성과이다. 이 장비들의 성능은 준수한 편이었다.

그러나 이 장비를 사용하는 소프트웨어에는 한계가 있었다. 당시 컴퓨터 그래픽 기술은 현대와 비교하자면 존재하지 않는다고 말할 수 있을 정도로 열악했고, 가상 공간 속에서 이동하는 특정한 위치의 시각을 실시간으로 처리하는 것은 불가능했다. 그래서 이 장비들로 만들어진 VR은 착용자가 시뮬레이션 공간 속의 한 지점에 고정되어 주위를 둘러보고 손짓으로 상호작용하는 형태였다. 1990년에 사람이 처리하여야 하는 섬세한 작업을 원격으로 조작하는 장치를 개발하기 위해 시작된 나사 에임스NASA Ames의 VIEW[3] 연구 프로젝트는 VPL 리서치와 연구 협력을 진행하여 위의

---

3 The Virtual Interface Environment Workstation, 가상 인터페이스 작업 환경

장비와 기술들을 모두 포함해서 RB2라는 가상 환경을 제공하는 완전한 가상 현실 패키지를 완성하게 된다.

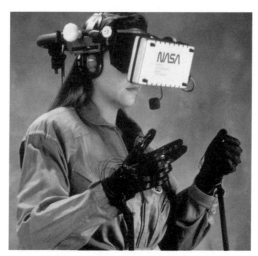

그림 1 나사의 가상 인터페이스 작업 환경(VIEW)

이후 비슷한 목적으로 다양한 장비들의 개발이 이루어졌으나 성능에 비해 터무니없는 가격을 책정했기에 결국 시장에서 사장되었다. 빠르게 변화하는 컴퓨터 산업에서 사용되지 않는 시스템은 몇 년만 지나면 전혀 쓸모없는 것들이 되었고, VR 또한 그러한 상황을 면하지 못했다. 3차원 화면을 지원하는 게임 기기들은 더욱 개발되었지만, VR이라 부를 수 있을 만한 것은 아니었다.

가상 현실의 재조명_
VR챗과 인덱스 컨트롤러와
풀 바디 트래킹의 등장이 시사하는 것

시간은 흘러 2010년, 팔머 럭키Palmer Luckey는 오큘러스를 창업하고 사람들에게 잊힌 기술인 VR을 엔터테인먼트의 목적으로 개발해냈다. 우리가 떠올리는 현대적인 VR의 역사는 여기서부터 다시 첫걸음을 내디뎠다. 그는 이전 1980~1990년대 엄청난 첨단 기술로 개발되던 VR의 모든 것을 다시 백지에서부터 개발하기 시작했다. 그 시작은 오큘러스 리프트의 프로토타입이었다. 그것은 30년 만에 머리의 회전을 감지하여 가상 환경을 둘러보는 것이 가능했던 기술이었다. 당시 오큘러스의 시야각은 이전 LEEP 기술이 달성했던 최고치인 140도에는 발끝도 못 미치는 90도에 불과했다. 그러나 그는 포기하지 않았다.

2013년에는 밸브Valve에서 VR을 위한 저 지속 디스플레이 기술을 개발하여 자유롭게 사용할 수 있도록 배포했고, 이는 기존의 VR에서 아주 심각한 문제였던 3차원 멀미를 조금이나마 해결하는 데 도움을 줬다. 드디어 가상 현실 장치의 일반 소비자를 대상으로 한 상업화가 시작되려는 시점이었다. 그렇지만 아직 가장 근본적인 문제는 다른 곳에 있었다.

VR이란, 콘솔이나 컴퓨터와 같이 하나의 새로운 플랫폼이다. 우리는 게임 산업이 콘솔에서 컴퓨터로, 모바일로 옮겨 갈 때마다 언제나 큰 벽에 부딪히곤 했는데, 그것은 콘텐츠의 부족이었다. 새로이 개발된 VR기기는 90년대 나사의 기기처럼 극단적으로 비싸지는 않았지만 그래도 여전히 비쌌다. 적게는 수십만 원에서, 많게는 수백만 원 대의 VR은 그저 새로운 게임 플랫폼이 나왔다고 해서 가볍게 사 볼 수 있는 물건이 아니었다. 그리하여 초기의 사용자 수는 산업의 발전 속도에 맞추어 늘어나지 못했고, 사용자가 적은 플랫폼에서 게임을 개발하는 게임 회사는 당연히 없었다. 다들 다른 기업이 먼저 시장을 개척하기 위해 투자하고 매몰 비용을 날릴 대로 날린 후 이용자 수가 충분히 늘어나면 각자의 자본을 투자할 계획이었으며, 사실 그 이전에 당시의 대중은 이 시장에서 큰 발전 가능성을 발견하지 못했다.

그래서 별도의 콘텐츠 시장 발달 가능성을 낮게 평가했던 초기의 VR기기들은 몇 개의 게임들을 내장하여 출시되었다. 이는 결국 그저 1990년도 말에 초고가로 출시되었던 3차원 게임 기기들을 헤드셋 형태로 바꾼 것에 불과했다. 심지어는 기본적인 고정 시점 3차원 영상 기능만을 갖고 있던 제품도 범람했다. 이러한 제품은 시장에서 구매자가 충분하지 않았고 이러한 제품 때문에 VR은 상업성이 낮다고 평가되었다.

이 시기의 VR 산업은 어느 쪽으로도 방향성을 찾지 못하고 흐지부지되고 있었다. 삼성전자와 LG전자에서는 스마트폰을 장착하여 사용하는 VR 기기들과 각기 자체적인 소프트웨어 시장에서 제공하는 콘텐츠를 이용할 수 있는 VR기기를 개발했는데, 이러한 스마트폰 기반 VR은 이후 2018년에 즈음하여 콘텐츠 부족으로 시장 가치를 거의 완전히 상실했고 점차 퇴출 순서를 밟았다.

안타깝게도 삼성전자가 개발했던 기어 VR^{Gear VR}, LG전자가 개발했던 스마트폰 기반 VR기기들을 비롯한 초기 시장의 제품은 가상 현실에 대한 오해를 불러일으켰다. 스스로 가상 현실을 경험해 보았고 그것이 별로 획기적인 기술이 아니라고 생각하는 사람의 대부분이 이러한 기기를 통해 VR을 접했기 때문인데, 그런 제품은 이 책에서 다루는 진짜 가상 현실 업계의 VR이 아니다. 다음 파트로 진행하기 전에 한 가지 분명히 정리해 두겠다. 만약 스마트폰을 사용하는 모바일 VR, 예를 들어 구글 카드보드 VR이나 유튜브에서 제공하는 VR 콘텐츠, 360°VR만을 경험해 보았다면, 단언컨대 독자는 단 한 번도 VR을 경험해 보지 못한 것이다. 그런 VR은 현재에 와서는 결코 VR이라고 부를 수 없는 낮은 수준이며, 앞서 이야기한 3차원 영상물에 VR이라는 표현을 과도하게 쓴 것뿐이다.

2010년대 중반 VR 콘텐츠라는 것이 처음 등장하고 우리가 아직 가상 공간에서 자유로이 움직이지 못했을 즈음, 우리의 신체를 가상 공간 속으로 옮겨 줄 트래킹[1] 시스템은 존재하지 않았다. 주변을 걸어 다니게 하는 위치 인식 기술조차 아직 먼 미래의 것이었던 시절, VR 콘텐츠는 그러한 상황에 맞춰 정지한 위치에서 경험할 수 있는 것들로 한정되었다. 이러한 기술적 한계점 위에 등장한 것이 유튜브의 360°VR로 대표되는 파노라

---

1 Tracking, 신체 각 부분의 위치를 가상 현실 속에 동기화하는 것

마 풍경 영상이다. 이는 파노라마 카메라만 있으면 누구나 만들 수 있는 콘텐츠였고, 일정 거리 이상에서 거리 감각을 느낄 수 없는 초기의 저해상도 VR에서는 그 이상을 기대하기도 어려웠다. 그러한 것 중에는 주로 우주 비행선이나 열차를 타고 달리는 풍경 영상이 있다. 놀이기구, 자연경관이나 우주의 풍경 등 우리가 자주 경험하지 못하는 것들을 볼 수 있게 하는 것. VR은 관광 콘텐츠의 성격이 강했다.

하지만 이러한 콘텐츠는 그저 3차원으로 촬영된 영상일 뿐이다. 진정한 가상 현실은 기술을 활용하여 가상으로 구현한 현실이다. 현실 그 자체와 현실을 촬영한 영상 사이에는 그 어떤 것도 공통점이 없다. 다만 그 둘을 구분하지 못하는 사람에게는 비슷한 장면으로 보이곤 했다. 우리가 이제부터 다룰 VR기기들은, 3차원 영상이 아닌 진정한 의미로서의 가상 현실을 구현한다. 그 시작은 2015년에 대만의 IT 기업인 HTC와 밸브Valve의 연구 협력으로 탄생한 PC용 VR기기인 HTC 바이브HTC VIVE와 밸브 트래커2Valve Tracker였다.

트래커는 HMD와 컨트롤러와는 별개로 현실의 물체에 부착된다. 우리는 이를 통해 대상의 위치와 방향을 실시간으로 감지하여 가상 현실로 가져올 수 있다. HTC의 라이트하우스3 앞에서라면 막대에 트래커를 부착해 가상 현실에서 봉이나 검 등으로 사용할 수 있었고, 의자나 쿠션, 운동기구 등에 트래커를 부착하고 같은 크기의 3D 모델을 사용하여 현실에서의 물

---

2 트래킹을 위해 사용자의 신체에 부착되는 기기
3 LightHouse, 트래커의 작동을 위해 적외선을 방출하는 광원 장치

체를 그대로 가상 현실로 가져올 수도 있었다.

HTC의 6DoF 트래커가 이전의 VR 기술과 현재의 VR을 구분하는 큰 분기점이 된 이유는, 트래커로 현실에서 가상 현실로 가져올 수 있는 물체에 사용자의 신체가 포함되어 있기 때문이다. 우리는 이제 신체의 각 부분에 트래커를 고정함으로써 가상 현실 속에서 완전한 신체 움직임을 구현할 수 있었다. 이는 풀 바디 트래킹Full Body Tracking이라 불린다. 이것은 아마 당신이 상상하는 것보다 훨씬 충격적인 변화였는데, 가상 현실을 관찰하는 시점에서 가상 현실 속에 우리 자신이 있음을 인지하는 것으로의 인식 변화가 이 기술과 함께 시작되었다. 풀 바디 트래킹은 우리를 가상 현실 속에서 현실과 똑같이 걷고, 뛰고, 허리를 숙이며, 바닥에 앉거나, 심지어 누울 수 있게 했다. 우리는 이제 바닥에 무릎을 꿇고, 풀잎을 쓰다듬거나, 고양이를 안아 들어 올릴 수 있고, 침대에 뛰어들 수도 있다. 진정한 의미로서의 VR기기가 개발된 순간이었다.

그림2 풀 바디 트래킹 VR

2016년에는 HTC 바이브와 오큘러스 리프트 CV1Oculus Rift CV1의 본격적인 판매가 시작되었고, VR 산업에는 벌써 230여 개의 신생 기업이 머리를 들이밀고 있었다. 오큘러스와 HTC는 2021년 현재까지 VR기기 산업을 크게 양분하고 있다. 이들은 자체적으로 수많은 VR 소프트웨어를 개발하여 VR의 고질적인 콘텐츠 부족 문제를 자력으로 어느 정도 해결하는 데 성공하며 VR 시장의 기하급수적인 성장을 이끌었다. 그리고 2017년 말부터 유행하기 시작한 VR챗은 현대 VR 문화의 가장 넓은 영역을 차지하는 새로운 시대의 서막을 열었다.

그림3 VR챗

VR챗은 그라함 게일로Graham Gaylor와 제시 조드리Jesse Joudrey 두 명의 프로그래머가 개발한 VR 커뮤니케이션 소프트웨어로 2017년 2월 1일, 스팀에 무료 베타 버전이 공개되었다. VR챗은 두 발목과 허리에 각각 부착된 트래커와 손에 든 컨트롤러, HMD까지 모두 6개 지점의 위치와 방향을 실시간으로 추적하여 아바타에 동기화하는 기능을 제공했다. 그렇지만 새로운 기술에 대한 벤치마킹이 VR챗을 현재의 지위에 올려놓은 계기가 되었던 것은 아니다.

VR챗이 기존의 VR 소프트웨어와 구분되는 가장 큰 차이점은, 아무런 콘텐츠도 제공하지 않았다는 데에 있다. 그 대신 이들은 자신들의 서버 위에 가상 현실 공간을 구축할 수 있도록 그들의 소프트웨어 개발 키트SDK를 인터넷상에 무료로 배포했다. 그리고 누구나 배포된 SDK를 이용하여 VR챗 속에 자신만의 공간을 만들어 올리고, 다른 사람들과 공유할 수 있도록 허가했다. 이것은 월드라고 불렸다. 우리는 VR챗 안에서 사용할 아바타 또한 자유롭게 업로드할 수 있었다. VR챗 안에 존재하는 모든 것은 사용자 기여로 제공되고 업데이트되며, 우리는 다양한 월드에서 아바타의 모습으로 다른 사용자들과 만난다.

처음 이 소프트웨어를 이용하던 사람들은 주로 새로운 3D 커뮤니티 서비스가 생겼다는 소식에 호기심에 설치해 보는 사람들이었다. 다음 장에서 더욱 자세히 다룰 예정이지만, 현대 인터넷 문화의 가장 큰 특징은 자유로운 사용자 기여User Contribution(UC)와 확장성에 있다. VR챗은 가상 세계에서 '창작하고 플레이하자Create And Play In Virtual Worlds'라는 슬로건을 내세우며 탄생했다. 이에 흥미를 느낀 3D 개발 지식을 가진 사람들이 VR챗에 몰려들어 유니티Unity3D[4] 엔진에 CAD, 블렌더Blender[5] 등의 소프트웨어로 제

---

4 많은 소규모 게임 개발자들이 사용하는 개발용 게임 엔진. VR을 포함하여 멀티플랫폼 개발이 가능하다. 현재 언리얼(Unreal) 엔진과 함께 VR 애플리케이션 개발 시장을 양분하고 있다.
5 3차원 모델링을 포함하여 텍스처와 쉐이더, 쉐이프키나 애니메이션 등 3차원 오브젝트 및 공간 구현에 사용되는 3차원 그래픽 디자이너용 소프트웨어

작된 월드를 VR챗에 업로드하기 시작했다. 전문적인 컴퓨터 공학 지식이 없는 사람들도 다른 사용자들이 공유한 월드와 아바타를 재편집하며 VR 챗을 점차 확장해 나갔다. 그리고 이는 어떠한 문화적 조류를 발생시켰다.

[그림 4] VR챗 SDK를 사용한 개발 환경, 좌상단부터 시계방향으로 유니티, 블렌더, 비주얼 스튜디오 코드(Visual Studio Code)

2017년 중반, 한 유튜버가 소닉 로스트 월드 게임의 중계방송을 진행하였는데, 이 게임은 소닉 헤지호그 시리즈에 등장하는 캐릭터인 '너클즈Knuckles'에 대한 패러디를 포함하고 있었다. 너클즈를 키 작고 뚱뚱한 모습으로 변형시킨 이미지는 범용적인 인터넷 밈Meme으로 인기를 끌었다.

변화의 시작은 데비앙 아트Deviant Art라는 아마추어 그림 공유 사이트에 어느 유저가 이 너클즈의 3차원 모델을 업로드하면서부터였다. 그 직후 누군가는 너클즈 아바타를 VR챗에 업로드하였고 이는 엄청난 인기를 구가했다. 사람들은 너클즈 아바타를 끼고 단체로 몰려다니며 클릭 소리를 내거나 침을 뱉거나 타악기를 두들겼다. 그들은 항상 "Do you know the way길을 아십니까?[6]", 혹은 "Spit on him침을 뱉어!" 같은 대사를 큰소리로 외쳤고, 누군가가 "I know the way제가 길을 압니다."라고 말하며 달려 나가면 소리를 지르며 그를 따라 뛰어다니곤 했다. 그들은 귀여운 여성 아바타를 사용하는 사람들을 "Queen퀸"이라 부르며, "There's the queen!, This is the way저기 여왕이 있다! 이쪽이야!" 같은 구호를 외치며 쫓아다녔다. 이를 녹화한 영상이 2018년 1월 2일에 Symmor[7]의 유튜브 채널에 올라왔고, 천만 조회 수를 기록하며 VR챗을 더 넓은 인터넷 사회에 소개했다. 2020년에 이 영상은 2,900만 조회수를 기록했다.

  2018년 초 VR챗은 다른 어떤 VR 소프트웨어와 비교해도 사용자 수가 독보적으로 많았다. 이는 VR챗 콘텐츠의 발전을 가속해서 결과적으로 VR챗 사용자를 더욱더 많이 끌어들였다. 그리고 같은 해 5월, 당시로써는 최상급의 그래픽과 효과를 지원하는 VR 리듬 게임이었던 비트 세이버Beat Saber가 출시되며 인터넷 밈에 관심이 적은 일반 게이머도 VR로 유입되었다. 이즈음부터 현대 VR 산업에서 가장 디자인이나 소프트웨어적으로 수준이 높은 월드들은 모두 VR챗에 있다고 말할 수 있는 수준이 되었다. 현실의 유명 문화 유적이 다수 VR챗 내에 복제되었을 뿐 아니라, 가상 현실의 문화에 의해 탄생한 공간에서 우리는 가상 현실의 문화유산을 건축해 나갔다.

---

6 다만, 여기에서 Way(웨이)는 '추구해야 할 방향' 등의 의미로 사용되었다.

7 한국어로 표기하는 것이 불가능하나, '사이몰'을 1음절로 발음하는 것이라 생각하면 상당히 유사하다.

VR챗 SDK는 대부분의 유니티 엔진 기능을 지원하였기 때문에 그 속에서 VR 게임을 개발하는 것도 충분히 가능했다. 수많은 VR 게임들이 VR챗 내에 구현되었으며, 일부 사용자는 비트 세이버Beat Saber와 같은 외부 VR 게임을 VR챗에 동일하게 구현하여 복제하기도 했다. 과거에는 주로 개인적으로 활동하던 월드 제작자가 팀을 이루고 디스코드Discord[8]와 트위터, 패트리온 등에서 사용자와 소통하며 제각기 독보적인 커뮤니티를 만들어 나가기 시작한 것도 그즈음이었다.

2019년에 새로이 발매된 밸브 인덱스Valve Index는 그 위에 기술적 도약을 더했다. 이 제품과 함께 발매된 손에 끼우는 너클 형태의 컨트롤러는 70여 개의 근접도 센서를 내장하여 손가락 하나하나의 움직임을 전혀 불편함 없이 인식할 수 있도록 했다. 이때부터 가상 현실 속에서의 손의 움직임은 현실에서의 움직임과 큰 차이가 없어졌다. 사용자는 착용한 VR기기를 의식하지 않고 그저 현실에서 손을 움직이듯 자유롭게 손가락을 구부리거나 펼칠 수 있었다. HTC의 풀 트래킹 기술이 진정한 의미로서 완성된 순간이었다. VR 속에서 키패드를 사용하거나 손가락으로 무언가를 가리키거나 가위바위보를 할 수 있을 정도로 자유로운 손가락과 편안한 손목 움직임은 VR 착용자의 피로도를 큰 폭으로 감소시켰고, 인덱스 HMD의 화면 해상도는 당시 최고 수준이었기 때문에 수십 시간을 연속으로 가상 현실에서 보내는 것이 가능해졌다.

---

8 온라인 그룹 채팅 서비스. 파일 전송과 보관, 영상 스트리밍, 화면 공유 등의 다양한 기능을 제공한다.

VR챗을 플레이하는 사람들. 소파 중앙에 필자가 기대 누워 있다. 오른편에 파란색 아이폰을 들고 있는 사람이 츄요(Chuyo), 거울을 바라보며 촬영

　이 장의 맨 처음에서 이야기했던 가상 현실에서의 삶은 VR챗과 인덱스 컨트롤러와 풀 바디 트래킹의 등장과 함께 성장했다. 인덱스 컨트롤러를 제외한 기존의 모든 VR 컨트롤러는 막대 형태의 장치를 양손에 들고 사용했다. 이는 유저 경험UX의 측면에서 근원적인 모순을 낳는다. 가상 현실 속에서 다른 물체를 잡기 위해 이미 손에 컨트롤러를 들고 있어야만 하는 방식은 직관적으로 가상의 물체를 잡는 것과는 괴리가 있다. 이는 사용자가 자신의 손으로 물건을 잡는다기보다, 손에 들고 있는 컨트롤러에 물체를 붙여 오는 것에 가까운 조작 방법이었다. 반면, 손에 컨트롤러를 잡고 있을 필요가 없는 인덱스 컨트롤러로는 단순히 물체를 들어 올리는 것이 아니라, 직접 자신의 손가락으로 무언가를 쓰다듬거나 건드리는 것이 가능했다.

　현실에서 촉감을 통해 물체의 형태를 인지하는 과정에서 손가락의 역할은 중대하다. 이전의 막대형 컨트롤러를 사용할 때처럼 손에 연필 같은 물체를 들고 주먹을 쥔 채로 컵이나 가방을 만져 보라. 손가락을 사용하지 않고 촉감으로 물체의 형태를 인지하기는 쉽지 않다. 특히 그것이 작고 복잡한 물체일수록 그렇다. 우리는 손가락의 위치를 포함하여 물체를 잡은 손의 모양과 손끝에서 느껴지는 촉감으로 물체의 입체적 형태를 인지한다.

그러나 막대형 컨트롤러를 손에 잡은 채로는 어떤 물체를 조작해도 막대 모양의 물체를 잡고 있다는 느낌을 지울 수가 없다. 물론 비트 세이버와 같이 VR 내에서도 같은 형태의 물체를 잡고 행동하는 경우에는 이것이 긍정적인 방향으로 작용할 수 있었지만, 컵이나 접시, 혹은 다른 물체를 조작할 때에는 적절하지 못했다. 특히 무언가를 손으로 잡는 상황을 제외하고 바닥에 손을 짚거나, 벽에 기대는 등 손바닥을 편 채로 손을 사용하는 상황에서도 막대형 컨트롤러를 손에서 놓을 수가 없다는 점은 상당한 단점이었다.

인덱스 컨트롤러는 이러한 막대형 컨트롤러의 단점을 대부분 해결했다. 그것은 그냥 현실의 손을 그대로 VR 속으로 옮겨 온 것과 다를 바 없는 수준의 손가락 트래킹을 제공한다. 손가락을 사용하여 물체와 상호작용하는 방식은 주먹을 쥔 채로 컨트롤러의 버튼을 누르는 것과는 몰입감의 깊이가 다르다.

현실로부터의 탈피_
현실의 관념을 해체하는
가상 현실 공간

트래커의 발전과 그래픽 기술의 발달, 중요한 기술적 진보의 기점마다 VR
의 콘텐츠는 급격한 변화를 겪었다. 사람들은 한순간의 영화나 흥밋거리
에서 벗어나 삶의 일부가 될 수 있는 완전한 가상 공간을 원했다. 사방으
로 이동하며 걷거나 달리고, 그래픽으로 존재하는 오브젝트를 손을 뻗어
만지고 싶어 했다. 현실적인 물리 엔진과 현실적인 시각 효과를 제공하는
레이 트레이싱Ray Tracing, 3D 그래픽 기술의 발달과 이를 제공하는 디바이
스의 발달로 우리는 더욱 완전한 가상 현실을 창조하는 방향으로 나아간
다. 그리고 우리의 가상 현실이 조금씩 더 완성도를 높여 갈 때마다 이 기
술은 현실과 조금씩 거리를 두려 한다.

이제 하려고 하는 가상 현실의 문화에 관한 이야기는, 그것이 현실에서
분기되어 나가는 갈림길에서 시작된다. 우리가 이 세계의 경계 저편에 무
엇을 담고 있는가는 그 무엇으로도 간단히 표현되지 않는다. 우리가 평생
을 살아왔던 현실이라고 불리는 이 단 하나의 세계, 그 액자의 밖으로 시선

을 돌리는 것은 쉽지 않은 일이다. 평생을 바닥만 바라보고 살아온 개미가 새의 시선에서 하늘을 바라보는 것처럼, 우리는 처음으로 이 동굴에서 벗어나 세상을 바라보는 것이다.

가상 현실 기술은 분명 지난 수십 년간 발전해 온 디지털 게임의 연장선 위에 있다. 우리가 앞서 이야기한, 그리고 앞으로도 이야기할 모든 가상 현실 공간은 이전에 컴퓨터 게임을 만드는 데 사용되었던 3차원 그래픽 프레임워크, 흔히 말하는 게임 엔진 위에서 설계되고 구동된다. 이전 세대의 컴퓨터 그래픽이 주로 현실적인 그래픽을 추구하는 방향으로 발전해 왔다면, 가상 현실의 공간 디자인은 현실적 관념에서의 탈피를 추구한다. 물론 여전히 VR챗에서는 에베레스트나 우주 유영 등을 체험할 수 있다. 다만 이곳의 진정한 아름다움은 현실의 아름다움과는 정말 다른 세계의 것이다.

혹시 현대 미술을 접해 본 적이 있다면 무엇을 느꼈는가? 안타깝게도 근래의 미술은 가끔은 일반인에게 와닿지 않는 일부 예술가의 난해한 창작물로 받아들여진다. 예술에 무지한 일반인으로서 나는 그러한 점에서 아쉬움을 느꼈다. 하지만 그 가운데에서도 무언가 감정을 불러일으키는 작품이 있다. 어떤 작품은 정교함에서 오는 안정감, 혹은 색감의 조화에서 오는 포근함이 있다. 미술관에서 예술 작품을 관람하는 것도 가치 있는 경험이지만, 모든 것에 디자인을 요구하는 현대 산업에서 생산되는 상품은 그러한 예술적 요소를 조금이나마 담고 있다. 이러한 감흥이 가장 강하게 요구되는 산업은 주로 디지털 이미지나 영상을 다루는 게임이나 음악, 웹 디자인이 있다. 그렇다면 VR 산업 역시 예외가 될 리는 없다. 더욱이 상업성에 구애받지 않는 사용자 기반의 영역에서 새로운 예술적 시도는 언제나 환영받을 수 있다.

현실에서 사용 가능한 소재, 특히 캔버스 위에 물감으로 표현되는 예술에는 큰 한계가 존재한다. 우리는 시각 세포가 인지하는 세 가지 빛, 적색, 녹색, 파란색의 비율에 따라 색상을 구별한다. 우리의 눈에 비치는 색상은 주변에 존재하는 광원에서 나온 빛이 대상의 표면에서 반사될 때 그 파장에 따라 반사율이 다르기에 발생하는 현상이다. 따라서 어떠한 방법으로도 일반적인 물감으로는 주변 광원보다 밝은 색상을 구현하는 것이 불가능하다. 이는, 즉 광원을 포함하는 물체를 있는 그대로 회화적으로 표현하는 것이 불가능함을 의미한다.

한편 디지털 그래픽의 영역에서는 말 그대로 광원을 캔버스 위에 그릴 수 있고, 주변광을 받지 않아도 스스로 빛을 발하는 방법이 쉐이더Shader에 포함되어 있다. 꼭 그것이 우리가 현실의 광원에서 보는 것과 같이 단색의 발광일 이유는 전혀 없다. 물체 표면의 이미지가 그대로 해당하는 색상의 광원이 될 수도 있다. 그래서 그래픽에서 물체 표면에 나타나는 색상은 RGB 3개의 값으로 표현되지 않는다.

RGB와 더불어 두 명노인 알파Alpha, 다시 이미션Emission[1]을 구성하는 별도의 RGB값, 주변광에 반응하기 위해 사용되는 러프니스Roughness와 메탈릭Metalic 값, 반사광이 표면 색상을 얼마나 반영할 것인지에 관여하는 스페큘러 틴트Specular Tint 등, 보편적으로 사용되는 '물리 원칙에 입각한 쉐이더

---

1 물체의 표면에서 빛을 방출하는 정도, 반사광과 무관하게 작용한다.

Principled BSDF Shaderr[2]'를 기준으로 표면의 물리적 형태에 관여하는 노말맵 Normal Map[3]을 제외하고 12개의 값이 하나의 픽셀에 관여한다. 우리가 현실의 캔버스에 표현 가능한 정보가 RGB 3개의 값에 한정되는 것과 비교하면 4배나 복잡한 시각적 특성을 표현할 수 있다. 그래서 그 어떤 가상 현실의 풍경을 지면으로 가져오려고 해도, 그것은 종이 위에 인쇄되는 순간 원래의 모습을 전혀 담지 못하는 무의미한 자료가 되어버린다.

VR의 예술은 이러한 소재와 물리, 현실의 한계를 완전히 넘어선다. VR챗의 가장 존경받는 예술가 중 한 명인 1001이 제작한 월드 '쉐이드의 나무 위의 집Treehouse Of The Shade'에는 1001과 선Cern이 설계한 40개의 월드 쉐이더가 업로드되어 있다. 그중 '평화로운 포스트 아포칼립스적인Peaceful Post-Apocalyptic'에는 유화 질감으로 그려진 키 낮은 수풀이 빼곡하게 자란 들판이 끝없이 펼쳐져 있다. 유화 질감이라는 표현이 이상하게 들릴지 모르겠는데, 이 들판은 말 그대로 유화 물감으로 그린 유화 붓 자국으로 이루어져 있다. 잔잔한 바람은 들판을 포근하게 흔들며, 그 풀들은 연한 붉은빛에서 어두운 푸른빛으로 연속해서 변화하는 하늘과 함께 파스텔 톤의 색상을 순회한다. 지평선에는 대지와 하늘의 경계를 녹여내는 짙은 안개가 깔리고, 밤하늘에 별이 드리우기 시작하면 그 안개는 푸른 빛으로 은은하게 빛난다. 이 풍경 속에는 함박눈이 내리고, 필자는 그곳에 1001이 가져다 둔

---

2 블렌더의 기본 쉐이더로, 유니티의 스탠다드 쉐이더와 유사하다.
3 물체의 표면을 완벽하게 3차원으로 구성하는 대신, 표면의 돌출을 표면에 수직인 벡터들로 표기하는 것

부타디엔Butadiene4의 제트팩을 타고 이 무한한 들판 위를 밤낮이고 날아다니곤 했다. 필자가 관람했던 그 어떤 미술관의 초현실주의 명화에서도 이곳이 주는 울림을 느껴 본 적은 없었다. 이 수풀 가운데 누워 석양의 잔양이 흐르는 하늘과 일렁이는 대지를 보고 있으면, 그저 이 순간이 영원했으면 하는 생각이 들곤 한다.

그림6 쉐이드의 나무 위의 집(Treehouse In The Shade)의 들판을 바라보는 필자

그리고 한 유명 제작자인 데순얀Desunyan은 스퀘어 에닉스Square Enix의 니어 오토마타Nier Automata의 한 장면을 '니어 오토마타 플라워즈Nier Automata Flowers'라는 월드로 제작했다. 원작의 주인공 2B가 잠들어 있는 니어 오토마타 플라워즈의 언덕에는 전작의 등장인물인 니어Nier가 이 행성에서 가장 소중하게 여겼던 달의 눈물Lunar Tear이라는 꽃이 가득 피어 있다. 새벽

---

4 VR챗의 유명 개발자

이슬이 맺힌 풀밭에서 바라보는 차가운 달빛처럼 은은한 순백의 빛을 내뿜는 달의 눈물의 꽃잎은 손으로 쓰다듬는 충격에도 산산조각으로 날아올라 공중으로 흩어진다. 꽃잎이 빛난다는 것은 비유적인 표현이 아니다. 말그대로 이 꽃잎은 광원으로 작용한다. 이 꽃잎에는 아주 작은 질량과 낮은중력 가속도로 설정된 물리 엔진이 설계되어 있어, 쉽게 공기 중으로 흩어진다. 그 풍경은 언덕 위에 울려 퍼지는 카이네 - 구원Kaine - Salvation[5]의 피아노 선율과 아주 잘 어울린다. 그 꽃 사이 숨겨져 있는 한 송이 하늘색의 달의 눈물을 찾아 건드리면, 희미하게 종소리가 울리며 꽃밭 위로 물결의잔상이 흩어진다. 이 언덕에 누우면 공중으로 흐드러져 사라지는 수많은꽃잎이 주변을 감싸며, 반딧불이 무리와 같은 빛의 입자들이 공기를 가득채운다.

그림7 니어 오토마타 플라워즈에 앉아 있는 필자

---

5 니어 오토마타의 주요 주제곡 중 하나

VR 속의 공간들은 현실에서 불가능한, 상상 속에서만 존재할 수 있는 예술적 요소를 소재의 한계에 얽매이지 않고 눈앞에 구현할 수 있다. 그 속에는 기존의 예술에서 사용되었던 조형 요소뿐만 아니라, 공간 속에서의 빛의 흐름, 물리 법칙, 시야의 일그러짐, 공간의 연속성을 자유자재로 편집할 수 있는 예술이 있다. 그중에서도 공간을 임의로 조작하는 기술들이 가장 큰 인식의 변화를 가져온다.

3D 그래픽이 작동하는 원리는 우리가 사물을 보는 것과 정반대의 순서로 구성되어 있다. 현실에서의 우리가 주변 환경을 눈으로 보기 위해서는, 조명에서 나온 빛이 물체의 표면이나 내부를 통해 반사, 굴절되어 우리 눈의 망막에 도달해야 한다. 그래서 3차원 그래픽을 구현하기 위한 가장 직관적인 방법은, 구현하고 싶은 물체의 표면, 혹은 내부의 굴절률에 대한 모든 정보를 아주 세밀한 3차원 좌표 공간에 나타내는 것이다. 그리고 현실에서 일어나는 모든 광학적 현상을 똑같이 계산하여 우리의 망막에 어떠한 광자가 어느 각도로 도달하는지를 완벽히 계산해 VR기기의 화면에 해당하는 이미지를 주사하면 된다. 하지만 이 과정에서 일어나는 모든 광자의 궤적을 계산하여 우리의 눈의 어느 세포에 어느 각도로 어느 광자가 도달할 것인지를 실시간으로 모두 계산하는 것은 현실적으로 과도한 연산 능력을 요구한다.

그래서 3차원 그래픽은 연산량을 줄일 수 있는 방향으로 발달했다. 가장 간단히 생각할 수 있는 해결책은, 우리 눈에 도달하지 않는 광자들에 대한 연산을 실행하지 않는 것이다. 그렇다고 하더라도 위와 같은 방법으로는 어느 광자가 우리의 눈에 도달하는지를 처음부터 알 수 없다. 그래서 반대로, 우리의 눈에서 시야 범위로 빛의 궤적이 생겨난다고 생각하여, 그 궤적의 끝에 어떤 물체가 닿는지를 계산하여 화면을 재구성한다. 이제 조금 더 자세한 과정을 살펴보자.

먼저, 우리의 눈앞 일정 거리에 커다란 직사각형 격자가 있다고 가정한다. 이것은 현실에서 물리적으로는 컴퓨터의 모니터나, VR기기 디스플레이의 픽셀 격자Pixel Grid가 될 것이다. 그리고 우리의 눈에서 가상 격자의 각각의 칸을 중심으로 직선을 긋는다. 이 직선을 연장하여 그 앞에 우리가 화면으로 볼 공간의 사물의 표면에 도달하게 한다. 3차원 그래픽 공간에는 이 물체들의 모든 표면에 대한 시각적 정보가 벡터의 형태로 저장되어 있다. 각각의 직선이 도달한 지점의 색상과 밝기를 다시 이 직선이 지나갔던 가상 격자의 지점에 똑같이 나타내면, 그것이 우리가 보는 화면이 되는 것이다. 이 가상 격자의 가로와 세로 길이를 늘이면 3D 그래픽으로 구성된 화면의 시야각이 넓어지는 것이고, 격자의 한 칸의 크기를 줄일수록 고화질의 화면을 만들 수 있다.

이 원리를 잘 이해하고 있다면, 3차원 그래픽 속에서 연속되어 있지 않은 공간과 공간 사이를 연결하는 포털을 만드는 건 매우 쉽다. 원하는 형태의 포털을 설계하고 위치를 지정한 뒤, 앞서 생각했던 가상 격자를 지나 포털에 도달한 빛의 궤적을 다른 가상 공간에서 나아가는 것으로 계산하면 된다. 이를 이용하면 밖에서 보는 것보다 내부가 넓은 건물이나,《나니아 연대기》시리즈의 영화〈사자와 마녀와 옷장〉에 나오는 것처럼 넓은 공간으로 이어지는 문을 만들 수 있다.

3D 그래픽 기술은 지난 20년간 정말 다양한 영역에서 개선과 발전을 거

쳤다. 그래픽을 처리하는데 특화되어 있는 멀티 코어 프로세서, 그래픽 프로세서가 개발되었고 그에 맞춰 다양한 방식으로 화면을 구성하는 소프트웨어적인 기법도 개발되었다. 더욱 사실적인 반사광과 굴절을 구현하기 위해 광원에서 나온 빛의 궤적을 계산하는 레이 트레이싱Ray Tracing 기법도 하드웨어의 발달로 점점 활용하는 추세이다.

이러한 그래픽 기술은 VR 공간에 새로운 예술적 요소를 가미했다. VR 챗에서 종종 볼 수 있는 포털 오브젝트는 주로 공중에 원형으로 만들어져 있다. 2020 VR 어워즈Awards6에서 올해의 VR 영화상을 받은 월트 디즈니의 애니메이션 소개 월드에도 이 형태의 포털이 4개의 작품 각각의 대표 장면을 보여주기 위해 사용되었다. 이 포털은 처음 본 순간에는 그것이 포털이라는 것을 알아차리기 정말 어렵다. 우리가 흔히 판타지, SF 영화에서 보는 포털과 달리 일렁이거나, 빨려 들어가는 듯한 외형이 없기 때문이다. 이 포털은 공중에 뚫려 있는 원형의 구멍처럼 생겼다. 한 걸음 뒤에서 바라보면 마치 창틀이 없는 동그란 창문으로 창밖을 바라보는 것처럼 보인다.

그러나 가까이서 이리저리 주변을 걸어 다니면 이 구멍에 대해 특이한 점을 발견할 수 있다. 이 구멍은 어느 방향에서 바라보아도 똑같은 크기의 원으로 보인다. 동전을 옆에서 바라보았을 때 타원형으로 보인다는 것을 생각하면 이것이 얼마나 이상한 현상인지 쉽게 알 수 있을 것이다.

사실 이것은 평면의 원이 아니라 공간 속에 구 형태의 3차원 구멍을 뚫은 것이다. 그리고 플레이어의 시야에서 이 구를 바라보는 부분을 다른 공

---

6 AIXR(The Academy of International Extended Reality)의 주최로 열리는 국제 가상 현실 포럼

간의 같은 위치에서 바라보는 시각으로 대체했다. 그래서 이 구의 밖에서 이를 바라보면 동그란 창문으로 어떤 풍경을 바라보는 것과 같게 보이고, 좀 더 눈을 구에 가까이하면 우리가 창문에 가까워질수록 더 넓은 바깥 풍경이 보이는 것과 같은 원리로 더 넓은 시야각을 얻을 수 있다. 그리고 구의 내부로 머리를 집어넣으면 주변의 모든 방향의 풍경이 원래의 공간에서 다른 공간의 것으로 대체된다. 이 과정은 연속적이어서, 우리는 구의 경계가 어디인지 인지할 수 없다.

　이러한 시각적 포털을 꼭 구형으로 만들 필요는 없다. 직육면체나, 특정한 물체의 모양으로도 만들 수 있고, 자신의 아바타 일부분을 이 기술로 제작한 플레이어도 종종 볼 수 있다. 렌더링 파이프라인에서 스텐실 테스트Stencil Test를 적용하는 방법만 이해하고 있다면 쉽게 구현할 수 있는 장치이다.

[그림8] 4면에서 들여다보이는 내부 공간이 모두 다른 정육면체

또한, 위와 같이 시각적 치환을 이용하여 시야만을 왜곡시키는 것에 그치지 않고 물리적 공간 자체를 왜곡시키는 기술도 존재한다. 우리는 이러한 공간을 비 유클리드 공간이라 부른다.

현실에 존재하는 나선형 계단을 떠올려 보라. 큰 기둥을 중심으로 나선형으로 배치된 계단을 걸어 올라가면 기둥 주위를 한 바퀴 돌 때마다 위층으로 올라갈 수 있다. 현실의 건축에서 계단이란 지평면에서 같은 위치에 여러 개의 공간을 수직으로 배치하여 공간이 겹치는 것을 피하기 위한 설계 방법이었다. 이것이 불가피했던 이유는 우리 우주의 3차원 공간이 서로 수직인 3개의 좌표축만을 가질 수 있기 때문이다.

그런데 현실이라는 물리적 제약에 구애되지 않는 가상의 공간에서는 전혀 다른 접근법을 취할 수도 있다. 디지털의 우주에서 하나의 차원을 추가하는 것은 그저 수학적 설계의 문제일 뿐이다. 3차원 X, Y, Z에서 하나의 변수를 추가하여 4차원 X, Y, Z, K의 표현법을 정의하고 이 새로운 좌표축을 효과적으로 이용할 방법만을 고민하면 된다.

같은 위치에 존재하는 3차원 공간을 서로 겹치지 않게 하려면 그 두 공간에 서로 다른 네 번째 좌푯값을 설정하면 된다. 그래서 굳이 위쪽으로 이동하기 위해 나선형 계단을 사용하지 않아도, 그저 기둥을 중심으로 한 방향으로 걸어가기만 하면 다른 층으로 이어지는 통로가 가상 현실에서는 구현된다. 비 유클리드 공간에서는 몇 번이고 제자리로 걸어 돌아와도 전혀 다른 장소에 도착할 수 있으며, 직선으로 나아가기만 해도 제자리로 돌아올 수 있다. 이는 현실의 공간 감각을 완전히 초월한다. 현실의 공간을 인지하기 위해 우리가 사용하는 가장 강력한 수단인 시각을 통해, 완벽히 모순적인 공간을 제공하는 이 기술은 무언가 형용하기 어려운 감각을 깨운다.

비 유클리드 공간은 원래 공간 지각에 의도적인 모순을 제공하여 특유의 착각을 일으키기 위해 연구되었지만, VR 사용자의 현실 공간의 제약을 해소하기 위한 수단으로도 생각된다. 풀 트래킹 VR 기기를 사용하기 위해서는 방의 천장 모서리에 라이트 하우스를 설치해야 하며, 이 라이트하우스의 인식 범위가 교차하는 공간 안에서만 사용자의 위치가 감지된다. 따라서 VR을 사용하는 사람이 실제로 자신의 신체를 움직일 수 있는 공간은 이 장비가 설치된 방 하나에 한정되며, 이 공간의 크기는 일반적으로 3 × 3 미터 정도이다.

우리는 현재 VR 속에서 이 범위를 벗어나 움직이기 위해 컨트롤러의 이동 버튼을 사용한다. 하지만 비 유클리드 공간은 그러한 현실 공간의 제약을 간단히 해결한다. 현실에서 방을 한 바퀴 돌아 다시 제자리로 돌아오면, VR 속에서는 다른 공간으로 이어지도록 설계할 수 있기 때문이다. 이를 거울을 이용한 약간의 공간 인식 방해와 다른 여러 비유클리드 공간 기술과 함께 사용하면 실질적으로 무한한 공간을 사용할 수 있다. 현실에서는 계속 방안을 걸어 다닐 뿐이지만, VR 속에서는 끝없이 이어진 복도나 숲속을 걸어 다닐 수 있다.

현재 이 기술을 아주 잘 활용한 예시로는 티 포 갓Tea For God이 있다. 보이드 룸Void Room이라는 제작사가 개발한 이 게임은 4 × 4 미터의 현실 공간만 있으면 그 속에서 VR기기를 착용하고 끝없이 미로와 같은 통로 속을 걸어 다니며 레벨을 진행할 수 있다. 때때로 넓은 외부 공간으로 나오는 일이

그림 9 기둥을 중심으로 시계방향과 반시계방향으로 다른 공간이 연결되어 있는 비 유클리드 공간

있는데, 적절한 동선 유도 덕분에 현실에서는 4 × 4 미터의 범위를 절대 벗어나지 않는다. VR챗에서 이 기술을 적용한 공간은 필자가 2021년 6월에 개발한 월드가 최초인 것으로 알고 있는데[7], 앞으로는 이 기술을 적용한 공간이 더욱더 많아지리라고 예상한다.

---

7 VR챗에는 하루에도 수십 개씩 월드가 업로드되므로 필자가 알지 못하는 곳에서 먼저 개발한 사람이 있을지 모른다. 대외적으로 알려진 월드는 찾지 못했다.

현실에서의 편향_
가상의 우주에서
현실의 인지적 편향을 자각하라

가상 현실의 공간을 제작하는 디자이너는 우리가 현실에서 당연하게 받아들인 물질적 세계의 원리가 필연적으로 존재할 수밖에 없는 것인지 고민해 왔다. 그리고 이는 생물학적으로 우리를 구성하는 요소에 의해 발생하는 현실의 인지적 편향을 상기시켰다.

우리가 눈으로 보는 모든 것은 사실 온전히 현실을 반영하지는 않는다. 생물학적 뇌에 저장된 기억은 실시간으로 왜곡되어 모든 순간마다 우리가 바라보았던 풍경이 우리의 인지 속에 온전히 남아있기를 거부하며, 감정은 그 기억을 임의로 편집한다. 우리가 가진 문화적 배경은 의도하지 않았음에도 무엇을 아름다운 것으로, 혹은 아름답지 않은 것으로 인식할 것인지를 이미 결정하고 있다. 그리고 이 모든 의식이 우리의 시각에 관여하기 이전부터 시각의 본질이 생물학적인 육체에 영향을 받는다는 점에서 우리는 일부 파장대에 국한된 전자기파의 세기를 특정한 감각세포로 관측할 뿐이다. 그 단순한 기관에 의해 얻어진 정보조차도 우리의 유전자에 새겨진 뇌의 구조에 의해 전 처리되어 사실을 온전히 반영하지 못한다.

가장 흔한 예시를 하나 들어 보자면, 사실 갈색은 색이 아니다. 우리는 분명 갈색이 어떠한 색인지 안다. 나무의 가지는 갈색이고, 두더지의 털도 갈색이며, 흙의 색 또한 갈색으로 보인다. 낡은 종이의 색은 갈색으로 바래고, 햇볕에 탄 피부도 갈색이 된다. 고풍스러운 나무 액자의 색으로도, 목조 조각품의 색으로도 짙은 갈색이 가장 잘 어울린다. 갈색은 무언가 안정감을 주면서도 세월의 흐름을 대표하는 푸근한 색이다. 그렇지만 우리가 볼 수 있는 모든 색의 범위, 가시광선 스펙트럼에는 갈색이 존재하지 않는다. 무지개의 색을 떠올려 보라. 그렇다면 도대체 우리가 매일같이 보던 갈색의 정체는 무엇일까?

갈색은 어두운 주황색이다. 우리는 밝은 배경이나 비교 대상이 존재할 때만 갈색을 인지할 수 있다. 어두운 배경에서 갈색은 주황색으로 인지된다. 흰색 화면에 주황색을 표시할 수 있지만, 이를 인쇄하여 어두운 환경에서 보면 갈색으로 보인다. 여기서 재미있는 점은, 어두운 색상을 지칭하는 독립적인 어휘가 존재하는 색은 주황색이 유일하다는 것이다. 어두운 빨강, 어두운 파랑을 지칭하는 새가 있는가? 검붉은, 진청색 등이 있을 수 있지만 결국 이는 각각 어원이 빨강과 파랑의 영역에 속하는 단어이다. 우리는 갈색만을 유일하게 어두운 주황색으로 부르지 않는다. 이는 한국어에만 한정된 사례가 아니다. 다른 많은 언어에서도 유독 주황색만이 그러하다.

이것의 이유에 대해선 많은 추측이 있는데, 그중 하나는 자연에서 거의 모든 생명체에서 관찰되는 색이 주황색 계열의 색이므로 이를 더 잘 구분하기 위해 우리가 주황색과 갈색을 구분하는 방향으로 진화했다는 것이다.

이처럼 우리의 시각은 색 하나에 대해서도 편향되어 있다. 다양한 미적 요소의 조화나, 특히 공간의 시각적 인지認知에 대해서는 굳이 설명하지 않더라도 일상적으로 수없이 그 예시를 경험한다. 이런 것을 작위적으로 이용하는 것에는 착시 예술이 있다.

우리가 가장 중요하게 생각하고, 실제로 우리 뇌에서 정보를 처리하는 데 가장 많은 자원을 사용하는 시각조차 무의식중에 이러한 고정관념을 내포하고 있다. '백 번 듣는 것보다 한번 보는 것이 낫다'는 말이 있는 만큼 우리가 시각에 얼마나 의존하는지를 생각하면 우리의 지각이 얼마나 편향되어 있는지를 엿볼 수 있다.

인류 최초로 하늘 위, 우주에 도달한 사람은 유리 가가린Yurii Alekseevich Gagarin이었다. 그곳에 신은 없었다. 한없는 공허와 어둠만이 무한히 펼쳐져 있는 가운데 어느 순간 강렬한 빛이 저 너머에서 비추어 왔다. 그것은 인류가 우주에서 보는 최초의 일출이었다. 푸른 대기 위 하얀 구름이 흐드러져 있고, 저 멀리서 도달한 태양은 그 맑은 유리구슬의 가장자리를 따라 따스한 빛의 고리를 만들어냈다. 점점 우리의 아름다운 행성은 그 본모습을 드러냈다. 수평선으로밖에 보이지 않던 바다의 웅장함이 한눈에 들어오고, 대륙이 그 위에 섬처럼 자리 잡고 있었다.

그곳에서 국경은 보이지 않았다. 소련과 미국 간의 냉전도, 베를린 장벽도, 철의 장막[1]도 보이지 않았다. 저 멀리 끝없는 어둠이 펼쳐져 있는 우주를 올려다보면 우리는 한없이 작은 덧없는 존재이다. 그런데도 그 작은 행

---

1 냉전 시기 체코-오스트리아 국경지대에 설치되었던 철조망

성은 우리의 모든 것이며 이 짧은 시야를 가진 우리에게 그것은 이 세상의 전부인 것만 같이 느껴진다.

시야가 넓어진다는 것에는 그러한 의미가 있다. 지금껏 생각해보지 못했던 가능성에 대한 희망을 품을 수 있게 되는 것, 눈앞의 작은 문제에서 한 걸음 물러서서 전체를 바라볼 수 있는 눈을 가지게 되는 것이다. 누군가는 글로, 누군가는 스크린으로, 또 누군가는 새로운 기술로 여행을 떠난다. 그것은 비행기일 수도 있고, 잠수함일 수도 있다. 그 가운데 누군가는 가상 현실에서 상상과 현실의 벽을 넘어 더 넓은 세상과 마주했다.

만약 당신이 오랜 시간을 VR 속에서 보낸다면, 또 한 가지 현실에서의 편향을 경험하게 되는데, 그것은 시간이다. 우주 정거장에 체류하는 사람을 제외하면, 우리 모두에게 하루는 24시간이었다. 일출과 일몰을 주기로 반복되는 일상에 적응된 시간 감각은 우리의 일생을 하루 단위로 분절하지만, 이곳에서 시간은 절대적이지 않다. 이곳의 사람들은 현실의 시간에 얽매이지 않고 서로 다른 현실의 시간을 살아가는 사람들과 같은 가상의 시간 속에서 살아간다. 이는 마치 해외여행에서 돌아오며 겪는 시차와 같다.

하늘에는 푸른 태양이 떠 있고, '벚꽃 광장Sakura Hiroba'은 영원히 따스한 봄날의 아침인 그대로이다. 그래서 우리는 밤을 즐기기 위해 '야요이 여름 밤Yayoi Summer Night'의 물에 잠긴 도시와 서늘한 마루로 떠난다. 잔잔한 바람에 흔들리는 풍경 소리와 일렁이는 물결에 비친 보름달, 그곳의 불꽃놀이는 언제나 지금과 같이 아름다울 것이다.

그 이상으로 현실 감각을 버리고 24시간 주기에 한정되어 있지 않은 시

그림 10 야요이 여름밤에서 불꽃놀이를 바라보는 필자

간의 흐름을 느껴 보고 싶다면, 먼저 VR 속에서 잠들어 봐야 한다. 우리는 언제나 잠에서 깨며 동시에 꿈에서 벗어난다. 희미한 꿈속의 감각이 아닌, 뚜렷한 현실의 감각을 느끼며 깨어 있음을 인지한다. 한편 VR 속에서 잠들어 일어나는 것은, 의식이 깨어나며 뚜렷한 현실의 감각으로 꿈속을 바라보는 것이다.

우리는 잠에서 깬 순간, 희미한 의식을 다잡으며 주변의 사물을 인지함으로써 우리가 현실에, 어느 공간에 있음을 깨닫는다. 하지만 VR 공간 속에서 깨어나는 것은 VR의 사물을 현실의 것으로 인식하게 하여 혼란에 빠트린다. 특히 밤늦게 VR을 하다가 지쳐 잠든 경우 때때로 마지막 순간에 VR을 벗지 않았음을 잊어버린다. 머리에 쓴 VR에 손을 대기 전까지 VR과 현실을 혼동하여, 혹은 현실과 꿈을 혼동하여 혼란스러워하다가 어느 순간 VR을 쓰고 있음을 깨닫고 정신을 차린다. 현실과 가상의 경계가 허물어지는 이 경험은 가상 현실에 대해 무언가 말로 형용하기 어려운 감흥을

불러일으킨다. 그래서 언제나 로리LOLI가 제작한 '휴식과 수면Rest And Sleep 寝る'의 침실에선 VR 속에서 자는 사람을 볼 수 있다.

[그림 11] VR챗에서 잠든 사람

가상 현실에서의 생활은 우리가 인지하는 현실의 유일성에 대해 반론을 제기한다. 이는 여태껏 당연한 사실로 받아들여온 사회적 관념과 상식이 고정 관념의 일환이 아니었는지 의심하는 계기가 된다. 그것이 수천 시간에 이르는 장기적인 경험이 되었을 때, 가상 현실은 우리에게 삶이란 무엇인가를 질문한다. 물질적 생산과 소비의 유무만이 현실과 가상 현실의 차이이며, 물질적 가치에 삶의 의의를 두지 않는다면 양측에서의 삶은 서로 동등하다.

가상 현실 생활 공간_
가상 현실에서 일상을 살아가는 사람들의 도시를 경험하라

VR챗의 월드는 언제나 새로운 시도를 추구한다. 초기의 월드가 창작 욕구와 예술적 목적을 충족하기 위해 만들어졌다면, 근래에 와서는 사용자 수와 평균 플레이 타임의 증가에 맞춰 장시간 VR 내에서 생활하기 위한 시설이 생겨났다.

가장 대표적인 것은 앞 장에서 이야기한 수면을 위한 공간이다. 침실과 욕조, 거실과 같은 공간을 모두 포함하는 '포근한 아파트Cozy Apartment, ~Sam' 나 '휴식과 수면Rest And Sleep 寝る'과 같은 주거 공간을 가진 월드 이외에도 침실 하나만을 세밀하게 제작한 '수면의 방The Room Of The Sleep'이나 '편안한 은신처Comfy Hideout, R4MOS'와 같은 월드도 있다. VR기기가 처음 출시되던 2017년 즈음에는 아직 VR챗에도 VR 풀 바디 트래킹을 사용하는 사람들이 매우 드물었으며 실제로 바닥에 누울 수 있는 사람은 많지 않았다. 그래서

가끔 퍼블릭 월드[1]에서 풀 바디 트래킹을 사용하는 사람이 있으면 "와 저 거 N백만 원짜리 '눕기'다."와 같은 소리를 듣는 것이 일상이었으나, 근래에 풀 트래킹이 일반화되며 월드 바닥에서 뒹굴뒹굴하는 사람을 보는 것이 일상이 되었다. 그리고 물론 딱딱한 바닥보단 이불이나 매트릭스 위에서 뒹굴뒹굴하는 것이 편하기에, 현실에서 VR을 착용하고 침대에 누워 시간을 보내는 사람을 위해 이러한 침실 월드가 제작되기 시작했다. 그 이전에는 길바닥이나 흙바닥 등 아무 데서나 누워 자는 것이 일반적이었다. 장시간 VR을 사용하며 밤을 새우는 것은 만국 공통의 현상이기에, 그냥 아무 데서나 잘 수 있도록 적당히 어두운 분위기의 월드에는 침대나 쿠션, 소파 등을 하나쯤 놓아두는 것이 일반화되어 있다.

그림 12 샘(~Sam)이 제작한 리틀 로프트(Little Loft)

1 VR챗의 월드에서 불특정 다수가 접속 가능한 '퍼블릭 인스턴스'를 개설한 것

수면을 위해 제작된 공간이 아님에도 여러 개의 침실을 포함하는 월드도 많이 있다. 호텔이나 클럽, 아파트 등의 공간이 그러한데, 특히 많은 사람이 몰리는 클럽과 붙어 있는 객실의 경우에는 문을 잠그는 기능이 포함되어 있기도 하다. 코로나 19 시국에 호캉스가 유행하는 만큼 VR에서도 호캉스 열풍이 있었는데, 옥상에 노천 온천이 있는 호텔이 한창 유행했다. 디지털 도어락과 카드키 등의 특이한 장치를 선보이는 월드도 있다.

VR챗과 네오스 VR에는 '홈 월드'라는 개념이 있다. 이는 개인 사용자가 VR에 접속하면 처음 자동으로 로딩되는 월드를 설정하는 것이다. 가상 현실의 사람들은 이 기본 월드를 공공장소가 아니라 각자 취향에 맞는 주거 시설로 설정하는 경향이 있다. 무한한 가상 현실의 세계를 여행하는 데에도 각자의 집이 필요하긴 한 것 같다. 가상 현실에서 사람들이 많이 모이는 일종의 광장과 같은 월드를 돌아다니고, 클럽이나 도서관을 방문하기도 하며 카페나 관광지, 이벤트 월드에서 놀다가도 혼자 있고 싶어지거나 피곤해질 때가 있다. 그럴 때면 누구나 각자 돌아갈 수 있는 정신적 고향이 있어야 한다. 군이 가상 현실을 하면서 자신의 VR 홈을 자주 방문하지 않아도, 이 무한한 우주에 각자 자신만을 위한 장소가 하나쯤은 필요한 것이다. 그리고 때로는 가상 현실에서 만난 사람을 각자의 집에 초대하기도 한다. 물론 그것이 현실의 집은 아니지만, 가상 현실에서 홈은 그러한 의미를 가진다.

VR챗 안의 생활 공간이 다양화되고 끝없는 건축의 가능성을 시도해 나가는 최근 몇 년 동안, VR챗에 이렇게 좋은 공간이 있으니 현실에서 좋은 집을 살 필요가 없다고 장난 반 진심 반으로 이야기하는 사람이 늘어나고 있다. 더욱이 VR 내에서 건축 디자인 에이전시 창업을 시도하고 있는 필자는 그러한 건축적 시도를 연구하는 전선에 서 있는 한 사람으로서 항상 현실에서 거주하고 있는 공간보다 더 아름다운 공간을 가상 현실에서 추구해 왔다. 그것을 현실에 같은 형태로 건축하기 위해서 어느 정도의 비용이 소모될지를 생각하면 도무지 그 비용을 들여 현실에 건축물을 세울 필요를 느끼지 못했다.

아무리 아름다운 건축물도 실질적인 기능을 가진 부분은 그 일부에 불과하다. 천장의 조형물과 높은 기둥은 모두 시각적인 자극을 주기 위한 요소일 뿐, 그것이 바닥이나 벽과 같이 사람과 물리적인 상호작용을 주고받는 것은 아니다. 그렇다면 그만큼의 현실 자원을 해당 목적으로 낭비하는 것이 올바른 판단인가를 묻는다면, 그렇지 않다는 것이 필자의 의견이

그림 13 어 캣(A Cat)이 제작한 디루스(Deluce)

다. 똑같은, 혹은 그 이상의 감흥을 우리는 컴퓨터 그래픽 기술에서 얻을 수 있다.

　사용자의 연령대가 주로 20대 전후로 분포해 있는 VR챗에서 다양한 사람들이 만나 시간을 보내는 데에는 알코올을 빼놓을 수 없다. 파란 형광 색상의 세련된 분위기를 가진 '드링킹 나잇Drinking Night'에서 사람들은 술을 마시며 영어판 손병호 게임[2]을 하거나 주사위 게임, 카드 게임, 미션 룰렛 등을 한다. 이 월드는 상당히 오랜 기간 유행하고 있는 스테디셀러 월드인데, 거대한 찬장을 배경으로 한 칵테일 바를 중심으로 메인 홀과 복층 공간이 디자인되어 있다. 그 뒤에는 객석과 연단이 배치된 반원형의 토크쇼 세트처럼 생긴 공간이 있으며, 각자 정말 다양한 용도로 이곳을 사용하는 사람을 언제나 볼 수 있다.

　이러한 연회장 형태가 아닌 본격적인 술집은 일본 커뮤니티를 중심으로 유행하고 있는 월드들이 몇 군데 있는데, 대표적으로는 코쿠리코츠 Coquelicotz가 제작한 '양귀비 골목ポピー横丁-Poppy Street'이 있다. 이 월드는 하나의 술집을 구현한 것이 아니라, 여러 개의 작은 술집이 모여 있는 골목이다. 수많은 커뮤니티의 사람에 의해 제작된 만큼 다양한 이벤트가 이곳에서 열리곤 했다. 최대 40명 정도를 수용할 수 있는데, 이 월드가 가득 찰 즈음이면 이 좁은 골목길이 사람들로 북적이곤 한다. 그리고 한창때의 대학

---

2 Never Have I Ever, 주로 4명 이상의 인원과 1미터 정도의 간격으로 평행선이 그려진 바닥이 요구됨. 진행 순서를 정하여, 각자 자신이 해 본 적 있지만 다른 사람이 해 본 적 없을 법한 일을 이야기한다. 해당 순서의 진행자와, 같은 경험이 있는 다른 참가자는 1미터를 앞으로 걸어간다. 이를 반복하여 먼저 끝에 도달한 사람이 승리하는 게임이다.

가 술집 골목이 그러하듯, 이곳에서도 새벽 시간대면 술에 취해 길바닥에 주저앉아 있는 사람을 종종 보게 된다. 일본과 한국은 같은 표준시를 사용하기에 이 월드의 인기가 식기 전에 금요일이나 주말 밤이면 한 번쯤 가 볼 만 하다.

ポピー横丁, 유튜브 채널 'VR챗の今をお届け!バーチャルライフマガジン
https://www.youtube.com/watch?v=ewvyl1WXRUo&t=802s

이런 사람들이 많이 모이는 시끌벅적한 공간이 아니더라도 '야요이 여름밤'과 같이 식탁이 있고 적당히 분위기가 좋은 월드에는 손으로 집어 들 수 있는 맥주 한두 캔 정도는 있기 마련이다. 사적인 술자리를 가지기에는 그러한 월드가 적합하다. 그리고 꼭 술을 마시기 위한 장소가 아니더라도 해변의 벤치나 숲속 야영장에서 술 마시기를 좋아하는 사람은 아예 자신의 아바타에 토글[3] 기능으로 손에 들 맥주캔을 넣어 다니기도 한다. 특히 현실의 것과 같은 3차원 모델을 사용할 때 현실과 VR의 캔이 입에 닿는 지점이 일치해서 술을 쏟지 않을 수 있다고도 한다. 이런 모델은 이후에 설명할 VR 시장에서 꾸준히 잘 팔리는 에셋[4]의 한 코너에서 흔히 찾아볼 수 있다.

---

3 Toggle, 주로 유니티 애니메이션 컨트롤러의 상태 머신(State Machine)을 사용하여 구현된다.
4 Asset, 독립된 소프트웨어 요소 객체의 한 형태

그림 14 맥주캔을 든 사람

VR챗에는 상당히 많은 영화관과 홈시어터가 있다. 특히 홈시어터는 프로젝터와 객석을 갖춘 완전한 구성이 아니어도 침대나 소파 앞에 거대한 스크린을 설치해 둔 형태로도 흔히 볼 수 있다. 영화관의 경우에는 해당 월드를 방문하는 사용자가 영상의 링크를 연결하는 방식으로 영화를 상영하는 것과 영화관 자체에 영화 파일이 보관되어 있는 두 형태가 존재하는데, 이 두 번째 영화관은 제작자가 저작권법을 깡그리 무시하고 '설마 자신이 고소당할까?' 하는 안일한 생각으로 만든 것도 많기에 아직 양성화되는데에는 시간이 필요할지도 모른다.

물론 그 어느 것도 사람들에게 입장료를 받아 금전적 이익을 취하고 있지는 않으며 공개되어 있다. 사람들은 VR챗의 영화관에서 현실과 다를 바없이 영화를 본다. 딱히 VR이라 해서 3D 영화만을 상영하는 것은 아니다. 뭘 해도 그 누구도 신경 쓰지 않는 VR 공간에서 애초에 영화를 보지 않고 뛰어다니며 놀 생각으로 영화관 스크린에 유튜브 영상을 틀어놓는 때도 많지만, 모두가 영화를 볼 때는 조용히 같이 보곤 한다. 그러다 앉은 채로 잠드는 사람이 있는 것까지 현실의 영화관과 다를 바 없다.

또 특징적인 장소로는 교회가 있다. 세계적으로 가장 유명한 VR 교회는 디 제이 소토D. J. Soto 목사를 중심으로 운영되는 '가상 현실 교회 2.0VR Church 2.0'일 것이다. 이 교회는 VR챗에 비해서는 이용자 수가 적은 알트스페이스 VRAltSpace VR에 교회 월드를 업로드하여 매주 예배를 진행한다. VR에 설립되어 있다는 것을 제외하면 현실의 여느 기독교 교회와 별반 다르지 않다. 디 제이 소토는 앞서 이야기한 유튜버 Syrmor의 영상에서도 다른 유명 VR챗 유튜버인 드럼지Drumsy에게 VR챗에서 세례를 주는 것으로 한 번 등장한 적이 있다. 그는 VR 환경이 타인을 인종, 외형, 지위 등 모든 것에 얽매이지 않고 그저 사람 그 자체로서 바라볼 수 있게 한다며, VR에 대

한 기대감을 표현했다.

한국에서도 VR에 열정을 쏟는 한 대학생의 기여로 2020년 9월 6일부터 'VR 마중물 교회'라는 이름의 VR 교회가 개관했다. 처음에는 동명의 오프라인 교회에서 송출하는 유튜브 온라인 예배 방송을 같은 시간에 '마중물 교회'라는 VR챗 월드의 대형 스크린에 상영하는 형태였다. 현재는 추수감사절, 성탄절, 부활절 때마다 교회 월드의 디자인을 바꾸고 기믹을 추가하는 등 보다 적극적으로 운영된다. 추수감사절에는 과일 오브젝트를, 부활절에는 달걀 오브젝트를 참가자에게 선물하고, 마중물 교회에서 진행되는 성찬식, 침례식 등 여러 오프라인 행사를 함께한다.

2021년 7월 25일에는 동명의 오프라인 교회의 이병문 목사가 직접 VR기기와 트래커 3개를 착용한 채로 방문하여 외국과 비슷한 형태의 VR 예배를 진행했다. VR챗 공간 속 마중물 교회의 강단에서 목사가 VR 속의 홀로그래픽 프레젠테이션을 조작하며 설교하고, 교인들과 예배나 자신에 관한 이야기를 나누며 교류했다. 모인 장소가 VR 속이라는 것만을 제외한다면 이는 코로나 19 이전의 예배와 거의 다르지 않았다. 설교를 진행한 이병문 목사는 코로나 19 시대로 인해 잃어버린 교회와 성도와의 상호작용이 VR 예배를 하면서 회복될 수 있고 이제 새로운 시대가 열렸다는 확신을 가질 수 있었다고 했다. 2021년 8월, VR 마중물 교회는 누적 방문자 수 7,500명을 기록했으며, 현재는 청각장애인, 외국인, 천주교인, 심지어 불교인까지 방문하는 곳이 되었다.

아바타_
가상 현실의 만능 인터페이스,
콘텐츠 기술의 집약체

VR챗과 같이 아바타를 이용한 가상 공간에서의 의사소통은 최근 몇 년간 주류 문화의 생산자에 의해 일반 대중에게 소개되었다. 그중 대표적인 예시가 네이버의 자회사 스노우SNOW에서 출시한 제페토이다. 제페토는 현재 2억 명의 회원 수를 보유한 세계 최대 오픈 월드 롤플레잉 게임이다. 이 서비스는 사용자의 사진으로부터 그와 비슷한 외모의 아바타를 제작하며 사용자는 이 아바타를 이용하여 다른 사람들과 소통할 수 있다. 다만 제페토는 VR챗처럼 가상의 물리적 접촉을 포함하는 직접적인 방법을 이용하기보다 소셜 네트워크 서비스Social Network Service, 이하 SNS와 기존 컴퓨터 게임의 소통 모델을 이용하였다. 주로 어린 연령층의 국내·외 대중문화 소비자를 대상으로 블랙핑크 등 주류 아이돌을 이용한 마케팅에 성공했다.

그렇지만 우리는 이것을 결코 미래 가상 현실 사회가 지향할 방향으로 생각해서는 안 된다. 이들에게는 메타버스가 갖춰야 할 많은 기술적 요소와 문화적 기반이 결핍되어 있다. 가장 대표적인 문제가 아바타 시스템이다.

사람들은 결코 무한한 창작의 우주에서 현실의 자신과 똑같은 모습을 추구하지 않는다. 현실의 물질적 육체에 얽매일 필요가 없음을 견지하는 이들이 추구하는 아바타의 방향성은 이후의 장에서 천천히 설명할 가상 현실 문화와 그 정서의 발달을 기초로 한다. 우리가 지금까지 이야기한 진정한 가상 현실의 사람들이 가상 공간에서의 자신을 구현하기 위해 사용하는 아바타는 제페토나 로블록스 등의 아바타 시스템과 그 어떤 면에서도 공통점을 찾을 수 없음을 먼저 분명히 하고 싶다.

VR챗에서 아바타는 월드와 마찬가지로 제공되는 SDK를 사용하여 개인 사용자가 제작하고 업로드한다. 월드가 비교적 소수의 사람에 의해 제작되는 것에 비해, 각자 자신의 아바타를 제작하여 업로드하는 것은 매우 대중화되어 있다.

그동안 VR 커뮤니케이션 플랫폼의 일종으로 이야기되어 온 로블록스, 제페토, 마인크래프트, 점프 VR^Jump VR과 같은 게임들은 각 시스템에서 제공하는 아바타의 가변 수치를 조절하거나 옷을 바꿔 입는 등 일반적인 게임의 캐릭터 커스터마이징^Customizing에 가까운 아바타 제작 기능만을 제공했다. 이는 사실상 제공된 아바타를 변형하는 것이다. 이렇게 제작된 아바타는 기본적인 모델 시스템이 같아, 결국 형태가 모두 비슷하다. 이는 우리가 디즈니의 캐릭터들과 마블의 CG 캐릭터를 처음 본 사람이라도 명확하게 둘로 구분할 수 있는 것과 같다. 제페토의 아바타는 누가 보아도 그것이 제페토에서 만들어졌음을 알 수 있다.

반면, VR챗은 유니티에서 통용되는 보편적인 인간 형태의 아바타 시스템, 휴머노이드 본^Humanoid Bone 표준의 준수를 권장하고 있을 뿐, 아바타 제작에 있어 실질적으로 그 어떤 제약도 두지 않았다. VR 컨트롤러와 트래커의 움직임에 맞춰 아바타가 움직이도록 하는 모든 소프트웨어적 기법의 사용을 포함하여, VR챗 서버 자체에 보안 취약점이 되는 요소를 제외한 모든 소프트웨어적 요소를 사용자들의 자율에 맡겼다. 이는 3D 그래픽 디자인의 전반에 걸쳐 모든 세부 사항을 임의로 조작할 수 있음을 의미한다.

물론 이를 위해서는 블렌더와 유니티 등 전문가용 도구에 대한 기본적인 지식이 필요한데, 그래픽 디자이너나 게임 제작자를 지망하지 않는다면 평생 접할 일이 없을 이러한 도구들도 VR챗을 사용하는 사람들에게는 게임 콘텐츠의 일환인 것처럼 여겨진다. 흔한 농담으로 VR챗의 콘텐츠가 '3D 모델링Modeling – 쉐이더링Shadering – 라이팅Lighting – 인게임In-Game에서 거울 보기'라는 말이 있을 정도로 VR챗의 사용자들 사이에서 관련된 전문 지식을 배우고자 하는 열망은 높은 편이다. 그것이 VR챗을 사용하는 사람들이 일반 대중과 다른 성향을 지닌 사람들이어서가 아니라, VR챗을 하다 보면 사람이 그렇게 변한다고 이야기하는 것이 타당하다.

단적인 예시로, 유튜브에 'Blender Avatar블렌더 아바타'라고 검색하면 나오는 영상들에 VR챗이나 'VTuber'라는 키워드가 포함되지 않은 것이 거의 없다는 것에서 VR챗이 얼마나 일반 대중에게 3차원 그래픽을 배우고자 하는 열망을 촉진하였는지 알 수 있다. 이후의 장에서 이러한 개인 창작 문화의 발생과 전개에 대해서는 다시 다루겠지만, 쉽게 이야기하자면 스타크래프트와 같이 복잡한 전략을 구사하는 게임을 플레이하는 사람이 자신의 실력을 향상시키기 위해 상당한 노력과 시간을 들이는 것과 유사한 현상이 VR챗에서 그러한 전문가용 소프트웨어에 대한 갈망으로 이어진 것이다.

다만 그러한 게임과 달리, 3차원 그래픽 디자이너와 게임 개발자의 길에는 결승선이 존재하지 않는다.

누구든 아무리 배우고자 하는 열망이 있더라도 충분한 문서 자료와 강의가 없었더라면 VR챗의 아바타가 현재같이 다양성과 다원성을 가지지 못하였을 것이다. VR챗은 그 플랫폼에 아바타나 월드를 업로드하기 위해 필요한 기술 지원을 초보 개발자의 눈높이에서 제공한다. 홈페이지에 SDK의 기능과 사용법에 대한 문서가 분류되어 존재하고, 기본적인 튜토리얼 영상이 있다. 그리고 그것만이 유일한 자료는 아니다. VR챗의 성공 뒤에는, 모든 비전문가와 학생에게 전문 지식을 배울 열망을 잃어버리지 않도록 최고의 커리큘럼을 제공하려 노력한 수많은 무명 개발자와 디자이너들이 있다. 그들이 아무 대가 없이 그러한 활동을 해 온 배경에는 VR챗 문화의 성장 과정에서 발달한 자유로운 정보 교류 문화가 내재해 있었다.

VR챗의 아바타 시스템 위에서 전문가용 도구를 사용하는 개인 사용자는 다양한 시각적, 소프트웨어적 시도를 이끌어 나간다. 사용자의 손짓을 실시간으로 인식하여 유니티 애니메이션 컨트롤러를 트리거Trigger하여 공중에 이모티콘을 파티클 시스템[1]의 형태로 날리거나, 손끝의 움직임에 잔상을 남겨 공중에 글씨를 쓰는 기술도 개발되었다. 특정 표정과 연계되는 그래픽 효과나, 효과음을 넣을 수도 있다. 더 확장된 형태로는 자기 신체에 한정되지 않고 주위 배경에 간섭하는 기능을 가지고 다니기도 한다. 하

---

1 Particle System, 유니티에서 다수의 3D 오브젝트를 제한된 기능으로 구동되도록 인스턴시에이트하여 배치하는 기능

늘에 구름이 나타나서 비가 내리게 하거나, 자신을 중심으로 폭풍의 눈이 형성되며 거대한 상승기류의 구름 사이로 벼락이 떨어지는 효과도 일반 사용자들에 의해 개발되었다.

'LPD'라는 이름의 경찰 그룹이 한창 영어권 커뮤니티에서 인기를 얻을 즈음에는 경찰 제복과 작동하는 총기류의 수요가 늘기도 했다. 물론 VR에서 총을 맞는다고 다치는 것은 아니지만, 권총이나 소총부터 시작해서 거치형 기관총, 대공포, 방사포, 미사일까지 별의별 무기가 VR챗의 하늘에 비처럼 쏟아지는 일이 있었다.

그림 16 LPD

이러한 무기류는 현실의 모델부터 스타워즈나 마블 영화에 나오는 다양한 것들의 정밀한 복제로 시작하여 새로운 창작물로 발전하고 있다. 물론 사람들이 많은 월드에서 그런 시끄러운 아바타로 주변을 초토화하고 있으면 욕을 먹기 십상이지만, 그런 것들을 좋아하는 사람들의 모임은 언제나 활성화되어 있다.

　국내 VR챗 유튜버 중 2021년 기준으로 구독자 수 1순위인 대월향 ᴳʳᵉᵃᵗᴹᵒᵒⁿᴬʳᵒᵐᵃ이 아바타 특수효과 전문가로 유명하다. 그는 인터넷 밈을 기반으로 제작된 여러 오브젝트 상호작용을 유행시켰다. 그의 연출 솜씨는 마치 VR의 마술사라고 불릴 만한 것이어서, 국적을 불문하고 가상 현실의 세계에 다소 문화적 영향력을 행사한다. 'This is My Voice in Three Weeks in Soviet Russia(이게 내가 3주 동안 러시아어를 배운 목소리야).', 'Gnoum(노움)'과 같은 고전 영어 밈들을 가상 현실에 잘 이식한 것으로 큰 인기를 끌었다. 아래 그림에서 대월향이 손에 든 전구의 작동(점등)과 책상은 모두 아바타 시스템의 일부로 구현되어 있다.

　VR챗에서 아바타란 자기 자신의 외형을 시각적으로 표현하는 수단에 그치지 않는다. 주머니 속에 넣어둔 물건, 각자가 가상 현실에서 다른 사람에게 취할 행동, 주변 공간에 간섭하는 모든 방법을 기술적인 요소로 구

그림 17 　대월향의 아바타 중 하나

아바타 쇼케이스 , 대월향
https://www.youtube.com/watch?v=PGvwrO48x7c&t=357s

현하여 실체화하는 수단이다. 이들을 하나의 SDK에서 지원하는 시스템이
VR챗의 아바타이다. 때로는 이러한 소프트웨어적 범용성을 악용하여 상
대방의 기기를 강제 종료시키거나 정상적인 진행을 불가능하게 만드는 아
바타, 주로 파티클 쉐이더Particle Shader를 남용하여 상대방의 컴퓨터에 과도
한 연산을 강제하는 도구를 사용하는 사용자가 적발되어 징계받는 일이
있기도 하다. 그러나 기술적으로 불가능한 것과 가능하지만 하지 않는 것
사이에는 큰 차이가 있다.

　　VR에서 사용되는 아바타는 격변하는 인터넷 문화에서 발상한 예술의
결정체이다. 우리가 작품의 예술적 표현을 포괄적으로 수용하는 것처럼,
가상 현실의 사람들은 가상 현실에서 서로가 가진 다양성을 잘 포용한다.
그래서 이는 현실의 인간과 공통점을 찾을 수 없는 시각적 형태, 공간과 시
각을 왜곡하는 VR의 예술적 기법 등을 통해 현실의 일률적인 미적 기준과
전혀 무관한 방향으로 성장했다.

CHAPTER 2

디지털 세상의 신인류

VR 인터페이스와 팬텀 터치_
가상 현실에서 아바타와 '나'는 동일한 개념이다

평생을 컴퓨터와 함께하는 현대인에게 키보드나 마우스와 같은 전통적인 컴퓨터 인터페이스는 마치 신체 일부분과 같이 작동한다. 특히 도스 운영 체제DOS OS의 산물이었던 키보드와 달리, 마우스로는 디스플레이에 표시되는 객체들과 직관적인 피드백이 가능하다. 그런데 키보드가 그 자판 위에 표기된 문자와 직접 대응되는 인터페이스인 것과 다르게 마우스의 물리적 입력 범위인 책상과 그에 해당하는 커서의 화면 사이에는 90도의 선형 변환이 존재한다. 우리는 커서를 화면 위쪽으로 움직이기 위해 마우스를 책상의 앞쪽으로 이동시켜야 한다.

모니터를 보며 마우스를 조작하는 과정은 의식적인 사고에 의해 이루어지지 않는다. 우리의 절차 기억은 이 두 공간 사이의 위치 연산을 의식적인 사고 없이 처리하여, 마우스와 커서의 위치를 뇌 속에서 자연스럽게 연동시킨다. 이 연산은 키보드의 자판과 한글 자모 사이의 1대1 대응과는 다르게 연속적인[1] 입·출력 범위를 가지는 상대적으로 복잡한 과정이다. 그렇지만 마우스의 사용법을 학습하여 체득하는 데 걸리는 시간은 키보드보다 압도적으로 짧다.

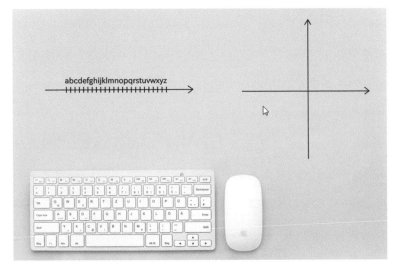

그림 18 키보드의 1대1 대응과 마우스와 디스플레이 평면의 선형 변환

마우스가 커서와 90도 회전된 좌표축을 가지는 2차원 입력 장치였던 것과 달리, VR 하드웨어는 입출력 범위가 우리를 기준으로 같은 상대 위치에 있는 현실과 가상의 3차원 좌표축이다. x, y, z 축에서의 변위와 회전각을 감지하는 6 DoF[2] 자유도의 VR은 x, y 평면좌표의 변위를 감지하는 2 DoF 자유도의 마우스가 제공했던 것의 3배 이상의 정보량을 실시간으로 교환

---

1 (↔ 이산적인)

2 Degree Of Freedom, 축/좌표 자유도

한다. VR의 풀 바디 트레킹 기기는 3차원에서의 우리의 신체와 VR 속의 아바타의 신체 각 부분의 위치 사이에 선형 변환을 유도하며 3차원에서의 완전한 1인칭 인터페이스를 구현한다.

모니터 속의 커서를 움직이기 위해 손을 적절한 위치로 이동시키는 과정이 의식적인 사고를 요구하지 않는 것처럼, VR 속의 아바타를 움직이기 위해 현실의 신체를 움직이는 과정은 우리의 절차 기억 속에 동기화된다. 이 과정은 이전의 2차원의 인터페이스였던 마우스의 체득에 필요했던 것보다 훨씬 복잡한 연산의 내면화를 요구하지만, 그보다 단시간에 이루어진다. 그래서 처음으로 풀 트래킹 VR기기를 착용하면, VR 속의 공간과 아바타를 새로운 세계와 신체로 인지하는 몇 초 동안 특유의 어색함을 느낀다. 그러나 우리가 키보드와 마우스에 익숙해지는 것과 같이 가상공간과 그 속의 자신을 마치 현실의 것처럼 느끼게 되기까지는 긴 시간이 걸리지 않는다.

2004년에 영국의 뇌과학자 리처드 에드워드 패싱험Richard Edward Passingham의 주도로 '고무 손 환각' 실험이 시행되었다. 이 실험에는 1명의 실험자와 피험자, 고무로 만들어진 손 모형 하나가 필요하다. 먼저 피험자가 책상에 손을 올리게 하고, 피험자의 손과 나란히 고무 손 모형을 책상에 둔다. 실험자는 피험자의 팔 전체와 손 모형의 손목 부분을 담요로 덮어 가리고, 피험자가 손 모형을 바라보게 한다. 이때 실험자가 2개의 붓을 이용해 반복적으로 피험자의 손과 손 모형의 같은 위치에 동시에 같은 자극을 가하면, 피험자는 점차 손 모형이 자기 손인 것처럼 인지하게 된다. 이때 피험자의 손과 모형에 일치하지 않는 자극이 가해진 대조군에 비해 MRI 스캔에서 높은 전두엽 활성이 관측되었다. 그리고 피험자의 손에 자극을 가하지 않고 손 모형에만 자극을 가해도 피험자는 해당 자극을 느낄 수 있었다.

2007년에 진행된 후속 연구에서는 같은 절차를 거친 뒤 손 모형을 강하게 바늘로 내려찍는 상황을 연출하였는데, 이때 전측 대상회 피질ACC과 보조운동영역의 활성이 관측되었다. 이는 각각 사람이 고통을 느낄 때와 급격하게 신체를 움직일 때 활성화되는 영역이다. 즉, 피험자는 고무 모형의 손에 가해진 충격을 자기 손에서 순간적으로 통감으로 인지한 것이다. 이는 고무손 환각이 어느 정도로 강력한 현상인가를 단편적으로 알 수 있는 사례이다.

이러한 현상이 나타나는 원인은 둘 이상의 감각기관에 대해 피험자가 예측하는 자극과 실제 자극과의 연관성에 있다. 고무손 모형을 붓으로 쓰다듬는 시각적 신호는 피험자에게 해당 위치에서 촉감이 발생할 것을 예상하게 하며, 예상된 촉각 자극이 피험자의 실제 손에 똑같이 가해졌기 때문에 이들 사이에 인식의 동기화가 이루어질 수 있었다. 여기에서 우리는 감각에 의존하여 자기 신체를 인지하며, 그 과정은 서로 다른 감각기관을 사용한 예측과 검증을 통해 이루어진다는 것을 추론할 수 있다. 이 과정은 그것이 우리의 이성적 사고에 의한 추론과 모순될 때에도 우리의 신체 인지에 영향력을 행사한다. 이는 아리스토텔레스의 촉각 착시Aristotle's Illusion 의 사례에서 확인된다.

고무 손 환각 실험에서 예측을 발생시키고자 제공하는 자극은 시각, 예측되는 자극은 촉감이었다. 하지만 이러한 감각과 검증이 일어나는데 촉감이 필수적인 요소는 아니다.

우리는 기존의 수많은 1인칭 게임들에서 화면에 직접 등장하지 않는 아바타의 시각을 화면을 통해 공유한 경험이 있다. FPS^{First-Person Shooter, 1인칭 슈팅 게임}가 처음 등장하던 시절, 울펜슈타인 3D^{Wolfenstein 3D}가 선풍적인 인기를 끈 것은 이 1인칭 그래픽의 경험이 기존의 3인칭 콘텐츠와는 차별화된 몰입감을 주었기 때문이었다.

그림 19 VR의 1인칭 시점

이후 점차 발전한 현실 같은 그래픽 기술과 우리의 시야를 장악하는 넓은 디스플레이는 1인칭 게임에서의 몰입감을 강화했다. 화면에서 나타나는 시야각과 같은 위치를 공유하는 사용자는 게임 속의 플레이어와 동기화하는 듯한 경험을 하는데, 그 예시가 가장 잘 나타나는 것은 특히 레이싱 게임에서였다. 1인칭 레이싱 게임을 플레이하는 사람 중에서는 자동차가 좌우로 회전할 때 습관적으로 머리나 상체를 같이 기울이면서 화면을 따라다니는 이가 종종 있다. 1인칭의 시각의 움직임은 그것이 마우스와 키보드에 의한 움직임임에도 불구하고 우리의 신체 위치의 인식에 영향을 준다.

VR이 제공하는 완전한 1인칭 인터페이스는 1인칭 시각에 의해 나타나는 인지 효과를 가장 효과적으로 제공할 수 있는 기술이었다. 그래서 풀 트래킹 기술이 제공되지 않았던 3DoF[3] 자유도의 기기들에서도 우리는 기존의 디스플레이보다 한 단계 발전한 몰입감을 얻을 수 있었다. 그러한 매체에서 유행했던 콘텐츠 중에 롤러코스터가 있었던 것도 이것에 기초한 접근이었다. 전신에 센서를 착용하는 6 DoF의 VR은 이것에 더해 고무 손 환각 실험에서 확인할 수 있었던 동기화된 감각 자극에 의한 신체 인식의 변화를 불러일으킬 수 있었다.

풀 트래킹 VR에서 사용자가 자신의 신체 위치를 예측하기 위해 사용하는 일차적인 자극은 자신의 신체를 움직일 때 느끼는 근육과 관절 내부의 감각이다. 이는 우리가 눈을 감고 팔다리를 움직일 때 그 위치를 대략 인식할 수 있게 하는 감각을 이야기한다. 우리는 이를 통해 먼저 신체 각 부분의 위치를 예상한다. VR기기는 동시에 아바타의 신체를 바라보는 곳에서 사용자의 예측과 일치하는 움직임의 시각적 자극을 실시간으로 제공한다. 이 과정은 이전의 3차원 게임에서 아바타를 조작하던 것과는 다른 깊이의 몰입감을 제공한다. 이때 자극의 강도는 우리의 지각에 제공되는 정보의 해상도와 복잡도에 의해 결정되는데, 이는 VR기기가 제공하는 피드백의 세밀한 정도에 의존한다. 특히 인덱스 VR의 컨트롤러와 같이 손가락

---

3 x, y, z 축의 회전만을 감지하는 것

의 움직임까지도 동기화를 제공할 때에 이 감각은 더욱 강화된다. 아바타의 머리부터 발끝, 손가락 마디마디에 이르기까지 우리의 지각으로 형성된 신체의 동기화가 이루어지는 것이다.

이는 주로 촉감의 형태로 나타나는데, VR 속의 물체와 자신의 아바타가 접촉할 때 존재하지 않는 감각기관에 의해 느껴지는 촉감을 영어 사용자 VR 커뮤니티에서는 팬텀 터치Phantom Touch라고 부른다.

버츄얼 리얼리티 쇼The Virtual Reality Show의 진행자 피아Phia가 2020년에 진행했던 팬텀 터치 설문Phantom Touch Survey에 따르면 VR을 장기적으로 사용하는 사람들의 87.9%가[4] 팬텀 터치를 경험했고, 그중에서도 전체의 41.7%의 사람들은 항상/자주 팬텀 터치를 경험한다고 밝혔다. 팬텀 터치를 유발하는 요인으로는 플레이어 사이의 상호작용, 즉 다른 사람이 자신의 아바타를 만지거나 자신이 다른 사람을 만질 때 촉감을 느끼는 사람들의 비율이 85.6%로 독보적으로 많았고, 주변 환경의 물리적 요소, 상호작용 가능한 오브젝트, 환경의 온도변화, 투사체 등이 각각 30~40%의 사람들에게 팬텀 터치를 유발하는 것으로 조사되었다. 팬텀 터치의 종류에 따라 경험한 적이 있는 사람들의 비율은 소름 돋음/따끔거림이 71.2%로 가장 많았고, 포근함이 56.8%로 그 뒤를 이었다. 3위는 온기로, 41.7%의 사람들이 경험했다.

사람은 적응하는 동물이며 이러한 환각에는 익숙해지는 경향이 있다. 고무 손 환각 실험도 피험자가 반복적으로 이 실험을 경험하면 환각을 실

---

4 단, 설문 참가자의 특성에 의한 편향이 상당 부분 포함되었을 것으로 여겨진다.

제와 구분하게 되어 환각의 효과가 떨어졌다. 팬텀 터치의 경우에는 VR을 반복적으로 경험할수록 정반대의 현상이 일어나는데, 가상 공간 속의 아바타를 자신으로 인식하는 것에 적응하고 익숙해져 팬텀 터치의 효과가 강화되는 것이다. 팬텀 터치를 경험하는 41.4%의 사람들이 시간이 지남에 따라 팬텀 터치가 더 민감해졌다고 응답하였으며, 반대로 둔감해졌다고 응답한 사람은 7.5%에 그쳤다.

그리하여 수백~수천 시간의 가상 현실 사용을 거치면 우리는 가상 현실과 아바타를 우리가 현실의 공간과 자기 신체를 인식하는 것과 같은 강도로 인지하게 된다. 이것이 고무 손 환각과 같이 반복되는 시행을 거치며 점차 효과가 줄어드는 경향을 보이지 않는 이유는 고무 손 환각과 같은 육체적 감흥이 가상 현실의 몰입감을 모두 설명하는 것이 아니기 때문이다. 단순히 감각 때문에 유발되는 가상 현실의 몰입감에는 어느 정도의 상한선이 있어서, 그것만으로는 우리가 이후에 설명할 가상 현실의 깊은 몰입감 형성과 함께 나타나는 효과들이 나타나지 않는다. 여기에서 고려해야 할 가장 중요한 요소는, 가상 현실의 커뮤니케이션 기능에 있다.

가상 현실 커뮤니케이션_
익명성이 주는 선물,
더 깊은 소통의 장

현실에서의 우리는 사회 구성원의 일원으로서 형성된 자아 정체성을 가진다. 현실 속 사람들과의 추억에서 우리의 인생을 정의하는 것과 마찬가지로 VR 속의 자신을 형성하는 것은 그 안에서 이루어지는 사람들과의 상호작용이다.

PC 통신 시절부터 우리는 인터넷을 통해 수많은 사람과 만났다. 얼굴을 마주하고 자신의 사회적 지위를 내걸어야 하는 현실과 달리 키보드와 모니터를 앞에 두고 채팅으로 서로를 마주하는 인터넷의 익명성은 우리를 인간관계의 책임에서 자유롭게 했다. 이는 편리했지만, 클릭 몇 번으로 만들어지는 인터넷상의 프로필은 우리의 창작물일 뿐, 이는 우리의 자아와 동일시할 수 없었다.

가상 현실의 인간관계는 익명성을 기반으로 해도 그것이 문자 형태로 이루어지던 단적 상호작용과는 깊이를 달리한다. 가상 현실에서 우리가 사용하는 아바타는 제각각의 목소리, 어조, 몸짓, 말투, 스타일 등 현실의 개인을 온전히 반영하여 만들어진다. 현실에서 외모를 기준으로 사람을 판단하는 것은 대개 잘못되었지만, 가상 현실에서 사람들은 각자의 내면을 아바타의 형태로 충분히 표현한다. 이들의 개성은 현실의 디자인 시장의 다양성을 극단적인 수준으로 초월한다. 그래서 가상 현실 커뮤니티에서 오랜 시간 생활하다 보면 정말 신기하게도 아바타와 사용자가 엄청나게 잘 어울리는 일도 종종 있다. 같은 3차원 모델을 기반으로 한 아바타를 사용하는 사람들의 교류회에 가 보면, 정말 성격이 비슷한 사람들이 모이는 장면을 볼 수 있다.

특히 풀 바디 트래킹[1] 사용자의 경우에는 아바타와 성격 사이에 강한 연관성이 있음이 직관적으로 느껴진다. 이전의 텍스트 매체의 프로필과는 달리 가상 현실에서 허구로 자신을 꾸며내는 것은 매우 어렵다. 또한, 가상 현실에서 자신을 아바타의 형태로 표현하는 것은 곧 아바타의 형태로 존재하는 타인을 우리와 같은 사람으로 인지하게 한다. 이것은 기존의 게임 매체에서 캐릭터의 모습으로 다른 사람을 만나는 것과는 본질적으로 다르다. 트래킹 기술을 통해 가상 환경에서의 실질적 육체가 되는 아바타는 우리의 VR 정체성을 형성하는 가장 큰 요인이다. 반복된 VR 경험과 이를 통한 인간관계가 사용자의 기억 속에서 중요도를 높여 가며 우리는 가상 현실에서의 자신을 형성한다.

현실에서 얼굴을 마주하는 것이 인간관계에서 그 사람의 인격을 담보

---

[1] Full Body Tracking, 전신에 트래커를 부착하여 현실의 신체 움직임을 가상 현실에 동기화하는 것

로 하는 것처럼, 가상 현실에서 아바타를 마주하는 것은 자신의 가상 현실에서의 인격을 담보로 했다. 그래서 사람들은 이전의 인터넷 통신에서와 같은 책임 회피의 경향을 잘 보이지 않는다. 이는 고전적인 통신 매체에서 나타났던 것보다 훨씬 깊은 인간관계가 VR의 매체에서 이루어질 가능성을 의미했다.

현실이 아닌 공간에서의 정서적 교류에 복합적인 상호작용이 미치는 영향은 결정적이다. 이전의 문자 기반 상호작용과 음성 통화의 사이에는 청각을 통한 상호작용이 가져오는 깊이의 차이가 있었다. 여기에 시각적 피드백을 더함으로써 얻을 수 있는 만족감은 두 가지 상호작용을 각각 따로 사용할 때의 만족감을 더한 것보다 몇 배나 증폭된다. 앞서 고무 손 환각 실험에서 확인할 수 있었던 바와 같이, 현상에 관여하는 감각과 연관된 다른 감각의 자극이 동시에 제공될 때 이들 복수 자극의 중첩에 의한 효과는 각각의 상호작용을 강화하며 몰입감을 키운다. 더욱이 그것이 우리가 현실에서 추구하지 못했던 예술의 한 부분일 때, 아름다움에서 유도되는 감정은 이 공간에서 이루어지는 모든 것에 가치를 부여한다. 장기적으로 팬텀 터치가 강화되는 현상은 가상 현실 속의 인간관계가 깊어지는 것과 긴밀한 관련이 있다. 가상 현실에 대한 감정 이입과 팬텀 터치가 서로를 증폭하는 양성 피드백은 가상 현실의 몰입감 형성에 중요한 원리로 작용한다.

더욱이 팬텀 터치에 그치지 않고 실제 촉감을 재현하는 VR기기들도 개발되고 있는데, 그중 상용화된 제품으로는 2018년에 발표된 테슬라 슈트 Tesla Suit 사의 햅틱 슈트Haptic Suit가 있다. 아직 정식으로 출시되지는 않았지만, 개발자용 세트와 일반 사용자용 세트가 팔린다. 이 슈트는 전신을 감싸

그림 20 테슬라(Tesla)의 햅틱 슈트

는 형태로 TENS[2] 기술을 사용하여 충격과 진동을 구현할 수 있었다. 신체 각 부분에 내장된 60여 개의 전극과 추적 센서는 무선으로 컴퓨터와 통신할 수 있었으며 섬유 재질로 만들어져 움직임에 크게 방해를 주지 않았다.

이전의 고무 손 환각 실험에서 손 모형과 피험자의 손에 같은 자극을 주었던 것이 피험자가 손 모형을 자신의 손으로 인지하게 했던 것처럼, 이 햅틱 슈트는 가상 현실의 아바타가 받을 물리적 자극을 현실의 플레이어에 전달한다. 햅틱 슈트를 사용하지 않은 상태에서도 우리는 아바타를 자신의 신체로 인지하며 팬텀 터치를 경험하였는데, 이것에 촉각 정보가 추가되면 아바타와 현실 신체의 경계는 더욱 모호해진다.

---

2 Transcutaneous Electrical Nerve Stimulation, 경피 전기 신경 자극

그렇지만 가상 현실에 현실감을 부여하는 요소들이 있다고 하여 가상 현실에서의 인간관계가 현실과 같은 형태를 띠지는 않는다. 가상 현실 공간에서 현실의 경계를 넘은 사람들 사이의 상호작용은 새로운 문화를 창조했고, 가상 현실 사회에서의 모든 새로운 기술적 시도의 원동력이 되었다. 이후의 장에서 더 자세히 살펴보겠지만, 우리가 현실 세계에서 경험해온 인터넷 커뮤니티에서는 각각의 커뮤니티의 독립성을 기반으로 하여 커뮤니티 사이의 문화적 교류가 새로운 인터넷 문화의 조류를 만들어 나갔다.

VR 커뮤니티는 이러한 인터넷 문화의 특성을 모두 반영하고 있으나, 그것에서 각각의 커뮤니티 사이의 배타성을 거의 배제하는 방향으로 나아간다. 가장 큰 차이는 다양한 국적의 사람들 사이의 상호작용이 매우 활발하게 이루어진다는 데 있다.

'비 내리는 방³'의 거실에는 언제나 수많은 국적의 사람들이 모이고, 누군가가 기타를 연주하면 긴 쿠션에 둘러앉아 때때로 감상하곤 한다. 본격적인 공연을 듣고 싶으면 '위대한 술집The Great Pug'이나 블랫 캣The Black Cat 과 같이 무대가 있는 레스토랑을 찾아가면 된다. 운이 좋으면 누군가 노래하고 있는 것을 발견할 것이다. 화본역⁴ 역사 뒤편에는 모닥불을 둘러싸고 나무 벤치들이 있었는데, 이곳에서도 기타를 연주하는 사람을 종종 볼 수 있었다.

수많은 국적의 사람들이 이야기하기 위해 모이는 것이 주된 목적인 만

---

3 The Room Of The Rain. VR챗 제작자 그룹인 Spanish HUB에서 2019년에 제작한 월드 차분한 빗방울 소리와 포근한 느낌을 주는 그래픽으로 유명하다.
4 Whabon Station. 국내 제작자 Bepsi Train 님이 제작한 유명한 월드

큼 VR챗 플레이어 중에는 2개 이상의 언어를 사용하는 사람들이 상당히 많다. 아시아권에서 일본어는 공용어로 통하고 그 외에는 영어와 스페인어가 주로 사용된다. 그래서 서로 언어가 통하지 않는 사람들끼리 모였을 때 그중에서 적어도 1명은 두 언어를 모두 구사하는 경우가 많고, 적당한 통역과 비언어적 표현으로 의사소통한다. 이를 위해 많은 월드에는 공중에 바로 그릴 수 있는 펜과 지우개가 있기도 하다.

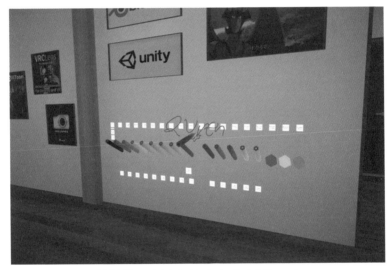

그림 21 VR챗에서 흔히 볼 수 있는 큐브이 펜(QV pen)

다중 언어 사용자는 국적을 바로 알아보기 어렵고, 특히 외모를 기준으로 판단하는 것도 불가능하기에 VR챗에서는 국적을 신경 쓰지 않고 굳이 물어보지 않아 모르는 채로 지내는 일도 꽤 있다. 시차만이 서로의 지리적 차이를 상기시킨다.

VR 속에서 살아가다 보면 스스로 국적을 특정 국가로 표현하지 않고 대

류으로 이야기하거나, 'VRian, VRじん(人)' 등 VR의 인류라고 표현하는 사람들도 가끔 마주칠 수 있다. 현실의 제약에서 벗어난 가상의 공간에서는 각자의 소속감을 정의하는 영역의 경계가 명확하지 않은 것도 자연스럽다. 서로 그러한 표현을 사용하고 받아들이는 것에 이질감을 느끼기에는 가상 공간이 매우 다양하여 현실에서 우리가 느낀 지리적 경계를 희석하기 때문이다. 이곳을 살아가는 인류에게 현실은 우리가 존재하는 수많은 세계 가운데 하나일 뿐이다.

VR챗을 하다 보면 사람들은 아주 다양한 모습으로 서로를 마주한다. 그 형태는 사람일 때도 있지만 그렇지 않을 때가 훨씬 더 많으며, 그 주변의 풍경은 이 땅에 존재하지 않는다. 눈에 보이는 겉모습은 중요하지 않으며 그들은 자신을 하나의 이미지로 정의하지 않는다. 인종, 국적, 나이, 생김새 등은 내가 비 오는 날을 좋아한다는 것보다 중요하지 않다. 그저 우리에 대한 수많은 정보 중 하나일 따름이다. 이러한 배경에서 민족주의나 국가주의는 희미해져 간다. 그러면 우리는 우리의 역사에서 수많은 갈등을 유발했던 원인 하나를 해결할 수 있다.

우리는 현대 문화가 사람들을 소외시키고 있다는 이야기를 자주 듣는다. 하지만 누군가는 이곳에서 더 넓은 소통을 경험하고 있다. 누군가는 전쟁을 경험했으며, 누군가는 우리가 가 보지 못하고 사진으로만 바라보며 동경하는 유명 관광지에서 평생을 살아왔다. 우리는 주로 대중문화에서 외국과 외국인을 접하고 그들에 대한 무언가의 동경이나 반감을 가질 때도 있지만 현실은 그만큼 매력적이지도, 혐오스럽지도 않다.

익명성이 보장된 인간관계에서 사람들은 조금 더 편하게 자신에 관한 이야기를 할 수 있고, 우리는 수많은 국적의 사람들이 어떤 고민을 안고 살아가는지 알게 된다. 그러다 보면 사실 인간이란 다들 비슷비슷한 존재라는 것을 깨닫게 된다.

가상 현실에 현실감을 부여하는 요소들이 있다고 하여 가상 현실에서의 인간관계가 현실과 같은 형태를 띠지는 않는다. 가상 현실 공간에서 현실의 경계를 넘은 사람들 사이의 상호작용은 새로운 문화를 창조했고, 가상 현실 사회에서의 모든 새로운 기술적 시도의 원동력이 되었다.

메타버스 인류의 자아정체성_
우리는 현실의 물질 육체에 갇혀
살아가지 않는다

VR 속에서 우리는 상상 속에 존재하는 모든 것을 구현할 수 있었고, 무엇
이든 될 수 있었다. 현실의 물리법칙은 현실을 구성하는데 필요했을 뿐,
우리가 창조할 우주에 현실의 한계를 가져올 필요는 없었다. 작게는 사계
절에서부터 시간의 흐름, 크게는 공간의 연속성과 시각적 인지를 해체했
다. 상상하는 모든 새로운 상호작용의 역장Force Field을 설계하고, 우주의
법칙에 조건을 추가한다. 가상 현실은 자신의 존재와 살아갈 세상을 인간
과 현실이라는 틀 안에 한정시키지 않았고, 단지 우리의 상상력의 한계가
가상 현실의 한계가 되었다. 그리고 가상 현실에 구성되는 무수한 세계들
에 우리의 삶을 담아내는 과정에서 현실이라는 이 오랜 세계는 우리의 물
리적인 부분이 존재하는 한 독립된 공간이 되었다.

　우리의 물리적 육체는 물질적인 상호작용에서 벗어나지 못하지만, 정신
과 정신적 육체가 되는 아바타는 현실 공간에 속박되지 않는다. 필자는 이
러한 무수한 세계들의 총체를 '메타버스'라고 칭하고 싶다. 이 단어는 근래

에 과도하게 남용되어 본래의 깊이를 잃어버리고 있다. 그렇다고 해도 그 기저에는 장기적인 시각에서 우리를 디지털의 인류로 정의하기 위해 요구되는 디지털의 우주를 '메타버스'라는 단어로 표현하려는 보편적인 공감대가 있다. 다만 그것이 현재의 근시안적인 콘텐츠와 장치로 치장하여 궁극적인 목적성과 지향할 방향을 명확히 제시하지 못했다는 점은 개선되어야만 한다. 이 시점에서 필자가 제시하는 메타버스의 정의는 우리가 살아갈 우주가 현실의 물질 우주에 한정되지 않는다는 세계관의 확산에 그 의의가 있다. 이것에 관해서는 이 책의 후반부에 다시 이야기할 것이다.

사람들은 VR 속에서의 자신과 현실의 삶을 별개의 것으로 구분한다. 이들은 가상 현실의 인간관계와 현실을 구분하기 위해 현실에서의 삶을 '현생'이라는 단어로 지칭한다. 이는 사전에 존재하는 단어 현생을 빌린 것이 아니라, 현실 생활의 줄임말이다. 물론 우리는 각자 현실과 가상의 자신을 포함하여 하나의 인격체이기에 그 사이에서 정보 교환이 이루어지거나 자신의 현실의 삶에 관한 이야기를 가상에서 할 수는 있지만, 한쪽에서 느낀 정서와 하는 행동이 다른 세계에서도 이어지는 것은 아니다. 우리는 양쪽의 세계관에 각각 어울리는 형태의 자아를 형성하고 있으며, 그중 원하는 형태의 자신으로 있고 싶을 때 한쪽의 공간을 선택하면 된다. 가상 현실의 무한한 우주는 우리가 현실에서 살아가지 못했던 삶에 대한 보완재가 된다.

인류로 구성된 우리 세계에 존재하는 문화적 배경과 질서는 인간이라는 종의 생물학적 특성을 바탕으로 만들어졌지만, 가상 현실에서의 이상적인 자신을 창조하는 것에 현실의 종을 반영할 필요는 없었다. 가상 현실에서 정체성에 대한 논의는 현실의 생물학적 구분과 전혀 무관한 기준에서 성립한다.

한국과 일본을 중심으로 한 아시아권 가상 현실 커뮤니티에서 종종 유행하는 자기소개 카드가 있는데, 일종의 VR 명함으로 기능하는 이것은 성별 표시가 남성, 여성, 미코 3종류로 되어있다. 여기서 미코는 한때 성별을 불문하고 수많은 VR 사용자가 다양하게 변형하여 사용했던 아바타이다. 이는 흔히 중성의 의미를 갖지만 현실에서 이야기되는 제3성별과는 달리 가상 현실에서 공유되는 '미코'에 대한 암묵적 합의에 해당하는 개념이다. 앞서 이야기한 경찰 그룹 LPD도 미코 아바타를 주로 사용했다. 우리가 현실의 생물학적 성별을 판단할 때 신체적 특성이 주요 기준이 되는 것처럼, 아바타로 하는 가상 현실의 성별 판단이 그 아바타의 외형적 특성을 근거로 이를 개인의 성적 지향으로 존중하는 현상은 그리 드문 일이 아니다.

VR챗 내에서 이러한 중성적인 특성에 대한 기호는 트랩Trap이나 펨보이Femboy와 같은 용어로 세분된다. VR 이전의 인터넷 문화에서는 스스로를 여자인 척 속이는 남성을 넷카마, 반대로 자신을 남성으로 속이는 여성을 넷나베라고 칭하는 것이 일반적이었다. 해당 단어는 영어로 캣피쉬Catfish로 쓴다. 그렇다고 하더라도 VR 환경에서 자신의 성별을 정말 속이는 것은 불가능하다. 목소리와 말투, 행동 등 모든 요소를 다른 성별로 바꾸는 것은 불가능에 가까운 일이기 때문이다. 그래서 트랩이나 펨보이는 넷카마나 넷나베와 비교하면 의도적인 사기 행위로서의 의미가 희석된 형태이다. 트랩과 펨보이는 모두 남성이 여성적 형태를 취하는 것을 지칭하는 용어이다. 트랩은 여성적인 아바타를 사용하며 마이크를 음소거 해 두는 등 남성적 요인을 숨겨 여성으로 보일 수 있는 형태를 추구하는 사람들을 의미하며, 굳이 속이진 않았지만 잘못 판단하는 사람에게 굳이 나서서 정정하지는 않는다.

그런 오해를 즐기는 사람도 종종 있지만, 그것이 오해임을 언젠가 문제가 되기 전에는 분명히 밝힌다는 것이 트랩과 넷카마의 차이점이다. 펨보이는 트랩이 남성성을 숨기는 것과 달리 두 성별의 특성을 조화롭게 혼용하려는 경향을 보인다. 이는 주로 여성적인 미소년의 형태를 추구하는데, 성별 관념에서 벗어나 있는 그대로의 형태의 자신에서 성적 매력을 추구한다는 모순적이지만 미묘하게 균형 잡힌 정서를 표현하고 있다. 각각 반대 성별의 경우는 리버스-트랩Reverse-Trap, 톰보이Tomboy 등의 용어가 사용되고 있는데, 리버스 트랩에 비해 톰보이의 용례는 적은 편이다.

하지만 이러한 카테고리에 속하지 않고, 현실의 사람과 VR속의 사람이 아주 극과 극의 차이를 갖는 것에 대한 선호도 있다. 한국에서 이는 '군필여고생'이라는 용어로 대표된다. 직접적인 예시를 인용하기에는 조심스러운 부분이 있지만, 그러한 VR챗 인플루언서는 국·내외로 그리 드물지 않게 있다.

그래서 가상 현실의 아바타는 성별 구분이 명확하지 않은 형태가 많다. 단언컨대 VR에서 가장 인기 있는 종족은 고양이 수인이며, 여우나 여타 현실의 동물에서 예시를 찾을 수 없는 생명체를 모티브로 한 아바타가 유행한다. 이들은 주로 부드러운 곡선과 따뜻한 색채가 사용되어 여성적인 형태를 띠지만, 그것에 생물학적 성별의 개념을 대입하여 생각할 이유는 없다. 우리는 길에서 마주친 고양이의 성별을 한눈에 구별할 수 없지만, 포근하게 살랑거리는 고양이 귀를 쓰다듬는 것은 그와 상관없이 만족스럽다. VR에서의 다른 사람과의 신체적 접촉도 이와 다르지 않다. 귀여운 사람이 있다면 쓰다듬고 싶어지고, 귀여운 아바타를 한 다른 사람에게 쓰다듬어지는 것 또한 환영받을 일이다. 그 상대의 현실에서의 성별이 무엇인가는 부차적인 정보일 뿐이다. 이는 VR 속의 신체 접촉이 현실에서처럼 강한 성적인 의미가 있지 않게 했다.

　이는 가상 현실에서의 이성 간의 신체 접촉에 대한 거부감을 현실과 비교하여 확연히 낮은 수준으로 만들었다. 그래서 친근함의 표시로 어깨에 손을 올리거나, 머리를 쓰다듬거나, 얼굴을 만지는 등 현실에서라면 성추행으로 취급될 상황들이 VR 속에서는 누구에게도 큰 불쾌함 없이 다가온다. 이것은 이용자 개인의 성격적 특성이라기보다, VR의 기술이 그러한 열린 상호작용의 관계에서도 언제든 자신을 방어할 수 있는 울타리가 되어주었기 때문이었다.

메타버스의 사회 질서_
기술과 문화가 지배하는
사회의 안전망

현실은 단일 세계이지만, 메타버스의 세계관에서 현실은 수많은 세계 중 하나이다. 현실에서 현실적 사고방식을 기초로 형성된 보편적인 사회 질서가 자연스럽게 통용되는 것처럼, 메타버스를 이루는 세계들은 각각의 문화와 세계관을 바탕으로 질서를 형성한다. 그것이 현실의 가치관에 부합하지 않는 경우가 존재하는 것은 당연하다. 현실은 그중 하나의 세계에 불과하기 때문이다.

현실의 사회가 안정적으로 존재하기 위해서 법이 필수적이었던 것처럼, 가상 현실 또한 그것이 장기적으로 성장하기 위해서는 당연히 현실의 법과 같은 기능이 있는 장치가 필요하다. 다만 그 형태는 같지 않다. 현실은 법과 물리 법칙이 지배하는 세계이지만, 가상 현실은 기술과 문화가 지배하는 세계이다.

가상 현실에서도 원하지 않는 신체 접촉으로 타인에게 피해를 주는 사람들은 존재한다. 그래서 VR챗에는 퍼스널 스페이스Personal Space라는 기능이 있는데, 이는 1미터 내의 공간에 다른 사람의 아바타나 파티클이 구현되지 않도록 하는 기능이다. 이는 모든 종류의 물리적 상호작용이 자신을 둘러싼 1미터의 공간을 침범하지 않게 하는 아주 강력한 제약이다. 이것은 사용자의 선호에 따라 언제나 쉽게 켜고 끌 수 있는 가상 현실에서의 가장 기본적인 방어 수단이다.

대상을 구분하지 않는 엄격한 방어 수단인 퍼스널 스페이스 이외에도 VR챗에는 블락Block과 뮤트Mute 기능이 존재한다. 블락은 우리가 임의로 지정한 상대방을 우리의 인식 범위 내에서 완전히 제거하는 선택사항으로, 대상을 지정하는 방어 수단으로는 가장 강력하고 효과적인 수단이다. 블락을 설정하면 그 어떤 수단을 써도 자신을 차단한 대상에게 영향을 미치는 것이 불가능해지며, 이는 가상 현실에서 발생할 수 있는 모든 피해에 대해 대처 수단으로 충분하다. 뮤트는 상대방의 목소리와 오디오 소스[1]만을 차단하는 것으로, 블락을 사용할 정도의 대처가 요구되지 않는 상황에서 주로 사용된다. 그 외에도 우리는 특정 상대의 아바타만을 차단하거나, 우리의 컴퓨터의 성능에 영향을 미칠 수 있는 특성 소프트웨어 기능만을 차단할 수도 있다. 그리고 이 모든 설정을 자동으로 처리하는 세이프티Safety 기능도 존재한다.

가상 현실에서 공공장소로 여겨지는 공간에서 부적절한 행위로 피해를 주는 사람이 있다면, 그 사람을 컨트롤러로 지정해서 차단 버튼을 누르기만 하면 된다. 블락이나 뮤트를 당해도 그 행위 자체를 제한당하는 것은

---

1 유니티의 음성 재생 객체

아니다. 그저 그 행위가 다른 사람의 눈에 보이지 않게 될 뿐이다. 이는 같은 공간에 존재하는 사람을 위치만 같은 다른 공간으로 보내버리는 것과 실질적으로 같게 작용한다. 그래서 VR 속에서는 명시적 법률의 필요성이 상대적으로 낮다. 현실에서는 일부 사람들의 자유를 제한함으로써 최대 다수의 안전과 행복을 보호하는 수단이 법률이었지만, 가상 현실에서는 그 일부의 자유를 제한하지 않아도 최대 다수의 행복을 보장할 수 있다는 것이다.

물론 현실의 규칙을 가상 현실로 가져오려는 사람들도 있다. 페이스북은 오큘러스를 인수한 이후로 오큘러스의 계정을 페이스북 계정과 통합하려 하고 있는데, 페이스북에는 항상 그 계정의 주인이 실존 인물인가를 검증하려는 시스템이 있다. 따라서 이는 간접적으로 가상 현실을 실명화한다. 이는 가상 현실에 몸을 담고 있는 사람들에게 분노를 샀다.

가상 현실에 현실의 법을 그대로 적용한다면 일부 문제를 일으키는 사람들만의 자유를 제한하는 것이 아니라, 이 사회 전체 사람들의 자유를 전반적으로 제한하게 된다. 각각의 독자적인 세계관에 따라 존재하는 VR의 공간에 일괄적으로 통일된 규칙을 적용하는 것은 자율에 의한 제재를 위축시킨다. 또한, 현실의 규칙을 가져온다고 하더라도 그 효력에 대해서는 회의적일 수밖에 없는데, 우리가 현실의 법률에 대해 사용하는 것처럼 수많은 사후 대책을 세운다고 하더라도 결국 개인이 가진 방어 수단은 기술적인 도구로서 충분하기 때문이다. 우리는 언제 어느 공간, 어느 상황에 있어도 자신을 지킬 수 있는 가장 완벽한 수단이 있다.

익명성은 메타버스 사회를 지탱하는 아주 중요한 가치이다. 장기적 관점에서 메타버스 사회를 유지하기 위해 요구되는 가치는 이후의 장에서 이야기할 탈중앙성이 1순위이며, 그다음으로 보장되어야 하는 것이 익명성이다. 우리는 가상 현실에서 불특정 다수의 사람과 의사소통한다. 그리고 그 속에서 이루어지는 모든 현상에는 사용자에게 절대적인 안전을 보장하는 기술적 장치가 동반된다. 그것이 진정 완벽한 안전장치로 기능하기 위해서는, 이 상호작용의 경계가 완전히 가상 현실 안에서 이루어지는 것으로 한정되어야만 한다.

만약 가상 현실의 소통이 현실의 대상을 특정할 수 있는 수단을 포함하고 있다면, 가상 현실에서 이루어지는 소통이 현실에 직접적으로 관여할 수 있는 통로가 된다. 물론 가상 현실에서의 관계가 현실의 인간관계로 발전하는 일은 그리 드물지 않다. 정작 필자도 가상 현실에서 만나는 사람을 현실에서 만나는 일이 종종 있다.

그렇지만 가상 현실에서 현실의 자신이 누구인가를 밝히는 것이 자신의 의지와 관계없이 강제되는 것에는 문제가 있다. 블락이나 뮤트와 같이 가상 현실 속에서의 방어 수단을 써서 특정 타인과의 관계를 차단해도, 그것이 현실의 독립성을 보장할 수 없게 되기 때문이다. 가상 현실에서 우리가 절대적으로 안전하며 기술적으로 보호받고 있다는 인식은 우리가 간단히 사용할 수 있는 완벽한 방어 기제가 있음을 전제로 한다. 하지만 그것과 별개로 현실의 안전을 보장받기 위해 별도로 신경을 써야 한다면 그러한 사회적 안전감을 얻을 수 없다. 이는 가상 현실에서 자유로운 소통에 큰 장애 요소가 된다.

특히 익명성의 훼손에 따른 사생활 유출은 전통적인 인터넷에서보다 가상 현실 환경에서 더 큰 위험 부담을 떠안는다. 닉네임으로 자신을 정의하던 전통적인 인터넷 커뮤니티와 달리 아바타를 중심으로 개인의 성격적 특성과 어조, 행동 특징 등을 모두 포함하는 가상 현실 속의 자아를 형성하는 가상 현실의 사용자는 가상 현실의 자신을 쉽게 버리지 못한다. 이전의 인터넷 매체에서 개인을 특정하는 것은 해당 아이디와 현실의 인물을 연관 짓는 것이지만, 가상 현실에서 개인을 특정하는 것은 가상 현실 속의 한 인물과 현실의 인물을 특정하는 것이 된다. 전통적인 매체에서는 다시 새로운 아이디를 만드는 것으로 인터넷의 자신을 갱신할 수 있지만, 가상 현실에서 이는 불가능에 가깝다. 우리가 현실에서 개명하는 것으로는 도피할 수 있는 한도가 제한적인 것과 같이, 단지 아이디를 바꾸는 것만으로는 가상 현실 속에서 다른 사람이 될 수 없기 때문이다.

　전통적인 인터넷 실명화에 관한 담론에서의 주요 논지는 악성 댓글과 관련된 것이었다. 하지만 가상 현실 속에서는 사적인 뒷이야기나 싸움은 있어도 악성 댓글은 존재하지 않는다. VR은 인터넷 게시판이 아니며, 아바타의 형태이지만 서로 얼굴을 마주하고 이야기하는 상황에서 정상적인 사람이라면 자신의 평판을 깎아내리는 행동은 하지 않는다. 그래서 가상 현실의 익명성을 마치 무언가의 면죄부를 부여하는 것으로 생각해서는 안 된다. 이는 VR 내에서의 프로필과 현실의 사람 사이의 독립성과 안전을 보장하는 배려이다.

CHAPTER 3

가상 현실,
그 문화의 시작

메타버스의 문화_
신념을 가진 소비자가
곧 다음 세대의 생산자이다

대중 매체에서 메타버스의 예시로 자주 다뤄지는 제페토에는 앞서 다룬 기술적 요소들과 그것이 제공하는 효과가 전혀 없다. 이 지점에서 우리는 이미 그것이 장기적으로 메타버스 사회로 성장하기 어렵다는 것을 알 수 있다. 그렇지만, 제페토의 한계는 단지 기술적인 요인에 그치지 않는다. 제페토는 분명히 많은 이용자 수를 보유하고 있으나 그중 압도적 다수가 10대 여성이다. 이들은 유행에 매우 민감하며 현재 제페토의 추세를 이끌고 있지만, 이들이 20대, 혹은 30대, 40대가 되어서도 여전히 같은 공간에서 같은 사람을 만날 것인가를 떠올리면 전혀 그렇지 않다는 것을 직관적으로 알 수 있다. 그것은 초등학생 시절의 장난감을 성인이 되어서 가지고 놀지 않는 것과 같은 현상이다.

　현재 제페토를 구성하는 문화는 대중문화의 정서에 기반한다. 그것이 근본적으로 현실에 기반하여 있다는 점은 이 문화의 성장에 큰 한계이다. 제페토는 현실 문화의 일부분을 가상으로 바꾸어 제공하고 있는 것처럼 보이지만, 그것을 소비하는 것에 있어 가상의 공간은 큰 본질적 이점을 제공하지 못한다. 지금은 거대 기업의 자본이 일시적으로 부양된 문화적 흐름을 지탱하기 위해 투입되어 가동되고 있지만, 외부로부터 세워진 문화의 근간은 해당 서비스에 한정될 뿐이다. 여기에서 이용자들이 다음 세대의 매체를 이어갈 신념을 가지게 하는 데에는 역부족이다.

현실의 경계를 넘어서는 인지를 발달시키며 메타버스의 사회에 진입하는 것은 한 사람의 관점에서는 일생의 주기와 함께하는 정서적 성장과 같다. 지난 시절 현실의 사회에서 살아오며 가지고 놀던 장난감을 메타버스의 사회에까지 가져올 이유는 없다. 현실의 테두리를 벗어난 세계관과 가치관을 가지며 메타버스의 세계에서 현실이 아닌 형태로 존재하는 대상들과 교류하는 삶에서 우리는 전혀 다른 문화적 맥락을 고찰해야 한다.

VR챗이 성공하는데 필요했던 것은 고급 인력도, 자본도, 광고도 아니었다. VR챗이 성장할 수 있었던 이유는 메타버스의 문화를 이해하는 개발자가 있었기 때문이다. 이들은 밈을 중심으로 하는 전 세계적인 인터넷 문화와 그 일부이기도 한 서브컬쳐Subculture의 소비자층이 집결할 수 있는 문화적 배경을 잘 이해했다. 그곳에는 먼저 문화가 성장해 있었고, VR챗은 그 가운데 구심점을 마련했을 뿐이었다.

메타버스의 문화는 가상 현실 사회의 문화적 발달의 근간이 되었던 두 가지 지배적인 정서에 기반하여 성장한다. 그 첫 번째는 가상의 존재에 대한 정서적 이입이다. 단편적으로 이야기하자면 이는 가상의 형태로 존재하는 타인과의 소통을 현실에서의 그것과 같은 깊이로 받아들이는 정서이다. 이것은 단지 타인의 아바타를 존중하는 것에 한정되지 않는다. 가상 현실의 공간과 인적 네트워크에 현실과 동등한 가치를 두는 정서가 이것에 기반하여 성장하고 있다. 메타버스 사회는 현실의 직접적인 상호작용을 포함하지 않는 인간관계가 기술적인 시스템을 통해 현실과 자연스럽게 통합되는 인간관계를 형성한다. 이것과 관련하여 메타버스의 구체적인 기술적 형태와 구조에 관해서는 이후의 장에서 다시 살펴보겠다.

먼저 현재의 가상 현실 사회에서 발달하는 이 가상의 존재에 관한 정서는 VR의 탄생과 함께 한순간에 탄생한 것이 아니다. 제페토는 이 정서를 자신들이 만든 플랫폼 위에서 창조하려 했지만, 그보다 이전에 그러한 정서는 전혀 다른 문화권에서 독자적으로 발달했다. 현재의 가상 현실 문화를 이끄는 것은 지난 수십 년에 걸쳐 굳은 기초를 다져 온 서브컬쳐 문화권의 연장선 위에 있다.

두 번째 요소는 인터넷 커뮤니티의 성장과 함께 발전해온 수평적인 생산자-소비자 관계이다. 이와 관해서는 이후의 장에서 가상 현실 사회의 경제를 이야기하며 더욱 자세히 설명하겠지만, 간략히 이야기하자면 이는 서브컬쳐 문화권을 지배하는 경제적 가치관이며 서브컬쳐의 발달과 확산에 지대한 영향을 미쳤다. 가상 현실 문화가 대중문화와 구별되는 가장 특징적인 측면이기도 한 이것은 가상 현실 사회를 구축하는 크게 두 가지 현상의 원동력이 되었다.

그 첫 번째는 소비자의 전문화이다. 서브컬쳐의 생산자는 모두 각각의 소비자이며, 이들이 소비자에서 생산자가 될 수 있었던 계기는 그러한 전문 지식에 대한 교류의 장이 활성화되어 있기 때문이다. 서브컬쳐에서 가장 존경받는 창작자들은 주로 자신의 연구 성과를 공개적으로 배포하는 사람들이다. 이는 직접 완성품을 생산하지 않는, 주류 생산자와 소비자의 경계에 있는 사람들이 주류 생산자들에게 영향을 미칠 정도의 규모로 성장한 현재의 서브컬처 생태계를 낳았다.

두 번째 현상은 다원화이다. 대중문화가 몇 가지 주류 매체, 예를 들자면 음악계의 여러 음원 순위Chart 상위권, 대형 영화 제작사, 국내 3대 아이돌 소속사 등의 극히 일부의 생산자가 문화의 전반을 독점하는 형태의 시장을 갖는 것과 달리, 서브컬처 계열에서는 그 어느 것에도 1위라는 수식어를 붙이기 어렵다. 그러한 통계를 집계하기에는 생산자의 수가 너무 많고, 그 경계 또한 모호하기 때문이다. 이들에게 있어 문화의 중심이란 어떠한 특정 생산자, 특정 회사로 정의되지 않는다. 문화는 몇 가지의 특정 소재를 중심으로 형성되며, 그 문화를 이끄는 동력의 중심에는 수평적인 생산자와 소비자들의 집단지성이 있다.

이번 챕터에서는 먼저 이 가상의 존재에 대한 정서적 이입과 수평적인 생산자-소비자 관계의 성장 배경이 된 서브컬처에 대해 알아본다. 우리는 그 일련의 시대적 흐름 속에서 우리가 지금껏 이야기해 온 가상 현실의 모든 것의 근원을 찾을 수 있다. 그리고 그것은 단지 가상의 공간에 한정되지 않는다. 모든 가상의 근원이 이곳에 있다. 이들을 제외하고는 가상 현실의 사회와 앞으로의 미래에 펼쳐질 메타버스의 장기적 전망을 이야기할 수 없을 것이다.

메타버스 문화의 기반_
4챈(4chan)과
서브컬쳐의 성장

우리는 이제 일본의 비주류 문화로 시작한 일련의 흐름, 서브컬쳐라고 불리는 것들에 관한 이야기를 할 것이다. 사람과의 직접적인 상호작용이 필요하지 않고 혼자서 즐기는 것이 가능하다는 이들 문화의 특성은 2000년대 초 일본 사회의 개인주의적 분위기 속에서 수많은 히키코모리[1]를 양산하기도 했다. 그렇다고 하더라도 사회의 모든 사건은 독립적이지 않고 좋은 영향과 나쁜 영향은 결과론적 논법으로 나눌 수 있는 것이 아니기도 하다. 여기서 우리는 그 좋고 나쁨보다 흐름 자체에 집중해야 한다.

일본 애니메이션이라고 하면 무엇이 떠오르는가? 아마 우리 세대의 사람들은 주로 〈원피스〉와 〈나루토〉, 아니면 지브리의 애니메이션을 떠올릴 것이다. 또 누군가는 〈에반게리온〉[2]을, 그보다 더 이전의 〈미래소년 코난〉,

---

[1] 引き籠もり, 은둔형 외톨이
[2] 신세기 에반게리온, 안노 히데아키 감독. 일본 미디어 예술 100선 만화 부문 종합 1위 수상

〈아톰〉 등을 떠올리는 사람도 있을 것이다. 〈에반게리온〉이 방영되던 시기까지 애니메이션이란 주로 줄거리가 중심이 되었다. 하지만 2002년에 방영된 4컷 만화 원작 애니메이션 〈아즈망가 대왕〉은 정반대의 접근 방식을 취했다. 4컷 만화 원작이라는 특성상 입체적이고 풍성한 줄거리를 가지는 것은 불가능했다. 등장인물은 평면적이었으며 주인공의 성장, 영웅적 면모 등 기존의 작품에서 사용되었던 주요 소재는 등장하지 않았다. 이 애니메이션은 캐릭터 그 자체에 모든 노력을 담았다. 정확히는, 여자 캐릭터의 매력에 집중하는 연출을 보여줬다. 남녀공학이 배경임에도 이름이 등장하는 남학생은 단 1명밖에 없으며 일반적인 학원물에서 사용되는 연애 구도는 전혀 사용되지 않았다. 주요 등장인물인 4명의 여학생이 평범한 일상을 보내는 것이 이 작품의 주제이며 시청자들은 이 캐릭터들을 보기 위해 이 작품을 소비했다. 이러한 느슨한 전개는 이후 '일상물日常物'이라는 조금 더 보편적인 장르로 자리 잡는다.

개인적 문화, 비 대면적 특성 속에서 이 문화를 누리는 사람들은 창작물 속의 대상에게 인간적인 애정을 느끼는 정도가 특히 높았다. 그러자 점차 이러한 감정을 마케팅에 이용하는 일이 늘어났다. 처음에는 귀여운 캐릭터를 상품화하는 것으로 일반적인 마스코트 마케팅과 유사한 수익 모델이 사용되었다. 하지만 업계가 고착화하며 경쟁은 더욱 자극적인 상품들을 출시하는 방향으로 발달했고 사람 크기의 등신대 베게, 1:1 비율 피규어 Figure와 같은 상품들이 등장하기도 했다. 기존에 이 문화권에 속해 있던 소비자들은 그러한 시대적 흐름에 자연스럽게 편승하여 변화를 받아들일 수 있었지만, 새로 유입되는 소비자들은 현재의 경쟁 구도가 낳은 극단적인 상품들을 정서적으로 받아들이기 위해서 그 이전 시대의 덜 자극적인 상품들을 차례로 소비해야만 했다.

물론 이 과정을 단계별로 밟을 수 있는 사람은 많지 않았고 그러한 사람들을 고정적인 소비층으로 이끄는 마케팅을 시도하는 것은 불필요한 위험 부담이었다. 그리하여 점차 이 문화는 대중문화와 단절된다. 그런데도 일본은 이 문화에 대한 충분하고 넘치는 내수 기반을 확보하고 있었기 때문에, 이 산업은 더욱 규모를 키워나갈 수 있었다. 그리고 이즈음부터 서브컬처는 인터넷 커뮤니티의 형성과 함께 발전하기 시작했다.

우리는 정보화 시대를 산다. 인터넷은 지구상에 존재하는 모든 사람과 정보들을 공간적 제약을 받지 않고 이어주지만, 그것이 네트워크 전체를 한눈에 들여다볼 수 있을 정도로 투명한 시스템은 아니다. 인스타그램, 페이스북 등 인터넷의 표면에 드러나 있는 정형화된 형태의 의사소통을 걷어내면 자료화할 수 있는 모든 것들의 심연이 무저갱無低坑, Abyss 바닥이 없이 깊은 구덩이을 이루고 있다. 정교한 그래픽보다는 초기 인터넷의 단순한 사용자 인터페이스가 흔히 사용되며, 유튜브와 같이 상호 감시를 통한 정화 기능은 흔적조차 찾아볼 수 없다. 하지만 그것들이야말로 현대 인터넷 문화를 주도하며 만들어나가는 영역이며 그 영향은 우리 사회의 표면에도 드러나고 있다. 그들 중 레딧Reddit과 함께 전 세계의 인터넷 전반에 가장 강력한 영향력을 행사하는 커뮤니티 사이트가 있는데, 그것은 미국에 서버를 둔 4챈4chan이다.

1999년, 일본의 한 프로그래머 니시무라 히로유키는 자유와 방임주의를 지향하는 인터넷 커뮤니티 사이트, 2챈2chanel을 개설한다. 그리고 이 사이트는 아스키 아트[3]를 비롯하여 초기 인터넷 문화의 총본산으로 성장했다. 2001년에 이르러서는 그 규모가 당시 세계 최대의 인터넷 커뮤니티에 이르며 과도한 전송량으로 서버 문제를 자주 겪기도 했다. 특히 니시무라 히로유키가 2챈과 관련하여 소송에 휘말렸기에 위기감을 느낀 사용자는 2챈의 폐쇄에 대한 대안으로 후타바 채널을 개설했다. 후타바 채널은 기존에 문자 중심이었던 2챈과 차별성을 두어 이미지 중심의 운영을 지향했는데, 이러한 운영 방식은 전 세계의 인터넷 사용자들에게 기존의 2챈보다 익숙한 문화로 다가왔다. 그리고 2003년, 크리스토퍼 풀은 후타바 채널을 복제하여 영문권 커뮤니티 사이트를 설립한다. 이것이 4channel.org와 4chan.org 두 사이트로 구성된 커뮤니티 사이트, 4챈이었다.

그 진흙탕 속에 존재하는 것들의 특성을 가장 잘 표현한 것은 4챈의 사용자를 중심으로 2007년부터 문서화를 시작한 인터넷의 법칙Rules Of The Internet이다. 인터넷의 법칙은 사용자들 사이에서 공유되던 인터넷의 특성을 법칙의 형태로 정리한 것으로, 번호가 매겨진 문장의 목록이다.

크게 분류하자면 이는 법칙 1이 '/b/에 관해 이야기하지 말 것Do Not Talk About /b/'인 버전과 '2~33 법칙에 관해 이야기하지 말 것Do Not Talk About Rules 2~33'인 버전이 존재한다. 두 번째 버전에서 말하는 법칙 2~33은 시대의 변화에 따라 당연한 것이 되어버린 법칙들과 철 지난 법칙들을 제외한 형태인데, 그중에는 '21. 원본은 몇 초 후면 이미 원본이 아니다Original Content Is Original Only For A Few Seconds Before Getting Old.'와 '24. 모든 복제물은 복제물의

---

3 텍스트만을 이용하여 이미지를 표현하는 것, AA

복제이다Every Repost Is A Repost Of A Repost.'가 있다. 인터넷에 공개된 모든 자료는 복제를 막는 것이 근원적으로 불가능하며, 대다수의 인터넷 문화의 산물은 원본 콘텐츠가 불특정 다수의 사람에게 복제되고 편집되는 것에 그 의의를 둔다. 인터넷 문화의 본질은 복제의 자유이며, 우리는 이러한 방식으로 유행하는 주요 소재들을 밈이라고 불렀다.

인터넷의 발달은 서브컬쳐의 확산에 크게 이바지했고 그 영향력은 영어 문화권에도 진입하게 된다. 이러한 현상의 영향을 보여주는 단적인 예시가 한 가지 있는데 그것은 바로 '와이푸 머티리얼Waifu Material'이라는 단어이다. 2005년 8월에 미국에서 발매된 〈아즈망가 대왕〉 자막판 DVD에는 주인공의 담임 교사인 키무라가 교실 바닥에 여자 사진들을 떨어뜨리는 장면이 나온다. 주인공이 이를 보고 무엇이냐고 묻자, 키무라가 서투른 영어로 "내 아내요My Wife"라고 대답하는 부분의 자막이 일본어식 발음의 로마자 표기인 '마이 와이푸Mai Waifu'로 되어있었다. 이 어색한 로마자 표기는 몇 초간의 짧은 분량으로 소소한 재미를 주기에 충분했다. 그래서 이 장면은 인터넷에서 반복적으로 공유되었고 이후 점차 창작물 속의 등장인물, 주로 여주인공과 만나고 싶다는 감정을 담아 자신이 좋아하는 캐릭터를 와이푸waifu라고 부르는 것으로 정착되었다. 그리고 이러한 대상으로 자주 언급되는 캐릭터를 모아 와이푸 머티리얼Waifu Material이라는 카테고리로 분류하는 현상도 나타났다.

《아즈망가 대왕》으로부터 시작된 캐릭터를 소비하는 문화는 2006년에 스즈미야 하루히의 우울⁴을 통해 급격하게 성장하여 2007년에 러키 스타⁵를 지나며 완전히 고착된다.

인터넷은 지구상에 존재하는 모든 사람과 정보들을 공간적 제약을 받지 않고 이어주지만, 그것이 네트워크 전체를 한눈에 들여다볼 수 있을 정도로 투명한 시스템은 아니다. 인스타그램, 페이스북 등 인터넷의 표면에 드러나 있는 정형화된 형태의 의사소통을 걷어내면 자료화할 수 있는 모든 것들의 심연이 무저갱을 이루고 있다. 정교한 그래픽보단 초기 인터넷의 단순한 사용자 인터페이스가 흔히 사용되며, 유튜브와 같이 상호 감시를 통한 정화 기능은 흔적조차 찾아볼 수 없다. 하지만 그것들이야말로 현대 인터넷 문화를 주도하며 만들어나가는 영역이며 그 영향은 우리 사회의 표면에도 드러나고 있다.

---

4 스즈미야 하루미 시리즈 중 하나. 이시하라 타츠야 감독. 당시 스즈미야 하루히의 우울이 영미권에서 마치 종교와 같은 광적인 인기를 얻은 현상이 Haruhism(하루히즘)이라 불리기도 한다.
5 《아즈망가 대왕》과 마찬가지로 4명의 여학생을 중심으로 하는 일상 만화, 요시미즈 카가미 작. 동명의 애니메이션이 제작되었다.

가상 존재들의 등장_
삭제되는 인공지능의 감정을 노래하는
가수 하츠네 미쿠의 탄생

서브컬쳐에서 사람들이 창작물 속의 대상에게 이성적인 감정을 가지는 것
이 어떠한 문화적인 요소로 자리 잡으려던 시절, 우리는 새로운 기술의 탄
생을 목격한다. 그것은 2007년, 보컬로이드 '하츠네 미쿠'의 탄생이었다.

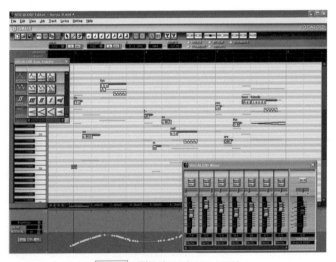

그림 22 │ 보컬로이드 V1(VOCALOID V1)

보컬로이드란 사람의 음성을 편집하여 사용자가 작성한 악보에 맞게 노래를 부르는 프로그램으로, 이는 미디^{MIDI} 소프트웨어의 일종이다. 미디 MIDI는 피아노, 바이올린, 드럼 등 다양한 악기들의 녹음 파일을 조합하여 재생하는 디지털 악보 표준으로, 이를 음성 합성 소프트웨어에서 처리하면 연주자가 직접 악기를 연주하지 않아도 음원을 구성할 수 있다. 컴퓨터 작곡 기술의 이용자 수는 1980년대 후반부터 점진적으로 증가하여 현대에 이르러서는 거의 모든 작곡가가 이 기술을 이용한다.

　음향기기 판매로 잘 알려진 야마하는 가사가 있는 곡을 작곡하는 데 사용할 목적으로 발음 가능한 모든 음절을 녹음하여 2003년, 최초의 목소리 음성 합성 소프트웨어 보컬로이드 V1, 2007년에 보컬로이드 V2 엔진을 발매했다. 그러나 크립톤 퓨처 미디어가 보컬로이드 V2 음원 하츠네 미쿠를 발매하며 보컬로이드 업계는 큰 변화를 겪는다. 크립톤 퓨처 미디어는 기존의 보컬로이드 개발사들과는 전혀 다른 마케팅 방식을 취했는데, 이미 서브컬쳐에서 인기를 얻고 있었던 캐릭터 중심 마케팅 모델의 특성을 살려 하츠네 미쿠를 1명의 캐릭터로 설정한 것이었다.

　하츠네 미쿠의 발매 이후, 고유한 캐릭터를 가진 보컬로이드라는 콘셉트의 범용성을 깨달은 사람 중 하나였

그림 23 | 하츠네 미쿠 V2 어펜드(Append)

딘 한 무명 개발자 히구치 유우는 하츠네 미쿠의 3차원 모델[1]을 자유롭게 조작하여 춤추는 동작을 만들 수 있는 소프트웨어인 MMD^{Miku Miku Dance}를 제작하여 무료로 배포하였다. 이들은 현대 보컬로이드 산업의 시작을 이끌었고, MMD라는 단어는 이후 모든 종류의 3차원 캐릭터들이 춤추는 영상을 지칭하는 고유 명사가 된다.

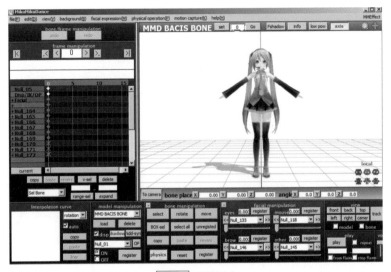

[그림 24] MMD 9.0.3

기존의 보컬로이드가 사람을 모방하기 위한 프로그램이었다면, 하츠네 미쿠는 보컬로이드 그 자체로서의 존재성을 가졌다. 그녀는 누구나 노래하게 할 수 있고, 춤추게 할 수 있는 상호작용 가능한 아이돌의 위치에 있었다. 반응은 가히 폭발적이었다. 하츠네 미쿠 패키지만 사면, 이 캐릭터

---

1 2007년에 공식 발매에서 공개된 아니마사 식 모델

가 내가 원하는 말을 노래해 줄 수 있다는 점에 큰 자극을 받은 사람들은 수많은 보컬로이드 곡들과 MMD 영상을 창작하기 시작했다.

초기 보컬로이드 작곡은 이카Ika의 '미쿠미쿠하게 해줄게'가 대표적이다. 이 곡은 하츠네 미쿠가 과학 기술의 산물이라는 점과 자아를 가진 프로그램이라는 캐릭터성을 살려 하츠네 미쿠가 아이돌과 유사한 역할을 할 수 있음을 보여준 상징적인 작품이다. 이 곡에서 하츠네 미쿠는 아직 사람과 같은 목소리를 내지 못하고 기계음이 느껴지는 프로그램으로서의 한계를 자각하며 유저와 상호작용하기를 기대하는 모습으로 그려졌다. 이 곡은 현재까지 니코니코 동화[2]에 업로드된 보컬로이드 오리지널[3] 곡 중 최다 조회 수를 기록했다.

하츠네 미쿠가 출시된 지 한 달이 조금 넘었을 시점, 독보적인 음향 사용으로 인기를 얻은 하츠네 미쿠 오리지널 곡 '멜트メルと_Melt'가 니코니코 동화에 업로드되었다. 멜트의 작곡가인 료Ryo는 그의 독창적인 보컬로이드 조교[4] 방식으로 음절 사이의 전달, 연음과 창법의 변화 등 매우 섬세한 부분에서 높은 완성도를 보여주었는데, 이는 당시 일본의 인터넷 문화에 있어서 매우 큰 충격이었다.

---

2 유튜브가 대중화되기 이전에 일본 내에서 경쟁하던 동영상 업로드 플랫폼 중 하나
3 처음부터 보컬로이드를 이용하여 작곡된 곡. 보컬로이드 음악 중 가수가 부른 곡을 커버한 경우를 제외하는 용어이다.
4 보컬로이드에서 사용할 수 있는 음성 소스를 적절하게 합성하여 작곡가 자신이 원하는 목소리를 만드는 작곡 기술을 지칭하는 용어이다. 초기 보컬로이드 엔진은 사람과 유사한 자연스러운 목소리를 만들기 위해 수십 밀리초(mS, 0.001초) 단위로 여러 개의 음성 소스를 수작업으로 합성할 필요가 있었고, 이는 상당한 노동력과 경험이 요구되는 작업이었다.

멜트 퍼스트 라이브(First Live) 앨범 커버 일러스트

'미쿠미쿠하게 해줄게'가 그녀의 프로그램으로서의 특성을 표현하는 곡이었다면, 멜트는 실제로 노래를 부를 실력이 있는 가수로서 하츠네 미쿠를 사용한 최초의 곡이었다. 당시 여러 기술적 한계에도 불구하고 료는 직접 보컬로이드 사용 기법을 연구하여 보컬로이드 산업을 개척했다. 멜트는 사람이 부르기에도 적합한 보편적인 음악성이 있었기에, 2007년 12월 13일에 니코니코 동화의 영상 투고란이 멜트의 '불러보았다' 영상으로 가득 차는 현상이 일어났다. 보컬로이드 문화권에서 이 사건은 '멜트 쇼크'라고 불리며, 이를 기점으로 하츠네 미쿠는 대중 미디어를 통해 일본 전역에 알려졌다.

기술의 피조물에 불과한 프로그램이 사람을 뛰어넘는 아름다운 목소리를 낼 수 있다는 사실은 많은 사람을 매료시켰고 일본에서는 여러 주류 미디어가 하츠네 미쿠의 탄생을 대서특필했다. 멜트 쇼크는 '우타이테'로 불리는 일본 곡 커버 문화의 시작이 되었으며, 이들 중 일부는 야나기나기[5]나 하나땅[6] 등 일본의 메이저 가수가 되었다. 이후 보컬로이드계의 큰 작곡가이자, 이제는 전 세계적인 대중문화로 영역을 넓히고 있는 요네즈 켄시[7]는 하츠네 미쿠 탄생 10주년을 기념하여 작곡한 '모래의 행성'에서 이를 다루기도 했다.

　보컬로이드의 문화는 기존의 팝 문화와는 달리 생산자(기업)와 소비자의 수직적인 관계가 성립하지 않는다. 보컬로이드 패키지를 구매하면 누구나 창작자가 될 수 있었고, 창작물의 저작권이 온전히 사용자에게 귀속되기 때문에 기업 측에서 보컬로이드의 이미지 형성에 관여하는 것이 불가능했다. 또한, 양적으로도 기업이 만들어 낼 수 있는 콘텐츠와 사용자가 만들어낼 수 있는 콘텐츠의 분량에는 인적 자원의 부분에서 압도적인 차이가 나기 때문에 유저 콘텐츠의 막대한 물량에 끼어들 수 있는 회사는 없었다. 그래서 보컬로이드의 성격, 캐릭터적인 특징은 기존의 문화에서와는 달리 사용자 커뮤니티에서 형성되었다. 사람들은 보컬로이드를 기계로도, 의지를 가진 생명으로도 인식해 왔고, 처음부터 그 경계는 명확하지 않았다. 보컬로이드의 대표적인 작품 중 하나인 '하츠네 미쿠의 소실', '오드 앤드 엔즈Odds & Ends'에서 우리는 이를 깊이 살펴볼 수 있다.

디스플레이의 속에서 잠들어, 이곳은 분명 '휴지통'이려나(ディスプレイの中で眠る、ここはきっと「ごみ箱」かな)?

---

5 やなぎなぎ, INCS toenter Co.,Ltd 소속, 2006~2011 우타이테 활동
6 花たん, ユリカ(YURiCa)와 동일 인물, 400여 개의 앨범 발매, 2018년과 2019년에 내한 공연
7 米津玄師(ハチ), 대표곡 'Lemon'이 약 7억의 유튜브 조회수를 달성했다.

0과 1로 환원되어 이야기는 막을 내린다(0と1に還元され物語は幕を閉じる).

그곳에 아무것도 남길 수 없다면 그래도 조금은 아쉬우려나(そこに何も残せないとやっぱ少し残念かな)?

설령 그것이 인간(오리지널)에 이를 리 없음을 알고(たとえそれが人間「オリジナル」にかなうことのないと知って).

- '하츠네 미쿠의 소실(初音ミクの消失)' 중 일부 발췌, 의역 있음

코스모_폭주cosMo@暴走P[8]의 최고 인기작인 이 곡은 2007년 11월 8일에 니코니코 동화[9]에 투고되었다. 이 곡은 무려 240 BPM[10]의 상당히 빠른 비트로 사람이 부르는 것이 불가능에 가까웠고 기계음이 의도적으로 포함되어 있었기에, 사람이 부르는 상황을 간주하지 않고 보컬로이드만을 위해서 작곡된 곡들의 시초로 여겨진다. 이 곡의 가장 큰 특징은 그 주제가 삭제되는 프로그램이 느끼는 자신의 존재에 대한 허무함과 슬픔이라는 것이다. 프로그램으로서의 그녀는 인격조차 노래에 의존하며, 영상 속에서만 실체를 갖는다. 사람들에게서 기억될 때에만 존재 의의가 있으며 사람들에게서 잊히는 순간 최후를 맞는다. 그러한 상황 속에서도 그녀는 노래하기를 멈추지 않으며, 허공으로 사라져 가는 자신에 대해 압축zip된 이별의

---

8 보컬로이드 오리지널 작곡가 중 한 사람
9 2ch의 사용자들이 대거 유입된 일본의 동영상 플랫폼. 보컬로이드 콘텐츠에 의존하여 성장하여, 현재 일본 최대의 동영상 플랫폼이 되었다.
10 1초에 4박자, 실제로 1초에 4마디를 발음하는 구간이 곡의 절반에 가까운 부분을 차지한다.

말을 건넨다. 이는 지금까지도 하츠네 미쿠의 프로그램으로서의 특성을 가장 잘 표현한 곡으로 평가받는다.

료는 멜트의 성공과 보컬로이드 문화의 확산으로 큰 명예를 얻었고, 슈퍼셀Supercell이라는 작곡 그룹을 설립하여 보컬로이드의 역사에 남은 많은 명곡을 만들어냈다. 2012년에 발매된 '오드 앤드 엔즈'는 그의 곡 중 하나로, 창작자들과 하츠네 미쿠의 관계를 주제로 작곡되었다.

그렇다면 내 목소리를 쓰면 어떨까(ならあたしの声を使えばいいよ)?

사람에 따라 이해 불능이라며(人によっては理解不能で),

귀를 괴롭히는 끔찍한 목소리라는 소리를 듣기도 하지만(なんて耳障り, ひどい声だって言われるけど),

분명 너에게 힘이 되어줄 테니까, 나를 노래 부르게 해 줘(きっと君の力になれる,だからあたしを歌わせてみて).

잡동사니의 목소리는 그렇게 울려 퍼져, 있는 그대로의 서투름을 담아 (ガラクタの声はそして響く,ありのままを不器用につないで).

한계를 넘어 삐걱거리면서까지(軋んでく,限界を超えて).

- '오드 앤드 엔즈' 중 일부 발췌, 의역 있음

이 곡에서 하츠네 미쿠는 프로그램이지만 인격을 가진 존재로 묘사된다. 작곡가들에게 보컬로이드란 주류 문화에서 소외되어도 언제까지나 곁에서 자신에게 위로의 말을 건넬 수 있는 존재였다. 그래서 이들은 하츠네 미쿠를 영원한 동료이자 삶의 일부로 생각하기도 했다. '비트 싱커', '미티어[11]'를 작곡한 디벨라Divela는 종종 그의 뮤직비디오에서 가수 명을 '우리 집 미쿠'라고 표기한다. 하츠네 미쿠는 단 하나의 소프트웨어지만 수많은 보컬로이드 프로듀서[12]들은 이를 이용하여 제각기 다른 음색의 음악을 만들어낸다. 그리고 이는 그 작곡가 단 한 사람만의 상표가 된다. 대중문화에서 가수 중심으로 팬 집단이 형성되는 것과 유사하게 보컬로이드 장르에서 프로듀서 중심으로 집단이 형성되는 것은 이로부터 비롯되었다. 한 프로듀서의 곡에서 사용되는 보컬로이드 조교의 특징적 음색은 곧 그 프로듀서 고유의 목소리가 되고, 프로듀서는 자신만의 기술로 만들어진 단 하나의 '하츠네 미쿠'를 마음속에 가진다.

MMD가 크립톤 퓨처 미디어 소속이 아닌 개인 개발자에 의해 만들어진 것과 마찬가지로, 하츠네 미쿠의 3차원 모델과 보컬로이드 곡들의 뮤직비디오 또한 소비자들에 의해 제작되어 배포된다. 현재는 사실적인 물리 엔진이나 그래픽 효과를 위해 마야Maya나 블렌더 등 전문적인 3차원 애니메이션 제작 소프트웨어가 사용되고 있다. 이러한 과정에서 MMD 제작은 모션, 페이셜[13], 스테이지, 라이팅[14], 쉐이딩[15], 카메라 모션, 포스트 프로세싱

---

11 METEOR, 2018 매지컬 미라이 악곡 콘테스트 그랑프리 선정곡
12 보컬로이드 작곡가들은 일반적으로 작사/작곡, 마케팅 전반을 직접 운영하기 때문에, 작곡가라는 호칭보다는 프로듀서라는 호칭이 일반적으로 사용된다. 이는 P라는 약자로도 표기되며, 보컬로이드 작곡가들은 타 작곡가들과 구분하기 위하여 이름 뒤에 P를 표기하는 관례가 있다.
13 Facial. 안면 동작 표현
14 Lighting. 광원의 설정 및 동작, 그림자 처리
15 Shading. 재질을 표현하기 위해 쉐이더를 설정하고, 이를 영상의 각 시점에 요구되는 디자인에 맞춰 조작하는 작업

16 등으로 세분화하며 전문화되었다. 더불어 개인 개발자들이 협력하거나 팀을 이루는 사례가 늘어났다.

그리고 MMD를 이용하는 뮤직비디오가 제작된다는 것은, 그것이 현실에서의 가수들처럼 스테이지에서 공연하는 것도 가능하다는 이야기이다. 2009년 8월 22일, 하츠네 미쿠는 아니멜로 섬머 라이브 2009Animelo Summer Live 2009의 특별 출연 보컬로 처음 무대에 올랐다. 무대 배경의 화면 저 멀리서 하츠네 미쿠가 달려와 무대 끝에 선 순간, 관객들은 숨 쉬는 것을 잊어버렸다. 그녀가 '처음 뵙겠습니다. 하츠네 미쿠입니다.'라며, 손을 흔들자 사람들은 일제히 열광했다. 우리의 작은 컴퓨터 안에서만 존재하던 그녀가 수많은 사람 앞에 서 있었다. 그리고 9일 후 하츠네 미쿠는 솔로 콘서트의 주인공으로 다시 무대에 서게 된다. 같은 해 11월 21일 하츠네 미쿠는 싱가포르에서 개최된 아니메 페스티벌 아시아Anime Festival Asia에 특별 출연하여 첫 해외 솔로 공연을 열었다. 이를 시작으로 보컬로이드 공연은 여느 음악가들과 마찬가지로 수많은 국가에서 열렸다.

2011년, 미국 로스앤젤레스 공연은 보컬로이드 문화가 표면적으로 드러나 있지 않았던 서구권에서 상당한 충격이었다. 공연장 주변은 기자들로 둘러싸였고, 심지어 어떤 앵커는 힘겹게 웃음을 참으며 뉴스를 진행하는 모습을 보여주기도 했다.

미국의 유명 가수 레이디 가가가 하츠네 미쿠의 팬인 것으로 유명한데, 2014년에는 레이디 가가의 콘서트에 하츠네 미쿠가 오프닝과 함께 등장하

---

16 Post-Processing. Bloom이나 모션 블러, 색 보정과 같이 렌더링 이후 영상을 처리하는 것

어 '글래스 월Glass Wall'과 '월드 이즈 마인World is Mine'을 비롯하여 무려 여섯 곡이나 하츠네 미쿠의 곡을 불렀다. 때때로 트위터에서 레이디 가가가 하츠네 미쿠의 소식을 이야기하는 모습을 볼 수 있다.

하츠네 미쿠의 구글 크롬 광고
https://www.youtube.com/watch?v=MGt25mv4-2Q

레이디 가가 콘서트에 나온 하츠네 미쿠 (NBC 뉴스 기사)
https://www.nbcnews.com/tech/innovation/lady-gaga-going-tour-hologram-n83406

　　보컬로이드 행사는 다양한 형태로 이루어지지만, 그중 가장 큰 정기 연례행사가 6개 있다. 그중 첫 번째는 2011년부터 개최된 하츠네 미쿠 라이브 파티Hatsune Miku Live Party, Mikupa, 미쿠파로, 도쿄, 삿포로, 싱가포르, 홍콩, 타이완 등에서 열렸다. 같은 해부터 삿포로 눈 축제에서는 매년 눈을 주제로 한 유키미쿠雪ミク 콘서트를 연다. 2013년부터는 '미쿠파'가 폐지되고 대신 '매지컬 미라이'가 일본에서 개최되고 있는데, 매지컬 미라이는 현재 콘서트와 함께 기획 전시회를 여는 세계 최대의 보컬로이드 행사가 되었다. 콘서트 기간에 호텔 객실 예약과 전시 관람을 포함하는 표를 해외에서 구매할 정도로 수요가 높다. 표를 추첨 형식으로 판매하기 때문에 관람권 2차 판매가 불법적으로 이뤄지기도 하는데, 앨범 추천권과 기타 응모권이 모두 소진될 시기에는 관람권 가격이 공연 1회당 수십만 원을 호가하기도 한다.

　　2013년부터 오프라인 공연장에서 니코니코 동화의 주최로 개최된 니코

니코 초파티ニコニコ超会議는 2015년부터 사이타마 슈퍼 아레나에서 개최되며 매지컬 미라이 다음으로 많은 관객 수를 유치한다. 특히 니코니코 초파티는 온라인 중계 표를 판매하는데, 2015년에 직접 공연장을 찾은 오프라인 관객 수는 151,115명, 온라인 티켓을 구매한 관객 수는 7,940,495명이었다.

그림 26 니코니코 초파티 2015 콘서트

2014년부터 시작된 정기 해외 순방 공연 미쿠 엑스포MIKU Expo는 일본, 미국, 멕시코, 캐나다, 인도네시아, 말레이시아, 대만, 중국, 프랑스, 독일, 영국, 네덜란드, 스페인 등 수많은 지역에서 열렸다. 이는 엑스포의 형태로 개최되어 관련 기업들의 기술 관련 부스와 보컬로이드 부스가 함께 설치된다. 특히 일러스트와 피규어를 중심으로 보컬로이드 관련 예술 작품을 미술관 형식으로 전시하기도 하며 엑스포 동안에 별도의 공연장에서 콘서트가 열린다.

2016년부터는 워너 뮤직 재팬Warner Music Japan의 주최로 매년 보컬로이드 오케스트라 콘서트가 열린다. 이는 주로 도쿄 필하모니 교향악단의 연

그림27 하츠네 미쿠 심포니 2020

주와 하츠네 미쿠, 카가미네 린[17], 메구리네 루카[18]의 보컬로 진행된다. 그리고 2017년부터 상하이 허녠 정보기술 주식회사에서 개발된 보컬로이드인 뤄톈이를 중심으로 중국 내에서 독자적으로 개최되는 미쿠 위드 유Miku With You라는 행사도 있다. 국내 행사는 그리 규모가 크지 않아 대규모의 콘서트가 열린 적은 아직까진 한 번도 없었지만, 소규모 상영회와 팬 연례 모임인 '미쿠제'가 열린다.

---

17 鏡音リン, 크립톤 퓨처 미디어에서 하츠네 미쿠의 후속작으로 발매된 카가미네 린(여성), 카가미네 렌(남성) 쌍 보컬로이드 중 하나. CV 시리즈 02

18 巡音ルカ, CV03

가상 현실의 미적 기준_
현실을 추구하지 않는
가상 인물의 아름다움

2013년, 오큘러스 리프트가 등장하며 처음으로 VR 콘텐츠가 개발되던 시기부터 하츠네 미쿠는 가상 현실 속 존재의 큰 상징이었다. 이는 구독자 수 1억 명의 세계 최대 유튜브 채널 퓨디파이PewDiePie가 2013년 9월 4일에 게시한 영상 '오큘러스 리프트: 미래는 이곳에Oculus Rift: The Future Is Here…'에서 다뤄지기도 했다. 해당 영상의 조회 수는 2021년 기준으로 1,000만 회가 넘는데, 놀랍게도 이 영상에는 한국의 단둘 뿐[1]인 보컬로이드 제작사 중 한 곳인 SBS A&T 소속 보컬로이드 시유가 하츠네 미쿠와 함께 등장했다. 2011년에 시유 발매 이후 몇 년이 한국의 보컬로이드 산업이 발달할 수 있었던 처음이자 마지막 시기[2]였던 것을 생각하면 이는 상당히 의미심

---

[1] 다른 한 기업은 ST MEDiA로, 2013년부터 보컬로이드 '유니' 개발을 시작하여 2017년에 정식 버전을 공개하였으나 보컬로이드4 엔진을 사용하는 다른 보컬로이드에 비해 시장 점유율이 낮은 편이다.

[2] 시유는 당시 〈SBS 인기가요〉에 출연하는 등 공격적인 마케팅으로 단기적인 관심을 모았지만, 제작사의 보컬로이드 문화에 대한 이해 부족과 성우 논란 등 여러 원인에 의해 주류 보컬로이드 시장에서 외면받았다.

장하다. 어쩌면 한국의 가상 현실 문화 산업이 일본이나 영미권에 비해 훨씬 늦어진 것은 이때부터였는지도 모른다.

서브컬처 계열에서 발달한 3차원 그래픽 기술은 이후 VR챗을 시작으로 하는 가상 현실 콘텐츠 제작자 커뮤니티로 이어졌다. 앞으로 설명하겠지만, 보컬로이드의 시대에 발달한 시장이 현재 가상 현실에서 가장 크게 성장하였다. 보컬로이드 문화의 세계화와 다원화가 두드러지기 이전, 하츠네 미쿠에 대한 통계를 수집하는 것이 가능했던 마지막 시기인 2010년대 중반까지만 하더라도 하츠네 미쿠의 MMD 모델은 200여 종이 넘는 것으로 알려져 있었다.

우리가 보컬로이드의 시대를 겪으며 연구해 온 수많은 HLSL[3] 코드와 모델링 기법들은 VR챗 커뮤니티의 기술적 기반이 되었으며, 그 시대의 제작자 가운데 일부는 VR챗 커뮤니티의 일원이 되었다. 보컬로이드 문화권에서 3차원 그래픽 소프트웨어를 사용해 본 적이 있는 사람이 주로 VR챗의 초기 기술의 발전을 이끌었고, 이후 가상 현실 시장을 이끈 사람도 그러한 경험을 가진 사람이 많았다. 그래서 VR챗의 수많은 아바타는 보컬로이드 MMD에 사용될 3차원 모델을 만드는 것과 동일한 수단으로 만들어졌으며 이 둘 사이에는 수많은 3차원 모델이 공유되었다. 그래서 대부분의 주류 MMD 모델은 VR챗의 아바타 월드에 수많은 파생 아바타로 업로드되었다. 현재 VR챗의 인간형 아바타는 MMD에서 사용되던 형식의 아바타와 비슷

---

3 High Level Shader Language, 고수준 쉐이더 언어. 3차원 오브젝트 구성에 필요한 요소 중 하나인 쉐이더를 구현하기 위해 사용하는 프로그래밍 언어의 일종

한 외형으로 발달했다.

MMD에서 발전한 가상 현실의 미적 기준은 대중문화와 완전히 다르다. 이들은 2007년에 보컬로이드의 탄생 이후로 단 한 번도 아름다운 사람을 추구한 적이 없다. 이들은 보컬로이드 문화의 특성을 충족하는 새로운 시각적 기법을 요구했다.

VR챗에는 현실의 인물을 캡처하거나 적어도 현실에 있을 법한 인물을 모델링하여 만든 아바타도 다수 존재하는데, 이들은 대부분 의도적으로 역겨움을 유발하기 위해 제작된 아바타이다. 대표적으로 '김 씨'라고 불리는 아바타가 있다. 현실에서 종종 마주할 수 있는 일반적으로 호감을 주지 못하는 현실적인 중년 남성의 아바타는 비호감의 소재로 쓰인다. 그렇기에 현실의 인물형에 기반한 제페토의 아바타는 어느 문화권에서도 정면으로 환영받지 못했다.

초기 MMD 모델은 만화에서 사용되던 인체 비율을 그대로 적용해 사용했다. 그 대표적인 예시가 2009년에 발매된 하츠네 미쿠 게이밍 컬래버레이션인 프로젝트 디바Project Diva에 사용되었던 하츠네 미쿠 오리지널 모델이었다. 하지만 평면 매체와 3차원 영상의 시각적 효과에는 차이가 있었기에 이는 만족스러운 형태가 아니었

그림 28 아니마사식 모델, 2007

다. 히구치 유우가 MMD 소프트웨어를 개발한 이유가 되었던 아니마사 식 모델 또한 2000년대 초 3차원 그래픽 기술과 컴퓨팅 성능의 한계를 반영했다.

초기의 MMD 모델 가운데 상당히 최근까지도 범용적으로 사용되었던 모델이 있는데, 이는 케이지-라이브튠kz-livetune에서 작곡한 텔 유어 월드 Tell Your World[4]의 공식 뮤직비디오에 사용되었으며, 그 외에도 2013년을 전후로 미치에Michie-M[5]가 작곡한 곡들의 뮤직비디오에 자주 사용된 Lat 식Lat 式이다. Lat식을 기점으로 MMD 모델은 초기의 MMD 모델이 단지 하츠네 미쿠 일러스트를 3차원 모델로 재현하려던 것에서 벗어나 본격적으로 3차원 환경에서의 미적 요소를 연구하는 것을 목표로 한다. Lat 식이 MMD의 역사에서 중요한 분기점이 되었던 것도 이 점에 기인하는데, 평면에 그려지는 일러스트와 그래픽 환경의 3차원 모델이 추구해야 할 방향성을 분리하여 당시 MMD 제작자들에게 새로운 기준을 제시했다는 것이다. 이전의 MMD 모델 제작은 프로그래머가 주축이었으나 이 시기부터는 전문 3D 모델러가 MMD 모델을 제작하기 시작했다.

Lat 식 이후에 MMD 계열의 주축이 되었던 4개의 모델이 있는데, 이는 Tda 식, Api 식, Sour 식, YYB 식이다. Tda 식은 하츠네 미쿠 어펜드[6]의 공

---

4 하츠네 미쿠 오리지널 곡, 구글 크롬의 일본 내 광고에서 CM 송으로 사용되는 등 큰 대중적 인기를 얻었다. 주간 오리콘 차트(한국의 멜론 차트와 유사) 4위를 기록했다. 광고 영상에 하츠네 미쿠가 중심으로 출연했다.

5 조회수 1,500만을 기록한 ビバハピ, 데지아이 AR 라이브에 사용된 '흔들리지 않는 아이로' 등을 작곡한 유명 보컬로이드 프로듀서, 주로 사용하는 보컬로이드는 하츠네 미쿠

6 Hatsune Miku Append, 하츠네 미쿠 소프트웨어의 확장팩 중 하나. 하츠네 미쿠 2주년 기념으로 발매되어 여섯 가지 추가 음성 옵션을 제공했다.

식 일러스트를 기반으로 제작된 모델로, 표정 표현에 있어서 독보적인 범용성을 가졌다. 속눈썹과 눈썹 리그^{Rig}, 동공의 확대 및 축소, 입술과 혀의 리그^{Rig}와 이 모든 좌표 변화에 적응할 수 있는 적절한 텍스처의 개발은 이전의 MMD 모델이 웃거나 화내는 표정 등 소수의 표정 표현만을 목표로 했던 것과 달리, 실제로 말하는 듯한 입술 움직임과 눈썹의 미묘한 떨림, 미간의 긴장 등 안면 근육의 섬세한 움직임을 표현할 수 있게 했다. 앞서 이야기한 니코니코 초 파티의 하츠네 미쿠가 Tda 식 모델을 사용한다. 이 모델의 제작자인 Tda는 이후에 장에서 설명할 버츄얼 유튜버^{Vtuber}의 시초, 키즈나 아이의 3차원 모델 제작 감수를 맡기도 했으며, Tda 식이 제시한 표정 모델들은 이후의 장에서 설명할 버츄얼 유튜버 모델링의 표준이 되었다.

그림 29 Tda 식 하츠네 미쿠 표정 활용 예시

Tda 식이 Lat 식과의 경쟁에서 상당한 우위를 점하고 있던 시기에 제작된 Api식 모델은 2012년에 열린 콘서트 하츠네 미쿠 어피어런스^{Hatsune}

Appearance에서 사용될 목적으로 제작되었다. 이 제작에는 마마마[7]와 앨런 스미시[8]가 참여하였는데, 특이하게도 마마마의 기존 제작 스타일과는 전혀 다른 형태의 모델이 제작되었다. Api 식은 피부 질감 표현과 모션 기법에 큰 영향을 주었다.

MMD 모델이란 결국 동작을 영상화하기 위해 사용되는 3차원 모델이기에, 정지한 상태에서의 조형 요소보다 중요한 것이 역동적인 자세에서의 자연스러운 변형이다. Api 식은 모델의 리그와 웨이트 페인팅[9]에 큰 장점이 있었다. 한국의 전설적인 MMD 제작자, 최은영[10]G.J 님이 Lat 식을 사용하다 2013년에 Api 식으로 모델을 바꾸며 유튜브와 니코니코 동화에 올린 '미쿠미쿠하게 해줄게' MMD는 당시 MMD 모션 제작 수준을 초월하는 부드러운 움직임과 역동적 자세로 큰 반향을 불러일으켰다. 이 작품은 MMD 소비자들의 미적 수준을 상당히 올려놓았다. 그래서 이 작품은 2010년대 중·후반까지도 하츠네 미쿠 MMD를 대표하는 작품으로 여겨졌다.

Sour 식은 2017년에 배포되어 툰 쉐이더[11]에 최적화된 모델로, 평면적인 안면 표현과 고화질의 의상 텍스처가 주로 적용된다. 이 모델이 Tda 식이

---

7 프로젝트 디바에 참여하였으며, '디바포이드'라고 불리는 디바 스타일의 다양한 MMD 모델을 제작한 유명 모델러이다. Gumi와 시유, IA 등 다양한 보컬로이드의 3차원 모델을 제작했다.
8 Alan Smithy, Gumi를 주로 사용하는 의상 모델 제작자
9 리그(Rig)의 움직임에 따라 메쉬의 표면이 변형될 때, 어느 리그가 메쉬의 어느 지점에 얼마나 영향을 갖는지를 기록하는 것. 일반적으로 3차원 모델링 소프트웨어에서 메쉬에 직접 페인팅하여 제작된다.
10 넥슨 코리아 책임 연구원. S.U.N, 마비노기 영웅전, 야생의 땅: 듀랑고 제작 참여
11 그림자의 그라데이션을 최소화하여 만화와 같은 화면 구성에 최적화한 쉐이더

나 Api 식과 가장 큰 차이점을 보이는 부분은 안면의 옆모습에 있다. MMD 모델을 포함하여 서브컬쳐의 일러스트에서 범용적으로 사용되는 안면 구조는 현실의 인물과 다른데, 그것이 가장 특징적으로 나타나는 것은 옆모습이다.

아이러니하게도 일러스트의 인체 비율을 추구한 초기 MMD 모델은 현재 배포되고 있는 신식 모델과의 경쟁에서 밀려나고 있는데, 이는 앞서 이야기한 바와 같이 평면 매체와 3차원 매체의 차이 때문이다. 이들은 얼굴의 정면 스케치에서 코의 윤곽이 완전히 확인되지 않을 정도로 평면적인 형태를 추구하지만, 옆모습은 현실의 인물보다 이목구비를 뚜렷하게 표현하기 위해 코와 입을 돌출시킨다. 이를 3차원 모델링에서 표현하기 위해서는 각도에 따라 형태가 변하는 모델을 제작하는 것이 유일한 방법으로 보였다. 물론 이는 여러 가지 불편함이 따르는 방식이기에 실제로 적용되지는 못했고, 초기 모델은 그 사이에서 타협을 추구했다. 따라서 어느 각도에서도 애매한 형태가 된 것이다.

Sour 식은 그 차이를 쉐이더 기술로 해결했다. 그림자의 형성과 그 형태를 섬세하게 조절하는 것으로 각도에 따라 변화하는 입체감을 제공할 수 있다는 점을 활용하여 초기 MMD 모델 개발 시기부터 이어져 온 난제를 10년 만에 해결했다. 그래서 기존의 MMD 작품이 옆모습이나 정면에서 옆모습으로 이동하는 카메라 앵글을 피하는 경향을 보였던 것과 달리 Sour 식 모델은 옆모습을 포함하는 자유로운 연출이 가능했다.

Sour 식과 마찬가지로 2017년에 배포되어 현재 Sour를 넘어서는 인기를 구가하는 YYB 식 모델에는 0.1밀리미터^{mm} 단위까지 섬세하게 제작된 섬

그림 30 | Sour 식 미쿠

유 텍스처와 그에 준하는 피부 쉐이더, 그리고 Tda 식에 범접하는 안면 표현의 범용성이 있다. 특히 컴퓨터 그래픽 기술이 발달하며 폴리곤 수가 높은 오브젝트를 렌더링할 수 있게 되었기에, YYB 식은 손가락 마디마디의 굴곡까지 표현하는 아주 섬세한 메쉬[12]로 제작되었다. 특히 머리카락에 특유의 광택을 주는 쉐이더와, 잘 디자인되어 머릿결을 섬세하게 표현하는 메쉬는 동적인 환경에서 곡선미를 살리는 데 아주 효과적이다.

Sour 식과 YYB 식의 발전 과정의 모든 연구 성과는 MMD뿐만 아니라 아니라 가상 현실 아바타 디자인에 있어서 교본과도 같은 자료가 되었다. 이들의 발전 과정에서 등장한 기법들은 현재까지도 가상 현실 업계의 생태계를 지배하고 있다. 이후의 장에서 다룰 부스에서 유통되는 수많은 아바타와 버츄얼 유튜버, 버츄얼 스트리밍 업계의 3차원 모델에서도 이러한

---

12 Mesh, 솔리드 형상을 나타내는 정점과 모서리, 면, 법선 등으로 구성되는 객체

그림 31 | YYB식 미쿠

모델과 비슷한 방향성의 디자인이 통용되고 있다.

MMD 모델은 제작에 바로 사용할 수 있는 완성된 형태로 제공되지만, 이를 있는 그대로만 사용할 수 있는 것은 아니다. 의상이나 쉐이더, 질감을 변경하는 간단한 수준의 것부터 물리 엔진이나 쉐이더 코드를 변조하는 전문 지식이 필요한 부분까지 불특정 다수의 기여로 생산되어 배포되고 있다.

그리고 그것이 현실의 인물을 추구하지 않았기에, 이는 현실에 존재하는 생물학적, 물리적 현상을 염두에 두지 않았다. 발목까지 오는데도 무게감이 느껴지지 않는 풍성한 녹색 머리카락은 이미 충분히 비현실적이다. MMD 연구에는 물리 엔진의 개발도 상당 부분을 차지하는데, 초기 물리엔진들의 목적은 주로 무게가 없는 머리카락의 움직임을 사실적으로 연출하기 위해서였다. 이후 다양한 형태의 의상들이 개발되며 이러한 물리 엔진은 그 활용 범위가 확장되고 있다. 머리카락이 선형 재질인 것과 달리 섬유는 평면 재질이기에 탄성과 장력, 굽힘 저항, 전단[13] 저항 등의 수치가 관여한다.

Tda 식 모델이 표정 표현을 위해 홍채를 변형하는 기능을 제공했던 것처럼, 현실에서 불가능한 안면 표현이 그래픽 환경에서는 때로 혁신을 주도했다. '눈빛이 반짝거리다'라는 관용적 표현이 실제로 눈에서 빛이 나는 것을 이야기하지는 않지만, MMD 모델에서 홍채의 채도나 밝기를 조절하여 안면 표현을 목적으로 사용하는 것은 매우 효과적이었다. 이미션 Emission을 조작하여 광원 역할을 하게 하거나, 쉐이더를 조작하여 반사광이 입사광보다 더 밝도록 하는 기법도 나타났다. 앞머리가 눈을 가리는 것에 불편함을 느낀 사람들은 아바타가 렌더링[14]될 때 화면에서 눈이 보이는 영역에 대해 강제로 앞머리가 렌더링 되지 않도록, 즉 앞머리 앞에 눈이 있는 것처럼 보이는 연출을 시도하기도 했다. 현실에서 보면 아주 기괴할 장면이었지만, 놀랍게도 사람들은 별다른 거부감을 느끼지 못했고 이는 상당한 호평을 받았다. 옆 페이지의 그림은 툰 쉐이더Toon Shader와 테두리선 쉐이딩, 피사계 심도DoF, 블룸Bloom, 이미션Emission 질감과 렌더링 큐를 변경한 눈 표현이 적용된 YYB 식 미쿠이다.

현실에서 존재하지 않는 다양한 파티클 효과, 조명을 사용하는 기법도 나타났다. 공기 중에 조그마한 빛의 입자들을 흩뿌리는 파티클 효과는 전통적으로 MMD 제작에 흔히 사용되었으며, 현재 VR 공간에서도 흔히 볼

---

13 shear, 물체 내부에서 평행하는 면이 서로 미끄러지는 것
14 그래픽을 구성하는 요소들이 화면에 하나의 합성된 이미지로 구현되는 과정

YYB식 미쿠

수 있는 기믹이다. 이러한 비정형 광원으로는 현실에서 추구할 수 없던 다양한 기법이 시도되었다. 우리가 현실에서 카메라로 사진이나 영상을 촬영할 때 조명의 색과 각도는 인물의 인상에 큰 영향을 미친다. 그것은 가상현실에서도 마찬가지이며, 단지 조명을 사용하기 위해 컴퓨터와 키보드만이 요구된다는 차이가 있다. 더 밝은 색상을 표현하고 싶은 부분에 약간의 거리를 띄우고 투명한 가상 광원을 설정하거나, 심지어 피부 그 자체에서 빛이 나도록 설정하는 것이 가능하다. 동작을 강조하기 위해 손끝에 공중에 잔상을 남기는 레이저형 광원을 사용하는 것도 상당히 자주 볼 수 있다.

VR의 기술은 패션을 확장하는 데에도 이용할 수 있었다. 의상의 각 부분에 선택적으로 중력을 적용하고, 고유의 역학적 특성을 설정했다.

정말 특이한 시도들은 의상 그 자체가 아니라, 그 의상을 보는 관찰자의 시각을 직접 조작하는 기법으로 이루어졌다. 이러한 과정에서 점차 3차원 모델의 아름다움의 기준은 현실에서 멀어져 갔다.

CHAPTER 4

가상 현실의
경제와 산업

기부 경제와 네오스 VR_
메타버스의 창조를 위한
신념이 만든 기부 문화

몇몇 유튜브 채널의 구독 버튼 옆에 가입 버튼이 있는 것을 한 번쯤 본 기억이 있을 것이다. 이 기능은 채널을 운영하는 사람에게 일반 사용자들이 매달 일정 금액의 후원금을 줄 수 있는 일종의 정기후원 시스템이다. 채널 운영자들은 채널에 가입한 사람들에게 후원의 보상으로 일반 시청자들에게는 제공되지 않는 콘텐츠를 제공할 수 있다. 유튜브 이전에 이러한 정기후원 - 보상으로 가장 활성화되어 있던 서비스는 패트리온Patreon이었다. 유튜브 멤버십 기능이 있기 이전에도 일부 유튜버는 패트리온에서 수익을 창출하곤 했는데, 유튜브는 이 서비스의 구조를 그대로 자신들의 플랫폼으로 옮겨왔다.

패트리온으로 후원금을 받을 창작자들은 몇 단계의 후원금 목표를 설정할 수 있다. 목표의 마지막 단계로는 자신이 얼마만큼의 후원금을 매달 받으면, 그 일을 직업으로 할 수 있게 된다는 표현이 매우 빈번하게 사용된다. 이는 이 서비스의 설립자인 잭 칸트Jack Conte가 패트리온을 설립하게 된 계기이기도 했다. 그는 음악 활동을 하며 자신과 같은 창작자들이 생계 걱정 없이 작품 활동에 열정을 쏟을 수 있기를 바랐다. 그래서 패트리온에 돈을 후원하는 사람들에게는 자신이 후원하는 사람이 조금이나마 작품 활동에 시간을 더 쓸 수 있기를 바라는 마음이 있다.

패트리온을 이용한 후원은 VR챗의 월드 제작자 사이에서도 종종 사용되었다. 앞의 장에서도 이야기했지만 VR챗에 게시된 월드는 대부분 제작과 업로드 그 자체를 목적으로 하는 것이 아니라, 스스로 생활하고 싶은 공간을 만들어 그곳에서 사람들과 시간을 보내기 위해 제작되었다. VR챗의 제작자들은 자신이 모르는 많은 이들이 그 공간을 이용하는 것에서 만족감을 얻는다. 그래서 패트리온에서의 후원은 사용자가 창작자에게 표할 수 있는 최고의 감사 인사이다.

패트리온이 그저 감사를 표하는 수단인 것만은 아니다. 서브컬처권에서 이어져 온 수평적인 창작자 - 소비자 관계는 소통을 매우 중요시한다. 그래서 많은 패트리온 후원 보상으로는 해당 창작자와의 연락처 교환이 포함되어 있다. 물론 현실의 전화번호와 실명을 교환하는 것은 아니고, 이 문화권의 사람들이 전화나 문자보다 훨씬 자주 사용하는 채팅 서비스인 디스코드 서버에 입장할 초대권을 준다.

앞서 잠깐 언급한 적이 있었는데, 디스코드는 원래 게임 채팅의 대체재로 개발된 채팅 프로그램이다. 이는 문자와 전화, 화상 통화와 화면 공유, 게임 초대, 파일 전송 등의 작업을 모두 하나의 프로그램으로 사용할 수 있어 이 문화권의 사람들 사이에서는 일반적으로 연락처를 교환할 때 디스코드 아이디를 제시하는 것이 당연하다.

월드 제작자가 협업할 때에도 디스코드를 사용하며, 이 문화권에서 영업하는 프리랜서나 기업들도 공식 연락처로 디스코드를 사용한다. 그래서 제작자들은 후원자들에게 그들의 디스코드 서버에 들어올 권리를 주고 종종 작업 과정을 함께 이야기하곤 한다.

패트리온 후원 시스템은 현실 시장과 같은 경제가 발달하기 어려웠던 가상 현실 사회에서 창작의 동력을 제공했다. 이는 특히 제작자 그룹의 형성에 크게 이바지한다. 단순히 개인이 후원금을 받아 자신이 원하는 대로 사용하는 것이 아니라, 그룹의 이름으로 후원금을 받아 활동하는 것은 더 큰 책임감을 요구한다. 또한, 그룹은 개인보다 더 나은 결과물을 주기적으로 내놓을 수 있고, 이는 더 큰 후원금이 모금될 가능성을 높였다. 이러한 후원 경제가 작은 규모의 창작 활동에만 사용되는 것은 아니다. VR챗을 뛰어넘는 차세대 VR 커뮤니케이션 플랫폼으로 주목받고 있는 네오스 VR도 패트리온에서 후원을 받아 운영된다.

후원금의 규모가 일반적인 취미 활동의 수준을 넘어서기 시작할 때쯤이면 전문성을 갖추고 프로젝트의 진행을 생업으로 하는 사람이 드물게 나타나곤 한다. 요즘은 유튜브 채널 수익만으로 생활하는 사람들이 아주 많아 유튜버도 하나의 직업으로 인정받는다. 하지만 아직 가상 현실을 비롯하여 서브컬처 관련 창작자 중에는 이러한 후원 수입이나 기타 서브컬처 시장의 수익으로만 생활하는 사람이 비교적 적은 편이다.

네오스 VR은 2021년 현재, 존재하는 모든 VR 플랫폼을 통틀어 가장 진보된 기술을 보유하고 있다. 이 책의 첫 장에서 잠깐 이야기할 기회가 있었는데, 영화 〈아이언맨〉에 등장할 만한 홀로그래픽 작업 환경을 실현한

네오스 VR

VR 플랫폼이라고 소개했다. 네오스 VR 클라이언트는 VR 공간 속에서 개 개인의 사용자가 쓰는 일종의 컴퓨터이다. 네오스 VR의 공간 속에서 모든 순간 사용자와 함께하는 이 컴퓨터는 특이하게도 시각적 본체가 없으며, 다만 그 인터페이스를 언제든 컨트롤러 버튼으로 호출할 수 있다. 이 컴퓨 터는 우리가 존재하는 가상의 공간을 구현하는 본체이기도 해서, 사용자 는 자신이 있는 공간의 모든 것을 그 자리에서 조작이 가능하다.

네오스 VR은 크게 인벤토리, 로지스, VR 공간의 세 가지 구성요소로 설 계되어 있다. 여기서 인벤토리는 사용자의 컴퓨터 하드디스크와 네오스의 웹 저장소를 통합하여 홀로그래픽 인터페이스로 접근할 수 있도록 해 둔 것이다. 다만 모든 확장자의 파일에 접근할 수 있는 것은 아니며, 네오스 VR에서 불러올 수 있는 파일의 확장자는 네오스 VR에서 사용되는 오브젝 트를 포함하여 일부에 한정되어 있다.

이는 충분히 네오스 VR의 공간에 존재할 수 있는 모든 물체에 해당하는 범용성을 가진다. 네오스 VR에서는 월드를 제외한 거의 모든 오브젝트를 인벤토리에 보관할 수 있다. 비공개 월드로 이동할 수 있는 포털, 아바타 파일, 밈이 들어간 오브젝트, 카메라[1] 같은 것들 말이다. 그중에는 여러 SF 영화나 게임에 등장하는 소품을 있는 그대로[2] 구현한 것들도 다수 존재한다.

'완벽한 VR챗 상위호환 게임이 있다고?? - 네오스 VR', 대월향 유튜브
https://youtu.be/34UlhVC_Fi4?t=86

네오스 VR 커뮤니티 또한 VR챗과 같이 자유로운 정보 공유를 바탕으로 성장해 왔다. 그 중심에는 '멘토[3]'가 있다. 필자도 네오스 VR에 처음 접속했을 때, 마침 네오스 VR에 접속해 있던 멘토에게 네오스 VR의 소개와 기본적인 기능 사용에 대한 설명을 들었다. 이들 멘토는 주로 네오스 VR 개발의 전문가인 경우가 많아서, 아바타나 월드, 3차원 에셋 등을 제작하기 위해 일반 사용자가 도움을 구하면 외부 강의를 소개해 주기보다 직접 눈앞에서 작업 환경을 열어 하나하나 설명해주기도 한다. 이는 로직스의 인터페이스가 기본적으로 같은 공간에 있는 모든 사람에게 실시간 공동 작업을 가능하게 하는 블록 다이어그램의 형태로 존재하기 때문이다. 그 외

---

1 재미있는 점은, 영화 〈레디 플레이어 원〉에 등장한 카메라가 네오스 VR에도 그대로(물론 실제 사용 가능한 형태로) 존재한다.
2 예를 들어, 던지면 실제로 텔레포트되는 마인크래프트의 엔더 진주 등이 있다.
3 커뮤니티의 다른 사용자에게 지식을 전파하는 자원봉사 직위로, 말 그대로 멘토 역할을 한다. 공식 웹 페이지에서 지원할 수 있으며, 심사로 선발된다.

에도 멘토는 자신의 인벤토리에 있는 도구나 오브젝트를 아낌없이 공유하며, 표면 웹과 같은 포괄적인 검색 시스템을 제공하지 않는 네오스 VR의 네트워크에서 그들의 넓은 정보력을 발휘하여 필요한 자료가 저장된 온라인 저장소를 안내해 주기도 한다.

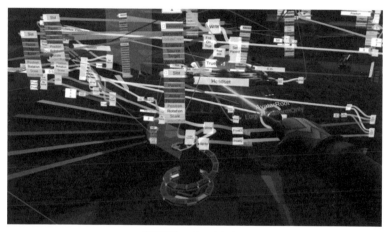

그림 34 | 로직스 작업 과정

2018년에 스팀Steam에 공개된 네오스 VR은 10명 남짓한 개발자들에 의해 운영되고 있으며, 본사인 소일랙스Soilrax 설립 이래로 100% 재택근무를 시행하고 있다. 그 운영 비용은 패트리온으로 개인의 후원금을 모아 충당된다. 네오스 VR에 투자한 법인은 아직 없는 것으로 보이는데, 애초에 이 기업이 돈을 벌 생각이 없다는 것이 명백하게 드러나므로 아마 투자금 0원으로 운영되는 회사일 것이다.

이 회사는 기본적으로 자신들의 플랫폼인 네오스 VR 속에서 운영되는 회사에 가까운 느낌을 준다. 이것은 물론 VR챗에도 마찬가지로 회사 대표와 임원들이 네오스 VR 안에서 상당히 자주 시간을 보내며 활동한다. 공식 디스코드 서버에는 오피스 아워Office Hour라는 공개 미팅 시간이 정해져 있어서, 격주로 아무나 참가할 수 있는 온라인 미팅에 소일랙스의 최고 기술 담당자CTO이자 오큘러스의 킥스타터Kick Starter 구성원이기도 한 프룩시우스Frooxius님이 일반 사용자들과 이야기하는 시간을 보낸다. 심지어 네오스 VR의 개발과 관련된 이야기들도 이 디스코드 서버에서 공개적으로 토론하는 것을 불편해하지 않는다. 단순히 대외적인 이벤트가 아니라, 실제 서비스 구현에 깊이 관여하는 중요한 기술적 정보를 이야기하는 것을 당연하게 생각한다. 심지어 매일같이 작업 세부사항을 게시하는데, 소스 코드가 그대로 노출되는 것도 별로 신경 쓰지 않는다.

이게 얼마나 말도 안 되는 현상인지 알기 쉬운 예를 들자면, 비슷하게 국내에서 온라인 플랫폼을 운영하는 회사 다음Daum이 회사 사장과 임원, 경영진들이 모두 들어와 있는 카톡 채팅방 링크를 다음 홈페이지에 게시해 놓은 것과 같다. 그리고 수천 명의 사람들이 채팅방에 들어와 있는데 다음 검색 엔진의 알고리즘 파일을 그대로 컨트롤 씨Ctrl+C 컨트롤 브이Ctrl+V 해 놓고 계속 업무를 진행하며 이야기하는 것이다. 만약 이런 아이디어를 다음의 CEO가 진지하게 제시한다면, 당장 그날 해고될 수도 있다. 하지만 그러한 현상이, 네오스 VR에서는 아주 당연한 것으로 여겨진다. 왜냐하면, 이 회사에 후원금을 내는 모든 개인과 후원금을 내지 않더라도 관심을 두는 사람들이 있기에 네오스 VR이 존속되고 있다는 것을 모두가 잘 알고 있기 때문이다.

이는 회사의 백서에도 플레이어 공동체에 의한 개발Community-Driven

Development이라고 명시되어 있다. 이것이 진정한 100% 기부 경제로 구동되는 회사의 모습이다. 이들의 목적은 시작부터 돈을 버는 것이 아니다. 물론 돈을 벌어 생계를 유지할 수 있다면 더할 나위 없겠지만, 이들은 그만한 사치를 누리려는 생각은 조금도 하지 않는 아주 겸손한 분들이다. 소일랙스와 네오스 VR의 설립 취지와 운영 목적은 홈페이지에 게시된 백서에 아주 상세하게 적혀 있다. 이들은 돈이 아니라, 메타버스의 창조를 목적으로 하는 신념으로 뭉친 사람들이다.

그림35 네오스 VR 메인 월드에 있는 프룩시우스 - 패트리온이 가능하게 합니다(Patreons Make It Possible)

이분들은 백서 두 번째 쪽부터 욘두 우돈타Yondu Udonta 농담을 하는 정말 유쾌한 사람들이지만, 네오스 VR의 운영에 대해 가볍게 여기고 있는 것은 결코 아니다. 향후 이를 토대로 메타버스 사회를 구축하기 위해 블록체인에 기반한 화폐 체제와 NFT[4]를 사용하는 거래 시스템을 개발하고 있다. NCR^Neos Credits이라고 불리는 네오스 VR의 화폐는 이더리움^Ethereum과 환전하거나 패트리온으로 회사에 매달 후원금을 내는 방식으로 발행할 수 있는데, 총발행량을 15억 달러로 잡고 있다.

사실 NCR의 사용처가 없다시피 하므로 이를 실질적으로 사용하기 위해 발행하는 사람은 많지 않은 것으로 보인다. 그보다 기본적으로 네오스 VR의 운영자금으로 사용되고 있는 패트리온 후원의 보상으로 NCR을 받는 사람이 많다. 이때 발행되는 NCR의 경제적 가치는 후원금의 50~70% 수준이다. 다만, 장기 투자 목적으로 수백만 원 이상의 큰 금액을 이더리움으로 발행하는 극소수의 사람들이 있기는 하다. 그래서 패트리온 후원자보다 이더리움 환전 발행자의 수는 훨씬 적지만, 이들이 발행해내는 NCR의 비중은 과반수를 차지한다. 발행되는 총 NCR의 5%는 발행 시점에서 회사에 위탁되는데, 이는 이후 NCR의 발행이 마감되었을 때 네오스 VR의 사회를 구축하는 데 이바지한 일반 사용자에게 분배될 예정이다. 회사 설립자는 이때 분배 대상에서 제외된다. 이들은 NCR 통화를 기반으로 네오스

---

4 Not Fungible Token, 대체불가능 토큰. 암호화폐 네트워크에서 단 하나만 발행되는 토큰을 이야기한다. 이는 특정 개인이 특정 가상 자산에 대한 온전한 소유권을 블록체인 네트워크 안에서 증빙 받을 수 있도록 하는 기술이다. 요즘음 많은 디지털 예술 작품이 NFT로 거래되고 있으며, NFT의 상징이기도 한 'nyan cat(냥캣)'은 2021년 2월, 해당 밈 탄생 10주년을 기념하여 587,000불(약 7억 원)에 거래되었다. 여담이지만 Nyan Cat의 음성은 daniwell(대니웰)이 작곡하여 2010년, 니코니코 동화에 업로드한 하츠네 미쿠 오리지널 곡 'Nyanyanyanyanyanya!(냐냐냐냐냐냐)'이다. Nyan cat은 이 곡의 무단 도용으로 한때 유튜브에서 저작권 침해로 비공개 처리되었다. 다만, Daniwell과의 합의가 있었음을 확인받아 재공개되었다. 인터넷 밈에서 하츠네 미쿠의 영향력을 확인할 수 있는 또 하나의 사례이기도 하다.

VR 내에서 기능하는 경제가 성장하기를 장려하고 있으며, 이를 현실 경제에 통합하기 위해 노력한다.

백서에 정리된 이들이 회사를 운영하는 궁극적인 목적은 물리적인 인터페이스에 의존하지 않는 공간-컴퓨터 인터페이스의 구축, 여기서 사용자가 다른 사람 및 가상 환경과 모두 자연스럽게 상호작용할 수 있는 시스템을 구축, 궁극적으로는 이를 모두 현실 세계에 통합하여 이러한 모든 상호작용이 우리가 인지하는 현실을 확장하는 것에 있다. 이들은 단순히 VR 기술을 개발하는 것이 아니라, 우리가 살아갈 세계를 창조할 도구를 배포한다는 계획을 실행한다.

네오스 VR은 VR챗이 VR 콘텐츠를 제공하지 않고 소프트웨어 개발 도구Software Development Kit, SDK와 서버만을 제공했던 것에서 한층 더 나아갔다. 네오스 VR의 운영진은 일반 사용자가 자신의 컴퓨터 위에 각자의 서버를 운영하도록 개발 도구를 제공한다. 이는 NCR의 탈중앙화된 금융과 함께 중앙 관리자가 존재하지 않는 분산된 서비스를 구축하는 것을 목표로 한다.

네오스 VR은 VR챗이 커뮤니티의 자정 기능에 서비스 관리를 맡겼던 것에서 더 나아가, 운영자에 의한 통제를 근원적으로 배제하는 것을 중요시한다. 비트토렌트[5] 파일 전송과 탈중앙화된 자율적 데이터 네트워크인 '세이프Safe 네트워크', 그리고 여러 분산 컴퓨팅 플랫폼 '골렘 네트워크Golem

---

5 BitTorrent. 2001년에 개발된 P2P(Peer-To-Peer, 개인 간 통신) 파일 전송 목적의 인터넷 통신 프로토콜. 2019년 기준으로 전 세계 인터넷 업스트림 트래픽의 27.58%를 차지하고 있다. 흔히 말하는 '토렌트'가 이것이다. (Fabrizio Marozzo; Domenico Talia; Paolo Trunfio, "A Sleep-and-Wake technique for reducing energy consumption in BitTorrent networks," Concurrency and Computation Practice and Experience 32(2) (February 2020)

Network'를 네오스 VR에 구축하는 것을 장기적 목표로 하고 있다. 그래서 네오스 VR은 앞으로 VR 사회를 구축해 나가는 사람이 백엔드 작업에 신경 쓰지 않고 프론트 엔드 개발에 열중할 수 있도록 사용하기 편리한 도구를 제공하는 역할을 한다.

네오스 VR에 후원금을 주는 사람들은 잠재적으로 이 도구를 사용하여 네오스 VR의 월드나 콘텐츠를 제작하기를 원하는 경우가 많다. 현실 사회에서 VR 콘텐츠를 판매하려는 기업들이 모두 자체적으로 생산한 서비스를 유료로 제공하는 사업 모델을 구상하는 것과 달리, 네오스 VR은 네오스 VR 안에서 공간과 콘텐츠를 제작하는 개인 사용자가 회사에 후원금을 대는 정반대의 구조다.

네오스 VR은 기부 경제 기업 시스템의 가장 적절한 예시이다. 이는 일반 사용자들의 정기후원으로 설립되어 운영되며, 그 모든 운영 과정을 일반 대중과 공유했다. 기존의 기업과 같이 소수의 투자자들에 의해 경영 방식이 결정되는 것이 아니라, 수천 명에 달하는 불특정 다수에게 회사 운영의 모든 부분을 꼼꼼히 검증받는 것이다. 그리고 차후 얻어지는 수익은 이 개인 후원자와 사용자 커뮤니티에서 수익을 분배받을 가치가 있다고 여겨지는 사람들에게 분배되며, 회사의 CEO와 주 임원들은 커뮤니티가 허락하는 기부금만을 가져간다. 이 수익의 분배는 감사의 표현에 가까운 것이고, 실질적으로 그 금액을 바라고 회사에 이바지하는 사람은 없다. 그렇게 많은 금액이 아니기 때문이다.

이러한 시스템은 기존의 자본주의 회사 모델로는 설명되지 않는다. 기본적으로 회사가 이윤을 추구하는 것을 전제로 하고 있지 않기 때문이다.

이때 회사는 불특정 다수의 사람이 그저 개인의 모임으로는 이뤄낼 수 없는 전문적인 경영, 연구 인력을 요구하는 프로젝트를 해내기 위해 그에 걸맞는 능력을 갖춘 특정 소수의 경제적 어려움을 대신 해결해 주는 것에 가깝다. 다시 말하자면, '내가 너 먹여 살려 줄 테니까 하고 싶은 거 다 해'에 가깝다. 이는 회사에 후원금을 내는 개인들이 자신을 회사와 무관한 단순 개인으로 여기는 것이 아니라, 이 회사의 방향성에 공감하여 이들이 나아가는 길에 함께하고 있다는 소속감을 느끼고 있기에 가능한 일이다. 그래서 회사가 하나의 공동체로서 기능하기 때문에 그 안에서 경제적 이익을 위한 갈등이 발생하지 않는다.

네오스 VR은 현재 세계에서 가장 메타버스 사회에 대해 잘 이해하고 있는 기업이지만, 이것이 메타버스 사회의 지배적인 기업 모델이 되리라는 이야기를 하는 것은 아니다. 애초에 이 기업은 메타버스 사회 안에서 운영되는 기업이 아니라, 메타버스 그 자체를 구축하는 것을 목표로 하고 있다. 이들은 이윤을 추구하는 기업이라기보다는, VR 세계를 관리하며 존속, 발전시키기 위해 상주하는 정부의 역할에 가깝다. 국가와 정부는 국민에게서 세금을 걷지만, 그것이 국가를 운영하는 주체가 이윤을 추구하기 위해서인 것은 아니다. 정부는 국민에 의해 구성되는 집단이기 때문이다. VR에서 네오스 VR의 지위는 이와 같다. 전통적으로 현실의 사회 집단을 안정적으로 유지하는데 필요한 것은 법과 제도였고, 이는 국가 기관에 의해 실현되었다.

가상 현실 사회에서 법과 제도는 곧 가상 현실을 구축하는 소프트웨어의 구조이며, 사회 기반 시설 또한 그 구조 위에 세운 것으로 볼 수 있다.

따라서 이 VR 사회를 구축해 나가고 있는 개발진이 현재로서는 정부와 같은 역할을 한다. 세금은 걷지 않지만 그 대신 기부금을 받고, 선거하지 않는 대신 그 운영 과정이 사회 구성원들의 피드백에 의해 검증된다. 또한, 네오스 VR은 단순히 VR 서비스를 제공하는 것에 그치지 않고 현실의 정부가 그러하듯 그 위에서 유통되는 화폐를 발행하고 관리한다.

네오스 VR의 존재가 VR의 역사에 새겨놓은 가장 중요한 표지석은, 앞으로 그 누구도 가상 현실의 구조를 영리화해서는 안 된다는 가치관이다. 물론 가상 현실은 경제적 개념으로 이야기하자면 아주 범용적인 플랫폼이어서 이미 그 위에 많은 기업이 영리 활동을 하고 있다. 우리가 현실에서 살아가는 데 경제가 필수적이었던 것처럼, 가상 현실 또한 규모가 커질수록 경제의 필요성은 강화된다. 그것은 단순히 상품을 유통하는 것뿐만 아니라 우리가 현실에서 도로나 수도, 가스, 전기 등 여러 사회 기반 시설을 사용하는 것과 같이 가상 현실에서의 삶을 유지하는데 필요한 클라우드 저장 장치, 혹은 클라우드 컴퓨팅 서비스 등이 포함된다. 네오스 VR도 후원금에 따라 추가적인 클라우드 저장 장치나 네트워크 대역폭Network Bandwidth, 컴퓨팅에서 일반적으로 초당 여러 비트로 표현되는, 사용 가능하거나 소비된 정보 용적의 비트레이트을 제공한다.

그렇지만 네오스 VR은 외부 클라우드 서비스를 사용하는 것을 규제하지 않는다. 웹 소켓을 지원하기 때문에 얼마든지 외부 클라우드 저장 공간을 네오스 VR 내에서 활용할 수 있다. 여기에서 가상 현실의 구조를 영리화해서는 안 된다는 이야기는, 우리가 현재 인터넷을 사용하기 위해 월드 와이드 웹www을 사용하고 있지만 월드 와이드 웹 재단에 이용료를 내지 않는 것과 같은 의미이다. 이들이 계획하고 있는 장기적인 로드맵은 아직 갈 길이 많이 남아있다.

　네오스 VR의 미래는 이제 막 걸음을 내디뎠다. 이것이 앞으로도 계속 가상 현실의 지배적인 문화가 되리라고 장담하는 것은 어렵다. 이러한 경영 방식을 택하는 기업은 아직은 사실상 소일랙스가 유일하다. 현재의 소규모 경영 구조에서는 충분히 안정적으로 운영되고 있지만, 이것이 큰 규모로 성장해 가는 과정에서 모든 구성원이 지금과 같은 원만한 합의에 이를 수 있을지도 확실하지 않다. 현재의 가상 현실 경제를 지배하고 있는 산업 구조는 기존의 경제와 유사한 형태를 띠고 있다.

버츄얼 마켓_
세계 최대의 가상 현실
멀티플랫폼 온라인 쇼핑몰

현재 오프라인 서브컬쳐 시장은 매년 일본에서 여름과 겨울 연 2회 각 3일 씩 열리는 코믹 마켓으로 대표된다. 이는 1975년부터 지금까지 이어져 오고 있는 행사로, 2000년대가 되어서는 매회 50만 명 이상의 참가자가 방문한다. 코믹 마켓은 102,887㎡의 전시 면적을 가진 도쿄 국제전시관에서 열리는데, 이는 한국에서 가장 큰 전시장인 한국국제전시장KINTEX의 전시 면적 108,566㎡에 맞먹는다. 서브컬쳐 시장에서 코믹 마켓의 지위는 독보적인데, 코믹 마켓에 출품하는 작가들은 대부분 픽시브Pixiv라는 온라인 플랫폼에 자기 작업물을 게시하여 명성을 얻는다.

픽시브에 작품을 투고하는 작가는 이 사이트의 계정으로 이용할 수 있는 온라인 쇼핑몰인 부스Booth에서 팬에게 상품을 판매한다. 그래서 부스는 세계 최대의 온라인 서브컬쳐 시장이 되었다. 코믹 마켓에서는 물질적인 상품만이 아니라 파일이 담긴 이동식 저장소USB 등의 상품도 거래되지만, 부스는 온라인으로 파일을 전송하는 방식의 거래를 지원하기에 파일 형태로 작품을 거래하는 일이 아주 많다. 그중에는 보컬로이드 MMD 제작에 사용되는 3D 에셋이나 쉐이더, 텍스처 등의 파일도 있다.

VR챗이 활성화되고 유니티 엔진이나 블렌더, 마야 등의 3D 모델링 도구를 사용할 수 있는 일반 사용자들이 늘어나자, 가상 현실용 에셋도 부스에서 거래되기 시작했다. 이러한 현상이 점차 표면적으로 드러나게 되었을 때쯤 우리는 버츄얼 마켓을 열었고, 이는 현재 세계 최대의 VR 사용자 간 거래 시장이 되었다.

그림 36-1 버츄얼 마켓 5

 (포브스) 선정 '세계 최대의 가상 현실 컨벤션', 버츄얼 마켓
https://www.businesswire.com/news/home/20200617005027/en/HIKKY-Virtual-Market-5-The-World%E2%80%99s-Largest-Social-VR-Convention-Takes-Place-in-December-2020

히키Hikky라는 이름의 신생 기업은 2018년에 첫 버츄얼 마켓을 열었을 때부터, 코믹 마켓의 운영방식을 그대로 VR챗 내부로 옮겨 왔다. 버츄얼

마켓은 코믹 마켓과 같이 몇 개의 월드로 나뉜 대형 전시 공간들에 개인 참가자들의 출품작을 모아 전시관을 설치한다. 이 전시관에 설치된 상품을 클릭하면 해당 상품을 판매하는 부스 웹 페이지가 열린다. 버츄얼 마켓 기간 동안 매일 그러한 월드가 하나씩 공개되는데, 버츄얼 마켓에 상품을 출품하는 개인 판매자는 미리 부스에서 제공하는 SDK로 자신의 유니티 프로젝트에서 버츄얼 마켓 전시관과 판매 물품을 등록한다. 버츄얼 마켓에서 판매되는 아바타는 주로 그 아바타의 제작자가 설계한 공간에 진열되어 있으며, 이를 이용한 다양한 연출이 시도되었다. 여기서 거래되는 아바타는 보통 비상업적 라이선스로 공유되는 아바타보다 훨씬 섬세하고 미적으로 설계되어 있다.

버츄얼 마켓은 아바타를 비롯하여 3D 에셋의 거래를 주목적으로 하지만, 하루가 멀게 변화하는 VR챗의 시장에서 버츄얼 마켓은 항상 최신 기술이 조명되는 중요 행사이기도 하다. 버츄얼 마켓은 개최된 회차에 번호를 매겨 V켓ket 3, V켓 4 등으로 불리는데, 첫 회차는 그냥 '버츄얼 마켓'이라는 이름으로 열렸고 2회에는 '버츄얼 마켓 베타Virtual market β'라는 이름을 사용했다.

공식적으로는 3회차부터 숫자를 붙여 표기하고 있다. V켓 4에서는 중력을 왜곡하는 공간이 등장하였는데, 이는 두 층 사이를 잇는 꽈배기처럼 생긴 다리 형태로 만들어져 있었다. 이 다리를 걸어 건너가면 신기하게도 사용자의 주변 공간이 꽈배기 모양의 다리에 맞춰 회전하는 경험을 할 수 있는데, 실제로는 그 사용자가 꽈배기 모양 다리를 따라 회전하는 것이다. 중력이 항상 바닥에 수직 방향으로 작용하도록 왜곡되어 있기에 반대로 공간이 회전하는 것처럼 보인다.

어떤 월드에서는 검은 공간 속에서 정육면체 하나를 클릭하면 이 정육면체의 여덟 꼭짓점이 여덟 방향으로 분산되어 배치된 후 공간 속에 육면체 격자를 형성하고 각 면이 노이즈 효과와 함께 대체되며 전시 공간이 생기는 아주 독창적인 모션 그래픽이 사용되었다. 이는 웹 디자인의 정수를 3차원 공간 속에서 구현한 형식이었는데, 흔히 창작물에서 다루어지는 가상 현실의 미래가 실현된 듯한 인상을 주었다. 이러한 공간 확장형 모션 그래픽은 가상 현실에서는 상당히 참조할 만한 예시가 되어 이후의 버츄얼 마켓에서도 자주 사용되었다.

V켓 5에서는 AR 글라스를 생산하는 기업인 엔리얼Nreal이 부스를 등록했다. 이 부스의 시착 코너에서는 AR 안경을 집어 들어 현실에서와 똑같이 착용할 수 있었다. 현실에서 VR HMD를 머리에 쓰고 접속한 가상 공간 속에서 다시 AR 글라스를 착용하여 가상 현실의 증강 현실을 경험하는, 현실에서 가상으로 두 단계의 경계를 넘는 것은 상당히 특이한 경험이다. 이러한 방식의 가상 AR 기기는 현실의 AR 기기가 가지는 광학적 한계를 쉐이더 기술로 극복한다. 이는 현실의 AR이 가장 이상적인 형태로 구현된 모습을 묘사했다. 이것은 VR을 현실처럼 사용하며 가상 현실에서 살아가는 사람들에게도 신기한 콘텐츠였다. 조금 아이러니한 점은, 정작 자신은 온전한 형태의 가상 현실에서 쇼핑까지 하고 있으면서 그보다 낮은 수준의 AR을 보고 신기해한다는 것이다.

디즈니에서 제작한 디즈니 월드 관련 현실 상품을 판매하는 월드도 있었다. VR 속에서 현실의 물건을 파는 것은 드문 일이 아니다. 게임 회사의 경우 자사의 게임 캐릭터를 아바타로 만들어 배포하는 것으로 게임을 홍보하는 공간을 설치하기도 했고, 세븐일레븐은 편의점을 만들어 놓았다.

버츄얼 마켓은 전체 월드를 다 둘러보는 데 몇 시간이 걸리는 아주 거대한 행사이지만, VR 내 시장의 성장 속도는 그보다 빠르게 증가하고 있어 넘쳐나는 공급을 다 수용하지 못하는 지경에 이르렀다. V켓 1에는 2개의 회사와 80여 개의 서클[1]이 참여하였지만 V켓 2에는 20여 개의 회사와 400여 개의 서클이 참여하였다. V켓 3에서는 30여 개의 회사와 600여 개의 서클, V켓 4는 40여 개의 회사와 1,100개의 서클이 참여했으며, V켓 5에는 무려 70여 개의 회사와 마찬가지로 1,100여 개의 서클이 참여하게 되었다. 이는 정말 감당하기 어려운 규모의 행사가 되었는데, 이 이상 월드를 늘려 공간을 확장하면 정말 모든 부스를 방문하는 것이 마라톤을 방불케 하는 형태가 될 것이라 예상되었다.

그래서 2021년 8월에 개최된 버츄얼 마켓 6은 기존 형식으로 운영되는 버츄얼 마켓과 함께 버츄얼 마켓 몰 프로토Virtual Market Mall Proto로 분산 운영되었다. 한국에서는 버츄얼 웨일 스튜디오Virtual Whale Studio가 버츄얼 마켓 몰 프로토에 참여했다. 미리 심사를 거쳐 선정된 사업자만이 버츄얼 마켓의 월드에 판매 공간을 등록할 수 있게 되었고, 심사에 통과되지 못한 사업자들은 3차원 모델 제품만을 출품할 수 있도록 하여 백화점 형태인 버츄얼 마켓 몰 프로토에서 수용하도록 했다. 기존에 9개의 월드로 구성되었던 버츄얼 마켓은 3개의 대형 월드로 통합하여 운영되었다.

---

1 코믹 마켓을 비롯하여 서브 컬쳐 시장에서 상품을 출품하는 제작자 그룹을 칭하는 용어

이번에 열린 3개의 월드 중 하나인 '태양의 시장 카라요루'는 2개의 분할 월드에 각각 36개의 부스가 입점하는데, 이 부스는 각 4×4×5미터 공간이다. 여기서 일반적인 현실의 엑스포와 비교했을 때 특이한 점은 높이가 5미터라는 것이다. 이는 모든 부스가 복층으로 운영되기 때문이다. 72개의 복층 부스가 입점하는 카라요루와 같은 대형 시장이 총 3개가 열리고, 3차원 모델만을 출품할 수 있게 하여 아직 규모가 확정되지 않은 버츄얼 마켓 몰 프로토가 열릴 예정임을 생각하면 이 행사의 규모가 얼마나 큰지 조금은 상상할 수 있을 것이다. 이는 2021년에 서울 코엑스에서 열린 국제 VR/AR 엑스포와는 비교할 수 없는 규모이다. 애초에 버츄얼 마켓이 겨우 건물 하나에 수용되는 규모가 아니기 때문이다.

2021년, V켓 6는 버츄얼 마켓 클라우드Virtual Market Cloud라는 새로운 플랫폼을 공개했다. 버츄얼 마켓 클라우드는 PC와 모바일에서 버츄얼 마켓에 접속 가능한 플랫폼으로, 마이크, 아바타 변경, 멀티플레이 지원 등 VR챗과 거의 비슷한 형태를 띠었다. VR챗으로만 관람할 수 있었던 버츄얼 마켓을 이젠 굳이 VR챗

그림 36-2 버츄얼 마켓 7(2021)

에 로그인하지 않아도 방문할 수 있게 되었다. 가상 현실에서 사용하는 물건을 모바일 앱으로 구매하는 것은 언뜻 시대를 역행하는 현상으로 보이지만, 이는 모바일 쇼핑몰이 생길 정도로 가상 현실의 시장이 완전히 성숙했음을 반증한다. 버츄얼 마켓은 이제 말 그대로 VR의 멀티 플랫폼 온라인 쇼핑몰이 되었다.

VR챗은 2021년 4월에 있었던 개발자 스트리밍에서 창작자 경제를 활성화할 방안을 고려하고 있다고 발표했다. 이는 버츄얼 마켓과 같은 인게임 거래 서비스를 확장하여 VR챗 내부의 경제를 다양화한다는 계획이었다. 현재 버츄얼 마켓이 사용하는 부스에서 제공하는 외부 결제 시스템이 아니라, VR챗 내부의 통화 시스템과 개인 간 현금 송금을 포함하는 포괄적인 화폐 거래 시스템의 개발도 언급되었다.

또한, 현재 패트리온으로 대표되는 월드 후원 문화를 인게임에서 구독 시스템으로 구현하여 기존의 월드 제작자가 비공식적으로 후원자에게만 제공하던 VIP 시스템을 양성화한다는 내용도 포함되어 있었다.

앞서 이야기한 네오스 VR은 이를 블록체인 기술을 활용하여 간접적으로 제공한다. VR챗도 장기적으로는 충분히 그러한 시스템을 도입할 수 있다. 2020년에 상영되었던 〈레디플레이어 원〉에서 주인공이 게임 머니로 현실의 VR 슈트를 구입하는 장면이 나오는데, 이미 네오스 VR을 포함시켜 이야기하자면 그러한 현금 거래는 활성화되어 있다. 가장 완벽한 가상 현실 화폐 시스템이 네오스 VR에, 세계에서 가장 발달한 시장이 VR챗에 있을 뿐이다.

아바타, 월드 커미션_
가상 현실 속의 자신과 그 손에 닿는 풍경 모두를 제공하는 예술

버츄얼 마켓이 생겨난 계기는 부스에서 이루어지던 아바타 제작 관련 3D 에셋의 판매였다. 버츄얼 마켓을 중심으로 공식 시장이 크게 활성화되기 이전부터 자신의 아바타를 제작하기 위해 관련 기술을 가진 개인에게 아바타 제작 대행을 맡기는 개인 간 거래는 이미 사적인 통로로 이루어지고 있었다. 이것이 아바타 커미션Avatar Commission이라는 형태로 정착한 것은 트위터에서 아바타 제작 수요가 본격적으로 모집되면서부터였다.

VR챗에는 아바타 월드라는 공간이 존재한다. 이는 공개적으로 자신이 만든 아바타를 누구나 무료로 사용할 수 있도록, 아바타를 배포하는 에셋 Avater Pedestrial을 배치하여 제작한 월드를 말한다. 여기서 배포되는 아바타는 원본 3D 모델 파일 형태가 아니라, VR챗 내부에서만 이용할 수 있는 형태로 제공된다. 이는 외부 개발 환경에서 추가로 수정될 수 없다. VR챗에 돈을 사용하지 않는 대부분의 사용자는 그러한 아바타 월드에서 배포하는 아바타를 사용한다. 무료로 배포되는 아바타들도 디자인이나 기술적인 측면에서 뒤떨어지지는 않는다. VR챗에 업로드된 많은 월드가 이미 무료로 세계 최고 수준의 기술력을 자랑하고 있는 것과 마찬가지로 아바타 월드를 제작하여 올리는 수많은 사용자도 아바타 제작에서 가상 현실 기술의 극한을 추구한다.

일반적으로 VR챗 내의 한 월드에서 복사한 아바타는 영구적으로 사용할 수 있다. 이는 마켓에 전시된 아바타에도 대부분 적용된다. 그래서 마켓의 아바타 대부분에는 누가 봐도 견본임을 알아챌 수 있을 만한 딱지가 제각각의 형태로 붙어 있다. 판매되는 아바타의 대부분은 현금을 내고 구매하면 영구적으로 사용할 수 있으며 변경과 수정이 자유롭지만, 사용자간 공유는 금지되어 있다. 그리고 그 가격은 수만 ~ 수십만 원 대로 결코싼 가격은 아닌데, 그런데도 판매가 원활하게 이루어지는 것은 그 아바타가 곧 VR 속에서의 자신을 상징하는 가장 중요한 요소이기 때문이다.

그림 37 버츄얼 마켓에서 아바타가 전시된 모습

현실에서 우리가 내려받은 영화, 드라마 등 저작물을 지인 간에 공유하는 것을 별로 불법적으로 생각하지 않는 것과 달리, VR에서 다운로드 형태로 판매되는 아바타는 가까운 사람 사이라도 파일을 복제하는 것을 아주 부도덕한 것으로 여기는 경향이 있다. 이는 VR을 사용하는 사람이 아주 준법정신이 철저한 가치관을 가졌기 때문이 아니라, 수평적인 소비자 - 창작자 관계를 갖는 가상 현실 문화가 해당 모델의 창작자에 대한 깊은 존중을 내재하기 때문이다.

2020년에 한국에서 압도적인 동시 접속률을 보유하고 있으며 한해 17억 5천만 달러의 매출을 올린 PC 게임 〈리그 오브 레전드〉의 매출은 주로 캐릭터 스킨 판매에서 나온다. 이 스킨은 인게임에서 사용자가 사용하는 캐릭터의 시각적인 형태를 조금 바꿔 주는 아이템인데, 게임 자체에는 그 어떠한 영향도 미치지 않는다. 리그 오브 레전드는 우리가 흔히 게임 아이템에 대해 생각하는, 비싼 아이템을 가지면 유리해지는 형태의 수익 모델을 취하지 않는다. 단지 미적인 요소만 제공되는 이 스킨에 리그 오브 레전드의 사용자는 한 해 동안 약 2조 원을 소비했다.

예술에 대한 추구는 인류의 공통적인 감성이다. 전통적으로 예술은 전문 예술인에 의해 수작업으로 제작되어 일부 소수의 사람만이 향유할 수 있었다. 하지만 지금은 디지털 기술과 디자인의 발달로 누구나 알게 모르게 예술을 소비하고 있다. 그것이 좀 더 직접적인 형태로 나타난 곳이 게임이었을 뿐이다. 그리고 매출액의 관점에서 이야기하자면 게임은 현대 예술 산업의 대부분을 차지한다. 가장 대중적인 것이 가장 잘 팔리는 것이기 때문이다.

위와 같이 단순히 평면 매체를 통해 제공되는 엔터테인먼트인 PC 게임에서도 자신이 조종하는 캐릭터의 외형에 돈을 쓰는 것은 이미 보편화되어 있다. 이 시장이 마우스와 키보드로 화면 속의 캐릭터를 조작하는 PC 게임이 아니라, VR 속에서 자기 신체가 되는 아바타에서 나타나는 것을 상상해 보라. 아바타 커미션은 단순히 게임 캐릭터에 아이템을 장식하는 것이 아니라, VR 속에 존재하는 자신을 예술적인 요소들로 구성하는 것이다. 이것은 피할 수 없는 흐름이다.

VR의 아바타 커미션은 아바타의 3차원 모델을 제작하는 것에 한정되지 않는다. 이는 현실의 의류/패션, 미용 등의 수요를 모두 반영할 뿐 아니라, 이를 구현하기 위한 기술적인 요소들을 제공한다. VR의 아바타는 현실의 사람과 같은 신체 비율이 아닌 경우가 많다. 이는 VR의 의류를 상당히 복잡하게 만들었는데, 특정 의상을 고객의 아바타에 맞는 형태로 수선하여 제공하는 것도 어느 정도의 3차원 모델링 기술을 필요로 한다. 또한 다이나믹 본[1]이 적용된 오브젝트는 역학적으로 자연스러운 형태의 변형이 구현되도록 조정하는 것도 요구된다.

현실에서는 예상 소비자에 맞춰 다양한 사이즈나 형태의 옷을 미리 생산하여 판매하지만, 가상 현실에서는 모든 아바타에 맞춰 의류를 생산하는 것이 불가능에 가깝다. 따라서 사용자 주문 제작이 보편화되어 있다. 그보다 좀 더 가격대가 높은 서비스 중에는 의류의 형태를 조정하는 작업뿐만 아니라, 원하는 형태의 의류를 제작하는 커미션도 발달해 있다. 이는

---

[1] Dynamic Bone. 변형 가능한 재질, 주로 천이나 머리카락 등의 물리 현상을 처리하는 툴의 하나

주로 기존의 매체, 만화나 애니메이션, 게임에 등장하는 복장을 3차원 모델로 제작하는 형태이다.

의류와 달리 사소한 액세서리는 일반적으로 약간의 유니티 엔진 지식만 있다면 직접 착용하는 것이 어렵지 않기 때문에 주문 제작 아바타 이외의 커미션은 그리 활성화되어 있지 않다. 단지 현실에 존재하는 특정 물체를 3차원 모델로 제작하는 커미션이 드물게 나타난다.

가상 현실의 아바타 커미션에서 살펴볼 만한 점은 문신과 피어싱 등에 있다. 이는 기존 평면 매체의 게임 시장에는 잘 등장하지 않는 요소들이다. 일반적으로 새로운 스킨을 출시하기 위해서는 그 시각적 특징이 기존의 상품들과 현격히 구분되어야만 하기 때문이다. 겉보기에 비슷해 보이는 스킨은 잘 판매되지 않는다.

평면 매체의 캐릭터와 달리 가상 현실에서 아바타는 플레이어 자신을 상징하는 요소이다. 현실의 우리가 너무 급작스러운 스타일 변화를 시도하는 데 큰 결심이 필요한 것처럼, VR 속에서의 자신을 완전히 다른 형태로 바꾸는 것 또한 그리 자주 일어나는 일은 아니다. VR에서 아바타에 관해 사람들은 일정한 형태를 장기적으로 유지하려는 경향이 있다. 따라서 아바타 원본을 바꾸는 형태가 아니라, 화장을 다르게 하거나 문신을 하는 등, 현실의 미용 산업에 가까운 형태의 아바타 커미션이 나타난다.

다만 그 아바타의 형태가 현실의 인간과는 다른 방향성을 추구하기에 세부적인 요소에는 차이가 있다. 오히려 치아, 동공의 형태 등을 수정하는 현실의 미용 산업에는 존재하지 않는 커미션 수요가 과반수를 차지한다. 그 3차원 구조, 텍스처 디자인, 쉐이더, 역학적 특성 등 실제 눈을 구성하는 근육과 인대, 조직의 복잡도만큼이나 세부적인 사항이 아바타 커미션에서 제공되고 있다.

앞서 설명한 것과 같은 단편적인 미용 성격의 아바타 커미션이 아니라, 이 모든 요소를 포함하여 아바타 전반을 제작하는 아바타 커미션은 이후의 장에서 다룰 버츄얼 스트리머들이 상업적 이용을 위해 제작하는 주문 제작 아바타에서 나타난다. 버츄얼 스트리머는 유튜브나 트위치 등의 영상 플랫폼에서 활동하는 아이돌과 유사한 성격의 인플루언서이다. 이들이 사용하는 아바타 커미션 작업은 수백만 ~ 수천만 원을 호가하기도 한다. 현실에서 개인이 이용하는 미용 산업과 달리 유명 연예인 소속사에 소속되어 활동하는 연예인들에게 회사 측에서 제공하는 메이크업 아티스트나 의상 디자이너의 단가가 높은 것과 유사하다고 이해하면 될 것이다.

아바타 커미션과 마찬가지로 월드 제작의 일부를 대행하는 월드 커미션도 활성화되어 있다. VR챗에서 제작되는 월드는 크게 두 가지의 목적성을 가진다. 첫 번째는 창작자 자신이 있고 싶은 공간을 가지기 위해서이고, 두 번째는 많은 사람이 모여들 수 있는 공용 공간으로 사용하기 위해서이다. 조금 예외적인 사례로는 버츄얼 마켓이나 버츄얼 스트리밍 스튜디오와 같이 상업적인 목적으로 제작되는 월드도 있다. 개인 월드 커미션은 일반적으로 아바타 커미션보다 높은 액수의 서비스가 거래된다. 이는 당연하게도 작업 분량에 차이가 있기 때문이다.

모든 사용자가 각자의 아바타를 필요로 하는 것과 달리 월드의 경우에는 모두가 VR 내에서 특별히 개인적인 공간을 원하는 것은 아니다. 이미 충분히 우리가 상상할 수 있는 모든 종류의 월드가 무료로 업로드되어 있

기에 개인의 월드 커미션 수요는 아바타 커미션 수요에 비하면 훨씬 적은
편이다. 그래도 우리가 현실에서 굳이 주거에 필요하지는 않은 펜션의 수
요가 항상 적게나마 있는 것처럼, 이미 VR기기와 컴퓨터에 수백만 원을 쓴
사람들에게 가상 현실 속에서 자신만의 공간을 하나 가지는데 많아야 100
만 원 정도인 커미션 비용을 내는 것은 크게 부담스러운 지출은 아니었다.
개인 고객 대상으로는 주로 자신이 플레이하는 게임의 한 장면을 만들어
달라거나, 좋아하는 만화나 영화의 한 장면을 만들어 달라는 내용의 커미
션이 종종 거래된다.

　공용 공간에 대한 수요는 전통적으로는 VR챗 고유의 문화인 '이벤트 월
드'에서 나왔다. 이벤트 월드는 외부에서 주어지는 콘텐츠가 존재하지 않
는 VR챗에서 사용자들이 주도하여 콘텐츠를 창출하려는 노력의 일환이
다. 커뮤니케이션을 주목적으로 한다는 VR챗의 특성에 맞게 비슷한 특성
을 가진 사람들끼리 모일 수 있는 계기를 제공하려는 여러 교류회나, 비슷

그림 38 클럽 컬러

한 취미를 가진 사람들끼리 취미활동을 함께하기 위해 열리는 이벤트들이 열렸다. 현직 디제이DJ나 바텐더들이 VR 내에서 자신의 직업을 살려 같은 형태의 이벤트를 열기도 하는데, 국내에는 대표적으로 디제잉 이벤트와 각종 음악 관련 프로모션을 수주하는 '클럽 컬러'가 있다.

이벤트 월드를 목적으로 하는 공용 공간의 수요는 VR 콘텐츠 제작을 처음부터 끝까지 전부 혼자 해낼 수 있는 사람의 수가 증가하며 점차 소멸하고 있다. 이벤트 월드를 여는 측에서도 함께할 개발자를 구하면 비용 없이 모든 작업을 해결할 수 있기에 굳이 외부에 손을 벌리려고 하지 않는다. 버츄얼 마켓의 활성화와 더불어 가상 현실의 시장을 선점하고 싶어 하는 현실 기업들이 전체 월드 수요에서 차지하는 비중은 증가하는 추세이다.

장기적으로는 이 또한 각각의 기업이 자사의 마케팅 부서를 확장하는 방향으로 해당 사안에 대응해 나갈 것이다. 틈새시장으로 디자인 에이전시 개념의 VR 공간 제작사가 등장할 것으로 보이지만, 현재 시장의 성장 속도를 고려하면 멀지 않은 시기에 이는 충분히 레드오션이 되리라고 생각한다. 이는 기존 게임 업계의 개발자들도 접근하기 쉬운 시장이고, 이미 포화 상태인 국내 디자인 업계에서도 진출을 결정하면 단기간에 벤치마킹할 수 있는 그리 새롭지 않은 시장이기 때문이다. 그리고 이는 장기적으로는 앞으로 설명할 가상 현실의 게임 산업 발달에 흡수될 것으로 보인다.

게임 산업_
가상 현실에서의 일상을
작품으로 만드는 기술

가상 현실에서 게임은 크게 두 부류로 나눌 수 있다. 첫 번째는 하프라이프 알릭스[1]나 기존 PC 게임과 같이 게임 측에서 아바타를 제공하는 형태이다. 두 번째는 VR챗 내에서 구현된 대부분의 VR 게임에 해당하는, 게임 측에서 아바타를 제공하지 않는 형태의 게임이다. 이 첫 번째 부류가 기존 1인용 PC 게임에 가깝다면, 두 번째 부류는 현실의 오락실 게임에 가깝다.

오락실 게임과 PC 게임은 추구하는 방향성에서 큰 차이가 있다. PC 게임은 게임 그 자체의 콘텐츠만을 연구하여 제작되지만, 오락실 게임은 주로 현실에서 둘 이상의 사람이 같이 플레이하는 것을 전제로 하기에 플레이어들 사이의 상호작용을 고려해야 한다. 즉, 모니터 속의 아바타를 바라보는 것이 아니라 현실의 사람을 바라보며 플레이한다는 것에 차이가 있

---

1 하프라이프 알릭스(Half-life Alyx), 인덱스 컨트롤러를 개발한 Valve에서 개발한 게임으로, 메타스코어 93점, 메타크리틱 유저 평점 9.2점, 오픈 크리틱 평론가 추천도 97%를 기록한 VR 게임. PC와 VR 플랫폼을 통틀어 2020년에 최고의 게임으로 평가받는다.

다. 마찬가지로 가상 현실에 존재하는 게임 콘텐츠도 PC 게임을 VR 환경에서 플레이하는 것과 가상 현실에서 사람들과 오락실에 가는 것은 방향성이 다르며, 그 가장 큰 차이점은 아바타에 있다. 앞의 장에서도 이야기했지만, 가상 현실에서 아바타는 자기 자신을 상징하는 가장 큰 요소이다. 장시간 VR을 사용하는 사람들을 대상으로 게임을 개발할 때, 특정 아바타 사용을 강제하고 싶다면 그에 맞는 충분한 이유가 필요하다.

예를 들어, 비트 세이버는 사용자가 각자 가상 현실에서 사용하는 아바타를 업로드하여 사용할 수 있다. VR챗 안에도 어떤 유저가 비트 세이버를 복제하여 구현해 두었는데, 이는 VR챗에서 비트 세이버 월드로 이동하기만 하면 플레이할 수 있기에 게임이 플레이어의 아바타에 간섭하지 않는다. 하지만 하프라이프 알릭스는 무조건 게임 측에서 제공하는 아바타를 사용해야 한다. 게임 안에서 요구되는 여러 상호작용과 몰입감 형성에 해당 아바타의 시각적 형태가 필수적이기 때문이다. 가상 현실에서 아바타가 해당 개인의 특성을 온전히 반영하는 것과 동일한 경로로, 특정한 외견으로 디자인된 아바타는 그 아바타를 사용하는 사람에게 다양한 영향을 미친다.

대중 매체에서 '죄수와 간부 실험' 등의 이름으로 종종 등장하는 스탠퍼드 감옥 실험에서 이와 유사한 현상을 확인할 수 있다. 1971년, 스탠퍼드 대학교의 심리학과 교수 필립 짐바르도Philip George Zimbardo의 주도로 이루어진 이 실험은 폐쇄적인 환경에서 지위와 역할이 사람들의 행동에 미치는 영향을 극단적으로 확인할 수 있는 예시였다. 가상 현실에는 그와 같은 폐쇄성이 존재하지 않지만, 공간 속의 모든 요소를 조형하는 기술은 플레이어의 아바타와 역할에 강화된 개연성을 부여한다. 스탠퍼드 대학교 감옥 실험에서 간수와 죄수의 역할을 구분하는 외견은 복장이었지만, VR의 아바타는 그보다 넓은 가변 범위를 가진다. 그래서 하프라이프 알릭스와 같이 사용자가 게임 속 등장인물로서 줄거리를 형성하는 게임은 더욱더 게임 속 세계관을 합리적인 체계 위에 구축해야 한다.

하프라이프 알릭스는 2020년 발매된 게임들 가운데 가장 높은 대중 평가를 받은 게임이었으며, VR 기술의 가능성을 극한까지 보여줬던 큰 도약이었다. 그래도 그것이 우리가 VR에서 추구할 유일한 방향성임을 의미하지는 않는다. 하프라이프 알릭스는 이전의 1인용 PC/콘솔 게임의 전형을 VR에 잘 이식한 게임이다. 이 새로운 플랫폼으로의 시도는 아주 성공적이었지만, 그 본질은 이전 매체의 게임에서 크게 벗어나지 못했다.

PC와 콘솔과 같이 기존의 모든 매체에서 게임은 플레이어에게 플레이 시간 동안 끊임없이 키보드와 마우스를 조작하며 빠르게 자극에 반응할 것을 요구한다. 게임은 영상물이나 책과 달리 사용자의 직접적인 상호작용으로 진행되며, 그것은 게임의 고유한 특성이다. 반면 VR 환경에서 컨트롤러란 근본적으로 플레이어의 신체이기 때문에, 수 시간을 연달아 움직이기를 강제할 수 없다. 플레이어의 체력은 레벨을 올려 늘릴 수 있는 데이터상의 수치가 아니기 때문이다.

하프라이프 알릭스는 분명 VR 콘솔 게임으로 성공을 이루었지만, 장기적인 시각에서 VR 사용자 수가 증가하면, 대규모 다중 사용자 온라인 롤플레잉 게임Massive Multiplayer Online Role Playing Game, 이하 MMORPG이 VR 환경에서 최고의 전성기를 맞는 장르가 될 것이다. 필자들 또한 가상 현실 게임 개발자의 한 사람으로서, 이 장르가 추구해야 할 방향성과 그 잠재적인 기대 효과를 다뤄 볼 것이다. 그리고 조금 앞서 말하자면, 이 영역이 앞 장에서 이야기한 공적 공간에 대한 월드 커미션 수요를 수용하는 부분이다.

롤플레잉은 가상 현실의 본질적인 요소이다. 현실의 존재 이외의 모습으로 자신을 표현하며, 이를 뒷받침하는 비현실의 공간과 그것이 수용되는 문화적 배경 위에서 제공되는 체계적인 세계관은 그것에 강력한 정신적 토대를 마련한다. VR챗의 초기 유행을 이끌었던 너클즈도 롤플레잉의 일종이었다. 가상 현실에서 사람들은 외부에서 제공되는 콘텐츠가 없어도 그러한 문화를 만들어 왔다. 이러한 열린 시장에서 실력 있는 게임 제작자에 의해 설계된 롤플레잉 소재가 체계적으로 구성된 게임 시스템의 형태로 제공되었을 때 다가올 파란을 이야기해 보자.

가상 현실에서 고품질의 MMORPG를 개발하기 위해서는 크게 세 가지 요건을 충족해야 한다. 이는 높은 자유도, 비전투 요소, 체계적인 세계관이다. 하프라이프 알릭스는 플레이어가 직접 손에 들고 만질 수 있는 물체가 게임 플레이에 필수적인 것들에만 한정되지 않는다. 화이트보드 펜을 주워 유리창에 글씨를 쓰고 지우개로 지울 수 있으며, 철 캐비넷이나 문의 손잡이를 잡아당겨 열거나 닫을 수 있다. 쓰레기통 뚜껑을 열어 안에 들어 있는 물체를 뒤지거나, 유리창을 부수고 문을 막고 있는 물체를 치워 진입로를 확보해야 한다. 물론 마우스 클릭과 같은 트리거가 존재하는 것이 아니라 플레이어가 직접 자신의 손을 사용해야 한다. 그 외에도 레버를 조작하고, 팔에 주사기를 꽂고, 심지어 총이나 탄창을 적에게 던질 수도 있다.

하지만 가상 현실의 물체는 근본적으로 가상의 물체이기 때문에, 플레이어와 물리적으로 상호작용할 수 없다. 벽 안쪽으로도 손을 뻗을 수 있고, 물체를 만져도 그 물리적인 형태를 느낄 수는 없다. 예를 들어, 하프라이프 알릭스에서 굴러다니는 빈 캔을 주워 손에 들어도 우리는 이 캔의 물리적인 형태를 촉감으로 느낄 수 없다. 현실의 플레이어가 손에 들고 있는 것은 컨트롤러뿐이기 때문이다. 이를 보완하기 위해 이 게임은 다른 관점에서의 해결책을 추구했는데, 이는 캔의 실제 물리적인 형태를 촉감으로 제공하는 것이 아니라, 플레이어가 손을 움켜쥐는 정도에 따라 캔이 찌그러지도록 설정한 것이었다. 이때는 손을 움켜쥘 수 있는 것에 나름의 시각적 설명이 제공된다.

이러한 높은 자유도는 이전의 그 어떤 게임보다 높은 LoD 설정을 요구한다. LoD는 레벨 오브 디테일Level Of Detail의 약자인데, 이는 게임 최적화 과정에서 물체와 플레이어 사이의 거리에 따라 물체의 렌더링 수준을 조절하는 것이다. 예를 들어 알루미늄 캔을 게임 속에서 구현할 때, 곡선은 일반적으로 렌더링에 어려움이 있어 각기둥의 형태로 캔의 3D 모델을 제작한다. 이때 육각기둥보다는 육십 각기둥이 시각적으로 원통에 더 가깝게 보이지만, 모서리 수가 많을수록 렌더링에 더 오랜 시간이 걸린다. 그래서 렌더링 시간과 정교함 사이에서 일정한 균형을 맞추기 위해 캔이 플레이어에게 가까이 있을 때는 모서리 수가 더 많은 모델로 이를 렌더링하고, 반대로 캔이 멀리 있어 잘 보이지 않을 때는 낮은 폴리곤 수나 저화질의 텍스처 모델을 렌더링하는 기법이 LoD이다.

일반적인 PC 게임의 LoD 설정에서 가장 고품질의 모델은 물체가 플레이어에게 1미터 내외로 접근하였을 때를 기준으로 디자인된다. 반면 VR

환경에서는 사용자가 직접 주변에 있는 물체를 주워 자기 손에 들고 조작하거나, 바닥에 앉거나 벽에 기대는 경우 물체와 플레이어 사이의 거리가 수 센티미터 수준으로 가까워진다. 그래서 이러한 초근접 상황에 맞춰 LoD를 설정해야 한다. 이는 가상 현실이 현실과 구분되지 않을 수 있도록 하는데 가장 큰 영향을 주는 요소이다. 잘 활용하면 차가운 음료가 담긴 컵의 벽면에 맺힌 물방울이 흘러내리며 빛을 반사하는 모습이나, 병 속에 가둔 반딧불이의 날개가 움직이는 모습 하나하나까지 시각적으로 구현하는 것이 가능하다.

VR 체험관과 같이 단시간에 많은 상호작용을 제공해야 할 때는 플레이어에게 끊임없이 신체를 움직일 것을 유도할 수도 있지만, 이는 장시간 플레이를 유도해야 할 MMORPG가 취할 접근법은 아니다. VR의 MMORPG는 기존 플랫폼의 게임이 제공했던 것보다 많은 플레이타임을 비전투 요소로 유도할 수 있어야 한다. 그리고 이때 확장될 비전투 요소는 플레이어 간 소통에 있다. 그것이 게임에서 제공되는 콘텐츠에 몰두하지 않고도 시간을 보내는 가장 적절한 방법이기 때문이다.

가상 현실에서 의사소통은 아주 중요한 구성요소이다. 이 책에서 다루고 있는 VR챗은 실질적으로는 게임이 아님에도 불구하고 스팀 VR 게임 시장에서 가장 높은 실시간 사용자 수를 보유한다. 가상 현실에서 MMORPG는 이 커뮤니케이션의 장에 공통의 관심사를 제공하는 역할에 가깝다. 오히려 가상 현실에서 멀티플레이 게임의 본질은 사용자 간의 상호작용에 있다.

PC 환경에서도 MMORPG는 플레이어 사이의 상호작용을 제각각의 형태로 유도해 왔다. 이는 상황에 따라 주 콘텐츠의 일부이기도 했는데, 리니지와 같이 공성전 개념이 잘 성립된 게임이 그 예이다. 유사한 사례로는 SF 우주 문명을 배경으로 하는 이브 온라인EVE Online이 있다. 2018년에 개봉한 영화 〈레디플레이어 원〉도 리니지의 바츠 해방전쟁이나 이브 온라인의 B-R5RB 전투[2]와 같이, 사용자 집단 사이에서 발발한 대규모 플레이어 대 플레이어Player Versus Player, PVP 전투를 다뤘다. 공성전을 중요시하는 MMORPG에서 이러한 요소는 조금 비약적으로 표현하자면 회사의 돈줄이다. 게임 내 집단에 소속감을 느끼는 사람이 곧 게임 내 시장에서 현금을 사용할 가능성이 큰 사람이며, 게임 내 자산의 현금 가치를 높게 평가되도록 하는 요인이 되기 때문이다. 이러한 대규모 인게임 사용자 그룹 시스템이 없는 게임에서도 사용자 간 의사소통은 버릴 수 없는 요소로 다루어졌다.

그림 39 │ B-R5RB 전투 당시의 인게임 사진

---

2 이브 온라인의 B-R5RB 항성계에서 다국적 플레이어 그룹인 CFC와 러시아 국적의 플레이어 그룹이 해당 지역을 점령하던 다국적 그룹 N3PL을 공격하여 발발한 전쟁. 7,548명이 참전하여 약 30~33만 달러 가치의 손실이 발생했다. 〈BBC 뉴스〉와 〈허핑턴포스트〉에서도 이를 보도했다.

2020 애플 디자인 어워즈2020 Apple Design Awards, SXSW 게이밍 어워즈SXSW Gaming Awards, 국제 모바일 게이밍 어워즈International Mobile Gaming Awards를 수상했으며 메타크리틱Metacritic 80점대의 평가를 받은 2020 최고의 소셜네트워크 모바일 RPG 'Sky: 빛의 아이들Sky: Children Of The Light'은 이러한 인게임 커뮤니케이션을 아주 효과적으로 활용한 예시이다. 이 게임에는 다른 유저들과 커뮤니케이션하기 위해 마련된 특정 장소들이 있는데, 그곳에서 다른 사람과 채팅하려면 인게임 아이템인 양초를 사용해야 한다. 이 양초에 불이 붙어 있는 동안에만 다른 사람과 채팅할 수 있는데, 그 지속시간은 수십 초밖에 되지 않는다. 그래서 사용자는 이를 계속해서 소모해야만 하며, 이 양초와 관련된 여러 아이템은 매출의 큰 부분을 차지한다. 다른 사람과의 소통에서 취할 수 있는 행동도 구매해야 하는 아이템으로 취급된다.

'Sky: 빛의 아이들'이 이처럼 성공할 수 있었던 이유는 예술성에 있다. 끝없이 새로운 자극을 추구하지 않아도 그저 시간을 보내고 싶은 공간을 제공하는 것, 그 위에서 사용자 간 상호작용이 이 예술의 공간에 다른 사람과 함께하고 있다는 느낌을 준다면 더할 나위 없다. 특히 'Sky: 빛의 아이들'로 계승된 전작 여정Journey의 소통 모델은 채팅 기능조차 포함하지 않았지만 다른 플레이어와의 유대감을 형성하는 데에는 부족함이 없었다.

그리고 마지막 요건인 게임 속 세계관은 앞서 이야기한 요소들의 구현에 일관성을 부여하며 작품성을 추구한다. 우리가 현실의 우리를 이 지구 위의 특정 국가, 지역, 성별, 나이, 직위 등으로 정의하는 것과 마찬가지로, 플레이어가 게임 속의 등장인물에 이입하기 위해서는 합리적 체계를 가진 세계관의 설정이 필요하다. 특히 화면 밖에서 캐릭터를 바라보는 관점이 아니라, VR 속에서의 자신을 정의하는 요건으로 아바타를 인지하는 관점에서 이는 이전의 그 어떠한 매체에서보다 높은 중요도를 갖는다.

이러한 세계관의 구성은 굳이 전통적 MMORPG의 전형을 따를 필요가 없다. 화면 구성의 제약이 존재하지 않으며, 상호작용의 자유도가 현실의 공간과 다를 바 없는 환경에서 게임이 필연적으로 전투를 포함할 이유는 없다. 전통적 매체의 1인칭 구성은 액션에 치중된 구성으로 말초적인 자극을 유도하는 것을 목표로 했지만, 키보드와 마우스로 게임을 즐기는 관점과 게임 속의 등장인물로서 가상 현실에 던져지는 것은 서로 다른 작품성을 요구한다.

게임이란 근원적으로 우리가 이전에 소설이나 연극의 형태로 만들어 오던 창작물을, 불특정 개인이 상호작용 가능한 형태로 가공한 기술의 결정체이다. 현실에서의 삶을 떠올려 보라. 우리의 주변 환경을 구성하는 수많은 흔한 물건, 책상이나 의자, 침대와 같은 가구부터 캔이나 컵, 접시, 자전거나 자동차와 같은 이동 수단, 액화된 수증기가 하늘에서 내리는 기상 현상인 비, 구름과 바람의 흐름까지 우리가 그 어떠한 의심 없이 받아들여 온 모든 대상은 사실 우리를 묘사하는 가장 중요한 요소이다. 캔의 겉면 로고 디자인에는 기업을 중심으로 하는 우리의 산업 구조가 담겨 있고, 이동 수단의 존재는 도로가 있음을 시사하며 대기의 움직임은 우리 행성의 물리적 특성을 내포하고 있다.

가상 현실에서 추구되는 세계관은 이 모든 요소에 비현실의 일관성을 부여한다. 길거리를 굴러다니는 쓰레기부터, 대지에 자라는 생물군까지 모든 대상을 눈앞에서 바라보고 관찰할 자유도를 제공하는 기술은 그리하여 창조된 공간에 생동감을 부여한다. 그러한 세계관 속에서 플레이어가 자신을 정의하는 요소가 되는 아바타의 조화가 작품성의 최고조에 있을 때, 우리는 가장 완벽한 가상 현실의 롤플레잉 게임을 만들어낼 수 있을 것이다.

현재 VR챗의 월드 커미션을 중심으로 하는 가상 현실 공간에 대한 개인적 수요는 주로 특정 개인이 자신의 원하는 공간을 가상 현실로 구현하기 위해 제작을 주문하는 형태였다. 가상 현실의 MMORPG는 그에 앞서 불특정 다수의 사람에게 두루 선호되는 공간을 제작하여 배포할 수 있다. 이를 통해 일반 사용자가 가상 현실에서 부족함을 느낄 여유를 주지 않는 것이다.

콘솔 게임 니어 오토마타의 한 장면을 배경으로 하는 VR챗 월드 니어 오토마타 플라워즈Nier Automata Flowers는 수년이 지나도 여전히 많은 사람이 시간을 보내는 공간으로 남았다. 수많은 게임 가운데 니어 오토마타의 월드만이 이렇게 유명한 이유는, 그 공간이 원래 니어 오토마타에서 게임 플레이를 끝낸 사람이 여운을 즐기며 시간을 보낼 수 있도록 설계된 공간이었기 때문일 것이다. 이 작품에서 이 공간은 아주 많은 의미가 있다. 같은 세계관을 공유하는 전작 니어 레플리칸트Nier Replicant에 등장하여 니어 오토마타에도 조연으로 등장하는 에밀Emil이 두 작품 사이의 줄거리를 이야기하는 공간이며, 니어 레플리칸트 전체 줄거리의 중심이 되었던 은백색의 꽃, 달의 눈물Lunar Tear이 피어 있는 곳이다.

니어Nier 시리즈의 세계관은 마치 장편소설과 같은 줄거리가 있어서, 니어 오토마타의 흥행 이후에는 작품의 뒷이야기를 다룬 연극 〈요르하〉와 소설 〈소년 요르하〉가 출시되기도 했다. 만약 니어 오토마타의 후속작이 VR RPG로 출시되었다면, VR챗에서만큼이나 사람들이 게임에 지쳐 휴식을 취할 때, 이곳 달의 눈물 사이에 누워 있는 것을 볼 수 있었을 것이다.

가상 현실의 MMORPG는 현실이 아닌, 가상 그 자체로 완전한 세계를 제공한다는 데 의미가 있다. 줄거리와 세계관을 추구하며 다른 사람과 교류하고, 적절한 콘텐츠와 휴식까지 더해 작품 속에서의 삶을 이룬다. 이는 MMORPG라는 장르가 처음 PC 환경에서 탄생했을 때부터 게임 개발자들의 영원한 바람이었다.

이전의 모든 예술 작품은 우리의 감각 중 일부를 그 작품의 매체에 맞는 형태의 기술로 자극하며 다양한 감정을 불러일으킬 수 있었다. 명화는 우리에게 시각적 자극을 제공하고, 음악은 청각적 자극을, 그리고 뮤지컬이나 영화는 그 두 가지에 서사를 담았다. 그러한 자극이 무언가의 말로 형용할 수 없는 예술성을 내포할 때, 우리는 작품에 빠져든다. VR을 통해서라면 실제로 작품 속으로, 작가가 그려낸 세계로 걸어 들어갈 수 있다. 현실과 물리의 한계를 넘어, 그래픽의 문화가 만들어 낸 핍진성[3]을 갖춘 그 세계는 그 자체로 작품이 된다.

---

3 개연성과 유사한 개념이나, 개연성이 현실의 사실관계를 바탕으로 하는 것과 달리 핍진성은 문학 작품에서 작가가 설정한 임의의 사실관계를 바탕으로 하는 인과의 합리성을 지칭한다.

CHAPTER 5

현실 문화의 종말과 가상 현실의 사회

가상 현실의 대중화_
상품들의 경제적 가치에 관한
사고방식이 바뀐다

고립된 문화는 그 특성이 대중의 시각에서 보기에 일부 극단적인 면을 가진다. 반대로 말하자면 과도하게 대중적인 문화는 곧 고유한 특성이 부족하다는 것으로 생각할 수 있다. 그러한 경향이 그것이 그저 평범하다는 것을 의미하는 것은 아니다. 유튜브에서 전 세계 어느 국가를 막론하고 열광적인 인기를 끌고 있는 '데일리 도즈 오브 인터넷Daily Dose Of Internet'이라는 채널이 있다. 이 채널은 고양이 우는 소리를 내는 강아지나 컴퓨터 모양으로 만든 케이크와 같이 인터넷에 돌아다니는 재미있는 영상들을 모아 편집한 영상을 업로드한다. 구독자가 1,000만 명이 넘는 이 채널은 영상마다 수백만 회의 조회 수를 얻는 아주 성공한 채널이지만, 그 콘텐츠는 인터넷 어디에서나 운이 좋으면 한 번쯤 구경할 만한 것들을 모아 놓은 것에 불과하다. 그래서 이를 모방한 채널도 우후죽순 생겨났다. 그렇다고 하더라도 그 어느 채널도 이 채널의 인기에는 근접하지 못했다. 이 채널만이 가진 경쟁력은 영상 클립의 선정에 있다. 이 채널의 제작자는 인터넷을 떠도는 수많은 영상 중 어느 것이 가장 최대 다수의 흥미를 끄는 데 적합할지를 예상하는 특별한 능력이 있다.

가상 현실과 인공지능 문화에 있어서 앞으로의 가장 큰 변화 요인은 그것이 이전에 고립된 성장 과정에서 겪었던 대중적이지 못한 감성으로의 편향이 보편적 정서에 희석될 가능성에 있다. 하지만 이 문화가 대중문화의 영역으로 확산하며 겪을 문화적 현지화가 가상 현실 문화의 근간을 훼손할 정도로 강력하리라고 생각하기는 어렵다. 모든 문화의 전파가 그러하듯 그 문화의 고유한 정서가 기존에 존재하던 문화와의 경쟁에서 승리하였기에 그 영향권이 확대되는 것이다. 코카콜라는 소련에 수출되어도 여전히 자본주의의 색채를 가진 코카콜라였다. 그리고 그것이 문화의 경쟁에서 완벽한 승리를 쟁취했기에 코카콜라는 소련이 붕괴하는 날까지 그 자리에 건재했다.

가상 현실이 대중문화에 녹아들며 곧 그것이 기술의 발달로 인해 우리의 현실로까지 영향력을 확대하는 과정에서 가상 현실의 문화는 고유의 특성을 유지한 채로 우리의 현실을 침식한다. 침식이라는 표현을 사용하면 다소 부정적인 느낌을 불러일으킬 수 있는데, 그것이 단순히 표현에서 오는 거부감만은 아닐 것이다. 가상 현실에서 현실보다 많은 시간을 보내며 생활하는 사람들의 존재는 간혹 우리가 이전에 논의하던 게임 중독이나 인터넷 중독과 같은 종류의 것으로 인식되어 경각심을 불러일으키곤 한다. 그것은 기존에 현실을 기반으로 한 우리의 생활에 자연스럽게 내재하던 '현실 문화가 새로이 등장한 가상 현실 문화와 경쟁하는 상황에서 나타나는 정서적 반응이다.

우리는 우리가 지각을 가진 이래로 현실에서 평생을 보내 왔고, 내면화하고 있는 현실 문화가 무엇인지, 혹은 그것이 존재하는지조차 의문을 가지지 않아 왔다. 이제 본격적으로 우리가 현실의 틀에서 벗어나려고 하는 시점에 그러한 현실 문화는 변화를 겪기 이전의 시점에서 먼저 분석할 필요가 있다. 그래야 가상 현실 문화의 확산이 밀어낼 현실 문화의 일부분이 어떠한 것들이었는지 기억할 수 있다.

　'세컨드 라이프Second Life'의 실패에서 우리가 알 수 있었던 것도 그러한 현실 문화와 가상 현실 문화의 괴리였다. 현실 문화의 가장 큰 근간은 그것이 물질 중심적이라는 것이다. 현실이란, 곧 물리 법칙이 존재하고 물질의 상호작용으로 성립하는 공간이기 때문에 그것이 물질적인 문화를 내포하고 있음은 필연적이다. 현실에서 물질 자산은 소유자의 생활 수준, 지위 등을 대표하는 소재이기도 하다.

　반면 가상 현실에서 요구되는 물질적 자산은 그 가상 현실을 구현하기 위해 사용된 기술적인 장치에 한정된다. 이는 어느 수준의 가상 현실을 달성하고 이를 유지하는데 필요한 조건일 뿐, 경쟁력을 가지지 않는다.

　현실과 가상의 경계에 서 있는 이 예시를 제외하면, 가상 현실에서 표현되는 모든 물질은 그것이 현실 문화에서 갖는 특성을 제공하지 않는다. 따라서 가상 현실은 우리가 현실에서 갖는 금전적 물질에 대한 열망을 충족시켜주지 않는다. 분명 가상 현실 속에는 뉴욕 시내가 내려다보이는 아파트도 있고, 수십억 원 대의 요트를 가질 수도 있지만, 그것이 현실에서 가지는 금전적 가치를 제공하지는 않는다. 이는 가상 현실에서 오랜 시간을 살아본 적이 없는 사람이 미래의 가상 현실을 상상할 때 주로 떠올리는 요소이다.

개인 별장과 스포츠카, 순금 실내 장식과 같은 것들은 물론 지금의 가상 현실에도 널려 있다. 하지만 가상 현실에서 그러한 것들을 소유하는 것이 현실의 물질을 소유하는 감흥을 주지는 않는다. 아무리 3차원 그래픽으로 실제 같은 지폐 다발을 만들어도 그것으로 현실의 물건을 거래할 수 없으며, 가상 현실의 명품 시계 모델을 받아주는 전당포는 없다. 만약 그런 경험이 궁금하다면 욕조에 지폐를 가득 담아 놓은 3D 모델이 인터넷에 흔히 있으니 가상 현실에서 들어가 앉아 볼 수 있다. 단언컨대 아무런 감흥도 느껴지지 않는다.

　이러한 요소들은 가상 현실에서 특별히 선호되지 않는다. 그것에 별다른 이유를 찾을 필요는 없다. 가상 현실에 무언가 계기가 있어서 그러한 현실의 물질적 선호가 발생하지 않는다기보다, 현실에 있는 물질적 가치의 발생과 변화에 관한 메커니즘이 가상 현실에서는 존재하지 않기 때문에 생기는 경향이다. 이는 2000년대 초반 가상 현실의 중심 사례로 중등

그림 40 　자쿠토(Jakyouto)가 제작한 저스트 머니(Just Money!!)

교과서에도 실릴 만큼 세계적으로 유명했던 세컨드 라이프https://secondlife. com가 실패할 수밖에 없었던 가장 근원적인 이유이기도 하다.

현실의 재화에 대한 경제적 가치는 대체로 충분한 수요가 존재하는 상한선까지 높아진다. 그리고 높아진 경제적 가치는 마치 그것이 대상의 실제 가치와 동등한 것처럼 여겨진다. 그러한 물질적 대상에 대한 선호가 감소하면 그것의 수요 또한 감소하고, 이는 결국 경제적 가치의 감소로 이어진다. 그러나 그것이 실제 가치의 감소를 의미하는 것은 아니다. 경제적 가치의 본질은 경제 주체들 사이에서 공유되는 무형의 상호 동의에 있다. 그래서 우리는 실존하지 않는 대상에도 엄청난 경제적 가치를 부과할 수 있다. 비트코인과 같은 암호화폐가 아주 적절한 예시이다.

비트코인은 현실의 화폐가 금과 직접 교환될 수 있음을 전제로 하여 발생한 개념인 것과 달리, 아무것도 담보로 하고 있지 않다. 심지어 그것의 경제적 가치는 순간순간마다 큰 폭으로 변동하기 때문에 맨 처음에 의도했던 결제 수단으로 사용하기에도 부적합하다. 주식이 해당 기업의 소유권에 대응되며 기업의 이익을 분배받을 수 있는 자산인 것과 달리, 비트코인은 그 어떠한 본질적인 가치가 없다.

가상 현실 문화의 확산은 그러한 경제적 가치에 대한 암묵적 동의에 관심을 가지지 않는 경향의 확산을 의미한다. 비트코인의 종말은 그것의 채굴이 끝나는 날이 아니라, 그것이 사람들의 기억 속에서 잊히는 때에 있다. 기억하지 못하는 경제적 가치에 대한 동의는 성립하지 않고, 비트코인의 가격은 0원으로 수렴한다. 이러한 가상 현실 문화의 경향은 모든 자산의 가치를 0원으로 만들지는 않겠지만, 베블런재[1]의 발달을 저해한다.

가상 현실과 현실의 경계가 희미해져 갈수록 그러한 경향은 지배적으로 나타난다. 그것은 현실에서 아주 높은 경제적 가치가 있는 대상이 가상 현실에서는 아주 낮은 비용으로 제공되기에 굳이 그 경험을 현실로 만들기 위해서 현실에서 엄청난 비용을 낼 용의가 나타나지 않는 것으로 해석할 수도 있다. 그러나 이는 현실 경제의 시각에서 굳이 이유를 달아 그럴싸한 논리를 만든 것에 가깝다. 오히려 가상 현실의 배경에서 표현되는 가치에 대한 선호가 현실의 물질에 대한 열망이 발달하는 것을 저해하기 때문에 그런 높은 경제적 가치에 대한 동의가 발생하지 않는 것이다.

삶의 일부분이 되어 가는 가상 현실이 주는 만족감은 현실의 물질적 관심에서 시선을 돌리는 계기가 된다. 극단적인 창작물에서는 이러한 현상을 VR기기에 연결된 채로 약물에 의존해 현실에서 도피한 채로 살아가는 것으로 묘사하기도 하지만, 실제 우리가 지금 경험하고 있는 가상 현실 문화는 현실을 배제하고 도피하기 위한 것이 아니다. 가상 현실은 현실에 무언가를 더해주는 수단일 뿐, 그것이 현실을 대체하지는 않는다.

차라리 좀 더 이치에 맞는 이유를 찾자면, 현실에서 높은 가치가 있는 상품과 유사한 낮은 가격의 상품 사이에 그 가격만큼의 차이가 존재하지는 않는다. 가격이 100배 차이 나는 고급 와인이 꼭 100배의 만족감을 주는 것은 아니다. 2배 비싼 자동차가 2배의 만족감을 주지도 않고, 최대 속도

---

1 Veblen Goods. 재화의 일종으로, 가격이 증가함에 따라 수요가 증가하는 것. 사치재의 일종으로 볼 수도 있다.

가 2배일 리도 없다. 그 약간의 미묘한 차이에 대해 엄청난 경제적 가치가 발생하는 것은 시장이 그리 다양하지 않기 때문이다. 다양한 가격대에 수많은 포도주가 존재하지만 결국 그것은 포도로 만든 음료일 뿐이다. 만약 지구의 포도와, 우리 은하의 모든 거주 가능한 행성에서 자라는 포도 같은 생물과, 와인 비슷한 수많은 음료가 같이 시장에 등장한다면, 고급 와인과 평범한 와인의 차이는 그 가격 차에 비해 아주 사소한 것으로 여겨질 것이다. 그냥 취향에 맞는 것을 찾아 마시면 될 뿐이다. 가상 현실의 문화는 그러한 다양성을 제공한다. 이것을 증명하다시피 하는 예시가 이미 가상 현실에 존재하는데, 그것은 역시 아바타의 외형이다.

대중문화에서 우리의 외모지상주의는 상당히 획일적인 기준을 가진다. 만약 세컨드 라이프를 만들었던 시절의 사고방식을 적용한다면 모든 사람이 유명한 연예인을 모방하는 외모의 아바타를 사용할 것으로 예측할 것이다. 많은 사람은 현실에서 그러한 특성을 동경하며, 때로는 그 미묘한 차이를 위해 성형수술에 엄청난 비용을 내는 일도 있기 때문이다. 그래서 세컨드 라이프의 아바타는 현실의 인물을 모방해서 만들어졌다. 하지만 실제로 가상 현실이 크게 발달한 후로 VR챗에서는 그러한 경향이 나타나지 않았다. 일단 사람의 형태를 하지 않은 아바타가 큰 부분을 차지하며, 사람의 형태를 한 아바타도 그러한 현실에서의 선호를 따르지 않는다. 그것을 뭐라 현실의 용어로 표현하는 것은 불가능할지도 모른다. 그냥 이전의 현실 문화에서는 존재하지 않았던 것이다.

가상 현실 문화가 확산하며 상품의 경제적 가치에 관한 사고방식이 변화하면 결국 기존의 시장에서 앞으로 계속해서 안정적으로 존재할 수 있는 것들은 생활에 직접적인 영향을 미치는 상품이다. 사회적 지위나 과시를 위한 시장은 축소되고, 현실에서의 생활을 정의하는 요소가 소비자의 다양한 취향에 따라 발달하는 것만이 남는다. 그리고 그러한 만족스러운 생활 수준을 달성하기 위한 비용은 그리 극단적으로 높아질 이유가 없기에, 절대적인 부에 대한 선호 또한 감소할 것이다.

국경의 소멸_
가상 현실에서 국적은
의미를 갖지 않는다

우리 사회를 지탱하는 가장 중요한 가치가 무엇인가를 묻는다면 필자들은 그것이 신뢰와 공감이라고 생각한다. 우리는 다른 사람의 감정에 공감할 수 있기에 구태여 타인에게 피해를 주는 일을 나서서 하려고 하지 않는다. 다른 사람 또한 그러한 사고방식을 가지고 있음을 신뢰할 수 있기에 우리의 일상이 평화롭기를 기대할 수 있다. 하지만 우리는 모두 제각기 다른 경제적 상황, 학력, 재능, 성격이 있으며 때때로 자기 경험으로는 이해할 수 없는 사람을 만나기도 한다. 이해할 수 없다는 것은 공감할 수 없다는 것이기도 하며, 혹은 각자의 이익을 위해 고의로 공감하기를 포기하기도 한다. 대부분은 자신과 다른 계층으로 분류되는 사람에 대해 잘 모르기 때문에 공감하지 못하는 때가 많다. 그러한 경우에는 종종 사실과 차이가 있는 오해가 생기기 마련이다. 그리고 이 공감의 결핍이 특정 계층을 향하게 되면, 그것은 차별이 된다.

미국을 비롯해 다양한 인종이 공존하는 국가는 아직 역사 속으로 사라지지 않은 인종 차별에 지금도 평등을 위한 싸움을 계속하고 있다. 반면 한국과 같이 외국인의 비중이 크지 않으며, 거의 단일 인종으로 구성된 국가는 그런 문제가 드러나지 않는 것으로 보인다. 사실 그것은 문제의 빈도와 파장이 미약하여 우리 사회의 표면으로 떠오르지 않는 것일 뿐, 문제가 없는 것은 아니다. 오히려 우리는 그러한 격렬한 차별과 평등의 싸움을 겪지 않았기에 문제의 해결에서 훨씬 뒤처져 있으며, 그저 문제에서 눈을 돌리고 있을 뿐이다. 문제를 문제로서 바라보는 것은 분쟁의 시작일지도 모르지만, 그것을 겪지 않고서는 아무것도 시작되지 않는다.

차별의 가장 근원적인 배경에는 구분이 있다. 그리고 그것이 치명적인 이유는 그것이 문제의 근원이라는 생각을 하지 않는 사람이 너무나도 많기 때문이다. 필자의 한 영국인 친구가 자신이 한국에서 살며 겪은 일을 이야기한 적이 있다. 그것을 들으며 필자가 가장 안타까웠던 점은 그의 이야기에 공감할 수 있는 사람이 과연 한국에서 몇 %나 있을지 상상하기 어려웠다는 것이다. 그는 한국 직장에서 몇 년간을 생활하였지만, 잠시나마 한국 사회의 일원이었다는 느낌은 받지 못했다고 말했다.

그 첫 번째 이유는, 자신이 만난 사람들이 모두 자신에게 영어를 쓰려고 노력했다는 것이다. 한국인들은 모두 정규 교육 과정에서 영어를 배우며, 우리는 모든 백인을 일단 미국인으로 생각하는 편향조차 있다. 우리에게 다른 인종은 모두 외국인으로 인식된다. 그 사람이 한국에서 태어나 한국 국적이 있거나 혼혈일 가능성은 일단 배제된 것이다. 그래서 상대방의 편의를 고려해서, 좀 더 좋은 표현을 쓰자면 배려하기 위해 영어를 사용한다. 그 배경에는 그 사람이 한국인이 아니라는 판단이 아주 당연한 것으로 되어있는 것이다. 그렇게 자신들과 다르다는 인식이 상대방에게는 소외감을 줄 수 있다는 점을 전혀 인식하고 있지 않다.

그것이 더욱 잘 느껴지는 경우는 외국인 1명이 여러 명의 한국인과 동시에 만나는 상황이다. 대부분 우리는 그러한 상황에서 한국인에게 말할 때는 한국어를 사용하고, 같이 있는 외국인에게만 따로 영어를 사용한다. 그리고 필요한 때에는 한국어 대화를 영어로 통역해 주곤 한다. 영어와 한국어 대화를 모두 이해하는 그 자리에 있는 한국인에게는 그 대화가 아무 문제없이 잘 흘러갈 수 있다. 하지만 그 자리에 있는 그 외국인은 나머지 한국인이 각자 이야기하는 내용을 이해하지 못하고, 그저 사이에 끼어있을 뿐이라는 소외감을 느끼게 된다. 그 중간에 번역하는 사람이 있다고 하더라도 모든 정보를 실시간으로 완벽히 전달할 수는 없으며, 그 역할을 맡은 사람이 전달할 필요가 있다고 판단되는 정보만을 선택적으로 받아들일 수밖에 없다. 이렇게는 어떠한 방법으로도 대등한 위치에서의 대화가 성립하지 못한다.

안타깝게도 우리는 그러한 상황에서 한 사람을 소외시키고 있다는 것을 잘 인식하지 못한다. 그것은 그저 미묘한 차이가 아니다. 우리는 그러한 아주 기초적이고 보편적인 소외감에도 공감하지 못할 정도로 다른 국적을 가진 사람에 대한 이해가 부족하고, 이는 소통의 결핍에서 비롯되어 있음을 알 수 있다. 이대로라면 한국 사회의 다원화는 영원히 불가능한 과제이다.

VR챗의 사람들은 조금 다른 경향을 보인다. 같이 이야기하는 사람 가운데 같은 모국어를 사용하는 사람이 많이 있더라도, 가능하다면 모두가 이해할 수 있는 하나의 언어만을 사용한다. 그것이 꼭 영어일 이유는 없다.

훨씬 앞에서 언급했던 것처럼 일본어일 수도 있고, 스페인어나, 때에 따라서 한국어인 경우도 종종 보인다. 그래서 가끔 재미있는 상황도 발생한다. 영어로 이야기하는 사람 사이에서 영어로 대화를 몇 시간이고 하던 도중에, 국적 이야기가 나온 후에야 서로가 모두 한국인이었다는 것을 알게 되는 때이다. 대부분 그러한 상황은 원래 영어를 사용한 계기가 된 그 영어권의 사람은 이미 그 자리를 떠난 후여서 더 영어를 사용할 필요가 없었음에도 이를 알아채지 못한 것이다. 이러한 현상은 당신이 상상하는 것보다 훨씬 빈번하게 발생한다.

이것은 VR챗 사용자 중에 다언어 사용자가 많기 때문이기도 하다. 그래도 영어를 잘하기 때문에 영어로 대화하는 것에 거리낌이 없는 것과 영어를 그리 완벽하게 구사하지 못하더라도 그 사이에 있는 한국어를 알아듣지 못하는 한 사람을 배려하기 위해 진심으로 온 힘을 다하는 것은 다르다. 필자의 한 한국인 친구는 그리 영어를 잘 구사하지 못하지만, 그래도 필자가 외국인들 사이에서 영어로 대화하고 있을 때면 나만 알아들어도 상관없는 내용까지 전부 영어로 말하려고 노력한다. 그것이 그 자리에 있는 한국어를 사용하지 못하는 사람들에 대한 배려이나.

반대로 한국어가 공용어로 사용되고 있을 때는 한국어에 능숙하지 않을 외국인을 위해 느긋하게 천천히 표준적인 한국어 발음을 사용하는 것이다. VR챗에서 영어권의 사람과 대화할 때면 그 사람이 나를 배려하기 위해 억양을 억제하고 알아듣기 쉬운 표현을 사용한다고 느낄 때가 있다. 그리고 내가 비표준어의 표현들도 대개 알아듣는다는 것을 간접적으로 알려주면 그러한 배려가 생략되는 것을 바로 알 수 있다. 그러나 현실을 살아가는 대부분의 한국인은 한국어를 사용할 때 외국어 사용자를 배려하지는 않는다. 그만큼 우리는 이 국제 사회에서 개인적인 관계를 형성하며 교류할 준비가 되어있지 않다.

가상 현실에 의해 탄생한 새로운 소통의 공간에서 우리는 이 행성 위의 모든 지역에 사는 사람들이 또 다른 곳의 누군가와 국적이나 인종, 성별과 나이를 떠올리지 않고 아바타를 마주하는 세상의 꿈을 꾼다. 우리가 앞서 와인에 대해 이야기했던 것처럼, 상상할 수 없는 다양한 삶을 살아온 사람을 만나며 그들의 이야기를 들을수록 그 제각각의 사람 사이의 구별은 점점 희미해져 간다.

필자들은 가상 현실의 공간 속에서 수많은 외국인과 만나지만, 그것이 굳이 외국인을 만나기 위한 노력이 포함된 무언가인 것은 아니다. 전 세계 인구 중에서 한국인이 차지하는 비중이 1% 정도이기에 가상 현실에서 한국인을 만날 가능성도 통계적으로 그와 유사한 것이다. 그리고 굳이 그들의 국적을 구분하진 않기 때문에 기억하는 모든 사람의 국적을 다 정확하게 알지는 못한다. 그러나 내가 나의 한 영국인 친구와 만나 대화를 나눈 것을 나는 영국인과 대화했다는 식으로 기억하지는 않는다. 종종 그 친구와 같이 아는 몇몇 지인들과 함께 시간을 보내곤 했는데, 그 친구의 국적이 영국인이라는 것은 필자가 그 친구들과 이야기하며 알게 된 그와 관련된 수많은 이야기 중 하나였다고 하는 것이 좀 더 정확하다.

한국인은 자신이 만난 사람이 한국인이었는지 외국인이었는지, 혹은 국적이 어디였는지는 아주 명확하게 구분하지만, 같은 한국인 사이에서는 그들이 대구에서 태어났는지, 부산에서 태어났는지 그리 명확하게 염두에 두지 않는다. 그리고 이는 우리 주변에서 내국인은 보편적이며 외국인은 소수의 존재여서 그들이 너무나도 눈에 띄기 때문일 것이다.

이는 그저 이 국가 내에서만 통용되는 관행이다. 가상 현실의 사람에게 국적의 구분은 한국인이 내국인의 출신 지역을 구분하는 수준의 것 그 이상도 이하도 아니다. 우리는 출신 지역을 구분해 봐야 이 좁은 한반도 위를 벗어나지 못한다. 가상 현실의 사람들도, 태어난 나라가 아무리 멀리 떨어져 있다 한들 드넓은 우주의 한 점에 불과한 이 행성 위를 벗어나지 못할 것이다. 우리의 시야는 지금으로선 그 정도가 최선이다.

수직 관계의 해체_
넥타이를 맨 고양이와
계약서에 찍힌 강아지 발자국

사람들은 종종 자신보다 나이가 어리거나 지위가 낮은 사람들을 낮춰 보는 경향이 있다. 그래서 자신이 연하라고 생각했던 사람이 사실 자신보다 연상이었다는 것을 알았을 때나, 혹은 그 반대일 때 무언가 속은 듯한 기분을 느끼곤 한다. 그것은 어쩌면 자신보다 인격적으로 뛰어난 사람이 자신보다 어리다는 것을 알고 자신이 그러한 사람이 되지 못한 것에 느끼는 열등감에서 비롯하는 것일 수도 있고, 혹은 상대방이 자신을 하대했던 것에 무의식적으로 순응했던 경험에 대한 배신감일 수도 있다.

가상 현실에서의 그러한 경험도 사실은 익숙해지는 것들의 하나이다. 아바타에 나이 표기는 있을 리 없고, 나이를 목소리로 구분할 수 있는 것도 아니다. 하지만 어쩌다 나이를 알게 된다 해도 이전의 태도가 변하거나 하는 일은 잘 일어나지 않는다. 우리는 그저 마주하고 있는 사람의 나이를 알게 되었을 뿐, 그것이 겨우 몇 초 전과 다른 사람을 마주하게 되었음을 의미하는 것은 아니다. 그리고 그것은 존칭이 잘 드러나지 않는 언어의 사용자 사이에선 그리 눈에 띄지 않는다.

　이것은 한국어와 같이 다양한 수준의 존칭을 사용하는 사람들에게 가상 현실의 인간관계가 얼마나 현실에서 느껴지지 않는 감상을 불러일으키는지 간접적으로나마 알게 되는 경험이 되기도 한다. 물론 그것도 그것에 완전히 익숙해져 자신이 그러한 경험을 했었는지조차 잊어버리기 전까지에 한정된 한순간의 무언가일 뿐이지만 말이다. 우리가 앞서 몇 번 언급한 적이 있는 유튜버 Syrmor의 영상에 나오는 그의 친구 조단Jordan은, 겨우 여덟 살이었지만 자신보다 몇 배나 긴 세월을 살았던 Syrmor과 좋은 친구가 될 수 있었다. 그가 Syrmor의 영상에서 했던 말들은 여전히 우리가 Syrmor의 영상들에서 느끼는 포근함을 담고 있다.

그림 41　조단, Syrmor의 유튜브 영상

Syrmor: If you could say one thing to everyone in the world, Jordan, what would it be(조단, 네가 이 세상 모두에게 단 한 마디를 전할 수 있다면,

어떤 이야기를 할래)?

Jordan: Ok, uh…. It would be… umm… If people hate you, don't hate them. Do good, die great(그래, 음, 그렇다면, 만약 사람들이 널 싫어하더라도 그들을 미워하진 마. 좋은 일을 하고, 멋지게 떠나는 거야).

현실에서 수직 관계에 있는 사람과의 의사소통에는 어떠한 암묵적인 금기가 존재한다. 예를 들어, 상사의 넥타이를 잡아당기면 안 된다거나, 연장자의 머리를 쓰다듬는 것은 적절하지 못한 행위라는 것이다. 이러한 것들은 굳이 이야기하지 않아도 누구나 그럴 것이라 생각하고 있을 것이다. 하지만 가상 현실의 의사소통은 그러한 불편함이 전혀 발생하지 않는다. 앞서 챕터2에서 우리는 VR을 사용하는 사람이 가상 현실 속에서의 이성 간 커뮤니케이션에서 현실의 그것과 같은 불편함이나 어색함을 느끼지 않는다고 이야기했다. 이는 이성 간의 관계에 한정되지 않는다. 좀 더 보편적으로는 가상 현실에서의 의사소통이 타인과의 거리감을 줄인다고 이야기할 수 있다.

사람들이 VR챗을 사용하는 이유는 그 가상 현실의 사람들 사이에서 시간을 보내기 위해서이다. 물론 그중에는 이미 아는 사람들도 있을 것이지만, 모르는 사람과 알게 되는 것이 가상 현실의 큰 즐거움이다. 그래서 처음 보는 사람과 쉽게 친해지기 위해서는 먼저 스스로가 누구나 쉽게 다가갈 수 있는 사람이 되는 것이 중요하다. 그러한 첫 대면에서 현실의 권위나 지위는 오히려 역효과를 낳는다. 대화를 시작하기도 전에 서로 대등한 위치에서 벗어나 있음을 규정하는 것이기 때문이다.

가상 현실에서 현실의 악수보다 훨씬 많이 사용되는 기본적인 인사는 서로 머리를 쓰다듬는 것이다. 물론 현실에서처럼 물리적으로 서로 손을 잡을 수 없어 악수가 불가능하지만, 굳이 악수를 못 할 이유는 없다. 다만 머리를 쓰다듬는 것이 국적을 불문하고 현실의 악수와 같은 기능을 한다. 이는 앞서 이야기한 팬텀 터치Phantom Touch가 머리 주위에서 주로 나타나는 경향과 관련성이 있는 것으로 보인다. 초면에 호감을 줄 수 있는 포근한 이미지의 아바타와 악수를 대신하여 머리를 쓰다듬는 것이 VR챗의 일상적인 분위기이다. 조금 현실과 차이가 있는 단편적인 예시만을 이야기하자니 상당히 이상하게 보일 수도 있는데, 익숙해지면 당신도 어느새 당연하게 여기게 될 것이다.

물론 친해지는 것이 목적이 아니라 가상 현실에서 현실의 현금이 관련된 이야기를 하거나, 굳이 돈이 연관되지 않아도 정보 교류를 위한 목적으로 타인을 처음 만날 때는 굳이 머리를 쓰다듬거나 하지는 않는다. 이러한 탈격식은 가상 현실에서 구성되는 다양한 형태의 사용자 그룹에서도 유지된다. 그것이 현금이 얽힌 큰 조직에서 어떠한 형태로 나타나는가는 이전 장에서 다룬 네오스 VR이 좋은 예시가 되었을 것이다.

현실의 사회관계에서 복장은 중요한 기능을 갖는다. 정장과 이름표, 특히 군대와 같이 수직적 상하관계가 중요시될 때는 계급에 따라 다른 복장을 착용한다. 물론 가상 현실에서 운영되는 회사나 그룹도 스태프와 일반 참가자를 구분하기 위해 명찰이나 복장을 사용하는 일은 흔하다. 현실에서 그러한 의상 요소는 그것을 착용하는 대상이 사람의 형태일 때 효과를 발휘하도록 설계되어 있다. 강아지가 정장을 착용한 모습이나, 고양이 목에 CEO 이름표가 걸린 것을 상상해 보라. 목에 방울 대신 CEO 이름표 달고 사장 책상에 앉아 있는 고양이에서 위엄이 느껴지는가? 네오스 VR의 CTO인 프룩시우스는 언제나 발바닥이 초록색으로 빛나는 늑대 수인 아바타를 사용하며, 네오스 VR은 VR챗에 비해 수인獸人 선호도가 높은 편이라 다른 본사 직원도 동물 형태의 아바타를 종종 사용한다.

즉, 이들은 회사에 정장을 안 입고 출근하는 정도가 아니라, 애초에 사람이 아닌 형태로 출근하는 것이다. 현실에서 '요즘 기업'이라 불리며 고전적인 딱딱한 회사 문화에서 탈피하려는 회사가 일으킨 대표적인 시도가 자유 복장이었다. 직책이나 존칭을 생략하기 위한 영어 닉네임 사용 등도 있었지만 자유 복장 규정은 겨우 몇 년 전까지만 해도 사회적으로 논란이 있던 급진적인 시도로 여겨졌다. 그러나 강아지 발바닥으로 악수하는 가상현실의 회사에서 자유 복장과 같은 개념은 떠올릴 필요도 없다.

이러한 회사 문화는 네오스 VR과 같은 VR 플랫폼뿐만 아니라 이후의 장에서 더욱 자세히 다룰 버츄얼 유튜버Vtuber 산업에서도 흔하다. 예를 들어, 커버Cover 주식회사의 대표 타니고 모토아키谷郷元昭가 해당 회사 소속 가상현실 아이돌 그룹인 홀로라이브Hololive의 팬들과 소속 구성원 사이에서 어떻게 대해지고 있는지를 볼 수 있다. 이름의 타니고를 한자로 다르게 읽으면 야고Yagoo가 되는데, 이를 별명처럼 사용하는 것이 사내에서 일상화되어 있다. 그의 사진의 합성물은 홀로라이브 콘텐츠에서도 거리낌 없이 등장한다. 그는 전 홀로라이브 구성원인 키류 쿄코의 마지막 방송에 종이 패널 아바타로 직접 출연하기도 했다. 이 방송에서 쿄코는 "사장이 없으면 스트레스를 풀 샌드백이 없어지기 때문에, 앞으로도 모두의 샌드백으로서 열심히 건강하게 있어 주세요."라고 이야기했다(그리고 물론 가상 현실에서 촬영된 방송이지만 몇 번이고 야고를 샌드백으로 사용했다). 한국의 아이돌 산업에서는 보기 힘든 일이지만, 홀로라이브에서 사장의 인식은 대충 이런 느낌이다.

그림 42 사장의 멱살을 잡은 키류 코코

사장 야고 본인도 사장이 얻어맞고 날아다니는 장난이 자신도 제일 재미있었다고 인터뷰에서 이야기하곤 했다. 그는 적어도 돈보다 자신의 회사 사람들이 행복한 것이 더 즐거운 사람이다. 홀로라이브는 일본뿐만 아니라 홀로라이브 EN영어권 국가, 홀로라이브 IN인도네시아 등 다국적 지부를 둔 버츄얼 유튜버 기업으로 이 업계에서는 니지산지Nijisanji와 함께 세계 최고의 위치에 있는 대기업이다. 소규모 신생기업 수준이 아니며 직급 체계가 있는 기업임에도 이러한 수평적 회사 문화가 형성되어 있다. 물론 이는 그의 훌륭한 인격적 성숙함과 통솔력이 권위적 상하 관계 없이도 큰 회사 집단을 운영할 수 있게 했기에 가능했던 일이다. 직위에 의한 권위 없이 많은 사람을 영리 목적으로 고용하고 운영하는 것은 정말 어렵다. 그것이 가상 현실 문화권의 회사에서는 현실보다 조금 더 보편화된 것이다.

사람들이 VR챗을 사용하는 이유는 그 가상 현실의 사람들 사이에서 시간을 보내기 위해서이다. 물론 그중에는 이미 아는 사람들도 있을 것이지만, 모르는 사람과 알게 되는 것이 가상 현실의 큰 즐거움이다. 그래서 처음 보는 사람과 쉽게 친해지기 위해서는 먼저 스스로가 누구나 쉽게 다가갈 수 있는 사람이 되는 것이 중요하다. 그러한 첫 대면에서 현실의 권위나 지위는 오히려 역효과를 낳는다. 대화를 시작하기도 전에 서로 대등한 위치에서 벗어나 있음을 규정하는 것이기 때문이다.

사회적 계층의 약화_
'그들'이 아닌
'그 사람'으로서의 우리

현실에서 우리는 각자 자신을 중심으로 하는 네트워크형 인간관계를 형성한다. 학생 시절에는 같은 지역에 사는 학생들과 같은 학교에서 수업을 듣는다. 비슷한 성적을 받은 학생들이 같은 대학에 진학하며 졸업 후에는 학과별로 대개 비슷한 직장에 취직한다. 취직 이후에는 같은 직장에서 비슷한 일을 하는 사람들과 비슷한 관심사를 공유하며 시간을 보낸다. 이처럼 현실의 인간관계는 주로 같은 카테고리로 분류되는 사람들의 모임으로 연결된다. 이는 직장, 학교, 국적 등 물리적으로도 구분되는 형태의 그룹을 형성한다.

물론 이 제한적 인간관계 안에서도 각각의 개인은 해당 카테고리에 한정되지 않는 특성을 가진다. 예를 들어, 같은 직장에서 일하는 직장 동료가 해당 직장 이외에도 취미활동이나 다른 사회적 분류에 속하는 사람일 수 있다.

우리의 기억 속에서 개인은 가까운 사람일수록 복합적인 정보를 포함하는 대상으로 기억된다. 하지만 이 인적 네트워크에서 점차 먼 위치에 있을수록 인물은 그 세부적인 요소가 아니라 관련된 다른 인물과의 카테고리(이전 직장의 직원들/초등학교 동창/대학 동문 등)로 기억된다. 더 나아가 우리가 간접적으로도 알지 못하는 사람에 관해서는 그 카테고리만이 그들에 대한 유일한 정보이다. 이는 30대 남성/기업인/영국인/서양인 등 인적 네트워크에서 멀리 있는 사람일수록 더 포괄적인 범주로 정의되는 경향이 있다. 우리는 자신이 속해있지 않은 인적 카테고리를 단일 대상으로 객체화한다.

사회적 계층 또한 각자 스스로가 속한 사회적 카테고리를 자신을 중심으로 정의하는 것에서 기인한다. 현대의 사회적 계층은 신분제가 아니다. 그 계층의 경계는 명확하지 않다. 다만, 각자 자신이 모르는 사람을 다른 계층이라고 이야기하기 위해 적절한 비교 기준을 가져오는 것이다.

예를 들어, 필자는 라면보다 빵을 좋아한다. 그것이 필자를 라면보다 빵을 좋아하는 사회적 계층에 속하게 하는가? 식품에 대한 선호는 사회적 계층으로 이야기하기에는 너무 중요도가 낮은 정보이다. 그렇다면 자동차에 대한 선호는 어떠한가? 이를 선호에서 소유로 바꾸면 사회적 계층에 더 가까워지는가? 우리가 개인을 분류하는 데 사용할 수 있는 기준은 무궁무진하다.

다만 그중 어떠한 구분에 더 무게를 둘 것인가에 따라 사회적 계층이 형성된다. 10년이 멀다 하고 급변하는 현대 사회에서는 연령층이 그러하고, 경제적 어려움이 눈앞에 닥친 사람들에게는 연봉이나 재산이 가장 중요한 기준이 될 것이다. 사회적 계층을 구분하는 경계선은 획일적이지 않다. 국가 정책을 설계하는 위치에 있지 않은 한, 각자가 이야기하는 사회적 계층은 그냥 각자가 처한 상황을 설명하기 위해 유용하는 언어적 도구일 뿐이다.

우리는 필연적으로 소속감을 요구하는 사회적 동물이어서, 직장이나 재산, 국적 등 수많은 카테고리에서 '우리'의 범위를 정의하려 한다. 우리가 소속감을 느끼는 카테고리의 범위는 세계 전체에 비하면 극히 좁은 한 말단이다. 우리가 평생을 살아가며 만나는 사람의 수는 그리 많지 않다. 그래서 우리는 우리가 잘 알지 못하는 사람의 총체를 자의적인 카테고리로 묶어 객체화한다.

한국의 주택 가격 상승과 재테크 열풍은 그러한 현실의 세계관을 반영했다. 거래를 거듭하며 가격을 올리는 관행은 잠재적으로는 그 이후에 그 집을 사게 될 누군가에게 빚을 전가하는 것이다. 그 운 없는 사람이 자신이 될 확률이 아주 낮음을 우리는 모두 알고 있었다. 이들에게 집값 폭락 직전에 마지막으로 그 집을 소유하게 될 사람은, 사람이 아니라 시장경제라는 불명확한 대상이었다.

우리는 생존을 위해 잔혹함을 품지 않아도 되는 사회를 만들어 나가야 한다는 목표에 공감할 수 있다. 모두에게 리조트가 주어지지는 않더라도, 삶의 여정에서 마음을 둘 수 있는 집 하나 정도는 있어야 하지 않겠는가. 내 집 마련이 모두의 꿈이 되어 버린 세상에서, 우리는 꿈을 꾸는 방법을 잊어버렸다.

만약 그들에게 젠트리피케이션[1]을 겪고 불안정한 주거 기반 위에 생활

---

1 Gentrification. 재개발에 의해 높아진 부동산 가격을 원주민이 감당하지 못하여 거주 지역에서 밀려나는 현상

하고 있는 친구가 있었다면 그러한 투기를 할 수 있었을까, 아니라면 그들은 자신이 또다시 이름 모를 누군가의 삶의 터전을 전당 잡아 뺏은 돈으로 그 친구에게 집을 사 주리라고 생각하는 것일까.

가상 현실을 살아가는 사람들에게 타인은 그러한 카테고리로 정의되지 않는다. 물질적 가치와 현실의 사회적 지위가 존재하지 않는 공간에서 불특정 다수를 구분하는 기준은 개인의 인격적 특성에 한정된다. 현실의 사회적 계층에서 특정 카테고리에 대한 고정관념은 주로 해당 계층의 인격적 특성을 외부인이 임의로 규정하는('~한 사람들은 ~하다'와 같이) 형태로 나타나지만, 서로의 인격적 특성이 가장 비중 있는 정보인 가상 현실에서 인격 이외의 기준으로 대중을 구분하는 것은 불가능하다. 따라서 현실의 사회적 계층이 서로가 알지 못하는 사람들을 더 포괄적인 용어로 정의하는 것과 달리 가상 현실에서 우리가 알지 못하는 타인은 '아직 알지 못하는 인격적 특성을 가진 사람' 이외에 그 무엇으로도 정의되지 않는다. 다만 우리가 알지 못하는 사람에 대해서도 먼저 한 명의 인격체로 인식한다는 점에서 그것은 현실의 계층론과 갈래를 달리 한다.

인터넷이 처음 이 세상에 등장하고 그것이 대중화되어가던 시절, 우리가 이 기술에 바랐던 미래는 그러한 것이었다. 빛의 속도로 지구를 순회하는 전파의 흐름으로 이 땅 위의 모든 사람과 그 물리적 거리를 넘어 교류할 수 있는 것, 그것이 학술적인 목적만을 가지지 않으리라는 것을 상상했다.

안타깝게도 월드 와이드 웹이 넓어져 갔던 지난 30년간 그것이 우리에게 주었던 경험은 '컴퓨터 속의 타인'으로서 누군가를 만났던 경험이었다. 텍스트로 이루어진 맥락 속에서 인터넷에서 만난 누군가를 나와 같은 사람으로 받아들이기에 온라인 커뮤니케이션은 너무나도 얕은 만남이었다. 하지만 우리 앞에 등장한 가상 현실은 나의 현실과 이 땅 위의 누군가의 현실을 하나의 공간, 같은 시간 축 위에서 연결하는 통로였다. 같은 공간을 공유한다는 것, 같은 벤치에 앉아 같은 풍경을 바라볼 수 있다는 것은 단순히 인터넷을 통한 화상 통화와는 다른 의미가 있다.

우리는 평생을 3차원 공간 속에서 살아가는 생명체이기에 우리에게 2차원은 평면에 그려진 단편적인 정보에 한정되며, 4차원은 우리의 인지 능력과 사고 능력이 상상할 수 있는 범위를 벗어난다. 그리고 그 사이에 있는 3차원의 공간은, 그것이 4차원의 무언가와 비교할 수 없는 차이를 가진 만큼 그것이 2차원의 평면 위에서 이루어지는 소통과는 차원을 달리 한다. 카메라로 녹화되는 영상을 보고 대화하는 것과 소파에서 어깨를 기대며 이야기하는 것은 우리에게 다른 의미가 있다. 더군다나 그 사람이 우리가 평생 걸어도 도달하지 못할 거리에 살고 있다면 말이다.

그 속에서 우리가 얻었던 인간관계는 현실과 같은 사회적 계층을 형성하지 않았다. 현실에서라면 평생 단 한 번도 마주칠 일이 없었을 사람을 우리는 현실이 아닌 공간에서 마주할 수 있었다. 다른 사회를 살아가는 사람과의 교류는 우리가 자신과 타인을 정의하는 카테고리를 다른 관점에서 바라보게 하는데, 해당 인물을 특정한 카테고리에 속하는 것으로 인식하는 것이 아니라, 그 카테고리들을 해당 인물의 특성에 속하는 개념으로 인식하는 것이다. 그 원인은 우리가 가상 현실에서 타인을 만나 알게 되는 과정이 현실에서의 교류와 다른 절차적 특성을 가지는 데 있다.

우리가 현실의 네트워크형 인간관계에서 타인을 만나는 경우는 주로 이미 각자의 네트워크 안에 속한 인물에 의해 새로운 사람을 소개받는 형태로 이루어진다. 그래서 해당 인물의 개인적 측면에 대해 알기 이전에 그 인물이 속하는 카테고리를 먼저 알게 되는 것이다. 예를 들자면, 거래처에서 알게 된 사람은 이미 타 회사 소속의 직원이라는 카테고리에 속한다. 사적인 인간관계에서도 이는 마찬가지이다.

가상 현실에서 사람들은 대부분 타인을 그 어떤 사전 지식 없이 사람 대 사람으로 처음 마주하게 된다. 상대방을 정의할 사회적 카테고리기 미리 제공되지 않은 상태에서는 동등한 인격체로서 신뢰 관계를 쌓는 것이 우선된다. 이후 그 사람이 속하는 사회적 카테고리는 그 사람에 대한 정보의 일부로 받아들여진다. 국적이나 학력, 나이, 사회적 지위 등이 부가적인 정보로, 그에 앞서 알게 된 내면적 특성이 주요 정보로 인식되는 것이다. 이는 우리가 현실의 사회적 관계에서 첫인상을 중요시하는 것과 같은 메커니즘을 가지지만, 다만 받아들이는 정보의 순서에 차이가 있다. 현실의 첫 대면에서 얻는 정보는 해당 인물의 외견(복장과 인상)과 소속을 중심으로 하며 사적인 정보는 후 순위가 되었지만, 그와 정반대의 절차가 VR의 인간관계에서 보편적으로 유통되었다.

이러한 경험의 축적은 우리가 아직 알지 못하는 사람에 대해서도 그들을 하나의 카테고리로 묶어 대상화하는 경향을 약화하며, 반대로 그 인격적 특성을 미리 떠올리게 한다.

VR에서 사회 계층의 존재가 희미해지는 것은 앞 장에서 이야기한 국경의 해리와도 연관성이 있다. 사회 계층이란 한 사회 안에서 각각 세분되는 사회적 지위에 대한 보편적인 공감대의 형성을 전제로 한다. 이는 그 사회에서 살아가는 사람이 그 하나의 사회에서 대부분의 인생을 보내는 고전적인 사회관 위에 성장한 정서이다.

그렇지만 다른 국가, 다른 사회에서 관찰자의 입장으로 특정 사회의 계층을 보면 그러한 지위에 대한 동의가 발생하지 않는다. 그 지위가 해당 사회에서 갖는 의미를 논리적으로 해석할 수는 있지만, 이를 우러러보거나 낮춰 보는 정서가 유도되지 않기 때문이다.

예를 들어, 북한은 사실상 신분제에 가까운 사회 계급을 형성한다. 이는 핵심 계층, 동요 계층, 적대 계층의 3대 계층과 그 세분화인 51개 분류로 이루어져 있는데, 이는 주민 성분, 혹은 출신성분이라고도 불린다. 북한이라는 폐쇄적인 사회 내에서 이 계층의 권위는 절대적이다. 그러나 남한에 사는 우리는 북한의 고위 계급에 대해 북한 주민들이 느끼는 감정을 느끼지는 않는다. 그 사회의 일원이 아니기 때문이다. 북한의 예시는 상당히 극단적이지만, 한국도 사회 계층과 관련해서는 유사한 개념이 있다. 스카이SKY대 출신과 지방 대학 출신, 서울 강남 아파트와 도봉구 월세 등, 교육과 부는 한국의 계층 정서를 형성하는 가장 지배적인 요소이다. 거시적인 관점에서 교육과 부는 어느 국가에서나 비슷한 중요도를 갖는다. 하지만 오스트레일리아에 사는 사람에게 '서울대학교 출신 강남 건물주'가 서울 시민에게만큼이나 강한 반향을 불러일으키지는 않을 것이다.

VR의 풍경_
현실의 저편에서
같은 하늘을 내려다보며

매번 선거철이 되면 정치인들이 시장과 길거리에 나와 음식을 먹는 모습들이 뉴스에 보도되곤 한다. 어디서나 자신을 서민이라 부르며 마치 자신이 동네 주민인 것처럼 행동하려고 애쓰지만, 그 모습을 영상이 아닌 현실에서 보면 그들의 서민다운 모습은 훈련된 연극처럼 보인다. 그들은 그런 위치에 있는 것이 참 익숙해 보였다. 하지만 평범한 사람으로서 이곳에서 살아가고 있는 필자들과 주변의 사람들은 시장에서 뭘 먹어도 보좌관들과 경호원, 기자들을 몰고 다니지 않을 것이다. 정작 평범한 시민이 그러한 무리에 둘러싸이는 모습은 위화감을 불러일으킨다.

전에 우연히 현실에서 이야기를 나누었던 프랑스 파리에서 고등학교에 다니던 한 친구가 필자에게 그곳에서의 삶에 대해 말해준 적이 있다. 건물의 높이가 다 똑같아서 옥상에 올라가면 마치 지평선 같은 풍경이 펼쳐져 있다거나, 한국과 달리 학교에서 담배를 피우는 학생들을 처벌하지 않는다는 것이었다. 다만 누구나 담배를 피우는 학생이 누구인지를 알기 때문에, 그런 부정적인 시선을 받는 것을 꺼린다는 이야기를 들었다. 그리고 그 친구는 파리를 프랑스에서 가장 유명한 도시로 만든 에펠탑에 대해 자신은 왜 그렇게 다양한 국적의 수많은 사람이 그 철탑을 보기 위해 파리에 오는지를 모르겠다고 이야기했다. 그것은 아직 한 번도 파리를 여행해보지 않은 나에게는 그저 헛웃음이 나는 이야기였는데, 에펠탑을 지겹도록 봐 왔을 친구에게는 당연한 말이었을 것이다.

그림 43 'NIIINY(니이니)'가 제작한 VR챗의 에펠탑

필자가 동경하는 그 풍경 속에 누군가 그것이 익숙해질 만큼 오랜 시간을 살아왔다는 사실이 나름 부럽기도 했다. 하지만 우리는 어쩌면 같은 입장이었다. 필자는 한 번도 파리에 가 본 적이 없고, 평생 그곳을 상상 속의 장소로 바라봐 왔기에 그곳에 대해 알지 못한다. 그녀는 평생 파리에 살아왔고, 그곳을 일상의 장소로 바라봐 왔기에 그곳에 가 보지 않은 사람이 상상하는 풍경에 대해 알지 못하는 것이다. 내가 그녀에 대해 생각했던 것만큼이나 그녀에게는 내가 신기한 사람이었을 것이다.

이러한 경험은 일상처럼 일어나는 흔한 일은 아닐 것이다. 우리에게 이 땅은 평생 걸어도 한 바퀴를 다 돌 수 없을 만큼 넓고, 지구의 반대편에서 살아가던 사람과 우연히 여행길에서 만나 친구가 되는 일은 나에게도 지금까지의 삶에서 몇 번 없던 귀중한 추억이었다. 그렇다고 하더라도 겨우 몇 시간의 마주침이었을 뿐, 다시 여행 끝에는 수백만 킬로미터 떨어진 각자의 집으로 돌아가야만 한다. 필자와 그 친구 사이에는 그만큼의 물리적인 거리가 있다. 그리고 불행히도 연락처를 잃어버렸기 때문에 아마 이제 평생 다시 만날 가능성은 없을 것이다.

상대방의 처지에서 생각하는 것은 인간관계의 가장 기본적인 단계이다. 그렇지만 우리가 알지 못하는 대상을 상대로 그의 처지를 생각하는 것은 어렵다. 만약 필자가 파리에 사는 사람을 만나지 못했다면 파리에 사는 사람이 바라보는 세계적인 관광지에서의 일상이 어떤 것인지 알지 못했을 것이다. 상상하는 것은 얼마든지 가능하지만, 그것은 결국 상상일 뿐이다. 알지 못하는 것을 상상으로 메우는 것은 확증편향에서 나온 일반화이다.

VR챗에서의 모든 순간은 그러한 만남의 연속이었다. 평생을 다른 공간에서, 다른 사람과 만나며 서로 다른 풍경을 바라보며 살아온 사람들이 같은 공간에서 같은 풍경을 바라보며 별 쓸모없는 잡담을 하는 그런 평범한 일상이 VR에 있었다.

VR에서 살아온 시간이 길어질수록, 우리의 현실을 구성하는 사회 구조와 물리적 공간은 우리의 존재와 분리되는 각각의 개념으로 인지된다. 현실만을 살아가는 사람이 바라보는 세상과는 다른 풍경이 그려지는 것이다. 우리의 문명과 도시를 이루는 인적 네트워크와 물적 시스템이 객체화되고, 주어진 현실의 틀 안에 생존을 위해 자신을 끼워 맞추는 인생관에서 벗어나 그것을 자신의 물질적 영역의 한 부분으로 분리해 인지한다. 자신의 물질적 육체를 존속시키는데 요구되는 물질적 상호작용을 유지하기 위한 현실의 직무와 생활을 자신의 한 부분으로 두고, 인간관계와 인생을 다른 한 부분으로 이분화하는 것이다.

물론 그것이 한 사람의 인간관계를 가상 현실 안으로 한정시키는 부정적 결과를 이야기하는 것은 결코 아니다. 다만 각자가 자신을 정의하는 요소를 물질적 현실에 한정시키지 않는 것을 의미하는 바이다. 우리는 사무직 회사원이나 점원, 생산직 종사자일 수 있지만, VR에서의 삶은 그것만이 우리를 정의하는 전부가 아님을 상기시킨다. 물질적 현실의 카테고리로 우리의 존재 의의를 정의하지 않는 공간에서, 우리는 현실의 계층 갈등과 이념 갈등, 국적에 대한 소속감에서 벗어나 자유로운 한 사람으로서 비현실 속에 있었다.

가상 현실에서의 삶이 VR챗이라는 좋은 플랫폼으로 우리 앞에 탄생한 지도 벌써 5년이 지났다. VR기기와 고성능 PC가 누구에게나 제공되는 흔한 도구는 아니며, 아직 현실만을 살아가는 사람이 훨씬 많은 것은 어쩔 수 없는 현상이다. 그렇지만 이는 결국 시간이 해결해 줄 문제이다. 무선 전화가 발명된 것도 채 반세기가 지나지 않았다. 인터넷이 상용화된 건 더욱 더 최근이었다. 그동안 큰 상자처럼 생긴 전화기는 폴더폰에서 스마트폰으로, 혹은 시계의 형태로도 변화해 왔다. 그리고 이제 스마트폰은 우리의 도시 생활과 한순간도 떼어 놓을 수 없다. 지갑과 스마트폰, 둘 중 하나를 잃어버린다면 차라리 지갑을 잃어버리는 편이 낫다고 생각될 정도로 스마트폰과 통신은 우리가 이 사회에서 한 사람으로서 기능하는 데 필수적인 요소가 되었다.

몇 년 전부터 시장에 등장하고 있는 VR기기도 초기의 휴대 전화처럼 불편하고 큰 직육면체 형태였다. 그것이 현재의 스마트폰처럼 가볍고 휴대할 수 있는 형태가 되는 것은 확정된 미래이다. 그 시대가 온다면, VR은 현재의 스마트폰이 그러한 것처럼 우리가 현실과 융화된 가상 현실에서 살아가는 데 필수적인 도구가 될 것이다. 그때가 오면 우리는 우리 사회를 어떠한 모습으로 바라보고 있을까. 메타버스의 시대에서 우리가 바라볼 풍경이 어떠한 모습일지 우리는 아직 알지 못한다. 하지만 그것이 추구하는 방향만은 지금의 가상 현실에서 바라보는 풍경과 그리 다르지 않으리라고 생각한다.

지금 현재 확산을 거듭하고 있는 가상 현실이라는 이 문화의 총체가 대중문화의 지위를 가지게 되어 갈수록, 그것은 일상의 일부분이 된다. 아직 그것은 우리의 시야 저 멀리에 있다. 누군가에게는 터무니없이 멀리 있어서, 그저 한 점으로 보일지도 모른다. 하지만 가까이 다가갈수록, 그 점은 깊이를 알 수 없는 터널의 입구이다. 가상 현실은 하나의 독립된 문화가 아니라, 어떠한 문화적 조류의 시발점이어서, 우리는 그것에 무한한 기대를 걸 수 있다. VRChat, 보컬로이드, 버츄얼 스트리머 등등 우리가 앞으로 다룰 수많은 것들도 결국 언젠간 시대의 저편에 남겨질 현재의 편린일 뿐이다. 하지만 그것들이 쌓아 올린 언덕의 위에 서 있는 우리가 올려다보는 하늘에는 누군가의 꿈만큼의 별, 그 어둠을 비추는 푸르른 은하수와 누군가의 기억 속에 흩어진 노을의 잔향이 담겼다.

많은 VR챗의 월드에는 그 월드를 만든 사람과 그 친구들의 사진이 종종 걸려 있는 것을 볼 수 있다. 물론 현실의 모습을 찍은 사진이 아니라, VR챗 속에서의 모습을 스크린샷이나 인게임 카메라로 촬영한 사진들이다. VR챗 속에서 새로운 시대를 살아갈 사람들이 꿈꾸는 공간은 이전의 산업화 시대의 사람들이 꿈꿨던 좋은 직장, 직위, 명예와 같은 것이 아니었다. 눈을 감으면 펼쳐지는 그 풍경, 그것을 눈앞에 선명히 가져올 도구가 있었다. 이를 이용하지 않을 이유가 어디에 있었을까.

CHAPTER 6

메타버스 사회의
미래

약인공지능과 완벽한 AR_
현실과 구분되지 않는 가상,
가상과 구분되지 않는 현실

증강 현실Augmented Reality, 이하 AR은 가상 현실만큼이나 대중 미디어를 통해 널리 알려져 있다. 스마트폰 카메라로 특정 물체를 비추면 그 위에 그래픽이 떠오르는 AR 콘텐츠 광고를 한 번쯤은 본 적이 있을 것이다. VR이 온전히 컴퓨터 속의 가상 공간만을 배경으로 하는 것과 달리 AR 기술은 현실을 배경으로 하는 증강 현실 기술이다. 이는 낮은 수준에서는 홀로그래픽 디스플레이의 대용품으로, 조금 더 발전된 형태로는 우리의 현실 환경을 보완하기 위한 사용을 기대받고 있다.

현재의 AR은 카메라를 이용하여 주변을 촬영하고 실시간 영상 합성 기술로 현실의 어느 지점에 그래픽을 덧붙이는 형태로 만들어진다. 이를 GPS와 결합해 약간의 현실성을 더한 '포켓몬고'가 전 세계적인 인기를 끌었다. 하츠네 미쿠의 첫 오케스트라와의 협연도 무대에 붙인 거대한 AR 인식 표지 위에 스마트폰 앱을 통해 AR 영상을 재생하는 방식으로 이루어졌다. AR 기술은 영상 합성 기술의 발달로 근래에 와서는 아주 흔한 기술이 되었다. 이미 플레이 스토어에 수많은 AR 애플리케이션이 출시되었고, 하츠네 미쿠의 삿포로 유키미쿠 전시에서 이용되기도 했다.

그림44 하이퍼 리얼리티(Hyper-Reality)

현재의 AR 기술은 VR에 비해 성공적으로 발달하지 못했다. AR을 이용한 게임은 그 어떠한 것도 VR의 하프라이프 알릭스와 같은 상업적 성공을 거두지 못했고, 구글이 AR HMD로 개발하고 있는 구글 글래스^{Google Glass} 또한 HTC VIVE와 같은 VR HMD에 비해 안정직인 판매처를 찾지 못하고 있다. 그 이유는 현재의 AR이 가진 기술적 한계에 있다. 지금의 AR 콘텐츠는 어느 물체가 그래픽으로 구성된 물체이고 어느 물체가 카메라로 촬영한 영상인지 한눈에 알아볼 수 있다.

AR을 본 적 없는 사람들을 위해 알기 쉬운 예시를 들자면, 지금의 AR은 마치 화면에 색채 스티커를 붙인 듯이 보인다. 그것이 현실에 배치된 물체가 아니라는 것이 명확히 느껴지는 것이다. 이는 AR 콘텐츠의 제작 과정이 이전의 3D 그래픽 기술에서 현실적인 그래픽을 구성하기 위해 사용하던 요소들의 상당수가 정상적으로 작동할 수 없는 환경에 있기 때문이다.

3D 오브젝트를 화면에 구현하기 위해서는 최소 두 가지 데이터가 필요한데, 이는 오브젝트의 입체적인 형태에 관한 데이터와 그것의 표면을 시각적으로 구현하기 위한 데이터이다. 전자는 주로 점, 선, 면으로 구성된 폴리곤 메쉬를 통해 제공되고, 후자는 쉐이더가 있다. 그중 문제가 되는 것은 두 번째 정보인, 쉐이더의 작동에 있다. 쉐이더는 물체의 표면에서 나타나는 색상과 질감을 렌더링하는 데 사용되는데, 이것에는 반사율, 표면의 거칠기, 방출광, 물체 내부로의 입사광의 확산 등 복합적인 시각적 특성이 구현되어 있다. 이것이 작동하기 위해서는 배경에 존재하는 조명에 대한 정보가 필요하다.

AR 구현을 위해 카메라로 얻은 정보에서 주변에 존재하는 모든 광원과 배경의 물체에 의한 반사광을 측정하기는 쉽지 않다. 컴퓨터 그래픽에서 쉐이더의 중요도는 매우 높아서, 그래픽 공간 속에 적절한 조명을 설치하고 광원효과가 정상적으로 작동하게 조정하는 작업이 오히려 3차원 모델링보다 더 길고 복잡한 절차를 요구하곤 한다. 하지만 AR에서는 색상과 기본적인 조명을 제외하면 그 어떠한 광원효과도 제대로 적용되지 않은 그래픽이 제공되는 것이다.

더군다나 AR에서 구현하고 싶은 오브젝트가 광원을 포함한다면 문제가 심각해진다. 구현할 물체의 쉐이더뿐만 아니라, 현실에 존재하는 물체가 이 가상의 광원에 어떤 효과를 받을 것인지를 실시간으로 연산해내야 하기 때문이다.

기존의 영상합성 기술에서 현실에서 촬영된 영상에 그래픽을 덧씌우는 작업이 성공적으로 이루어진 예시는 영화였다. 영화에 사용되는 수준의 컴퓨터 그래픽은 현재의 AR이 제공하는 실시간 영상 편집보다 훨씬 복잡한 과정으로 만들어진다. 먼저 영상에서 확인되는 고정된 물체를 각 프레임에서 위치 추적하여 카메라의 궤적을 연산하고, 필요에 따라서 배경에 존재하는 물체를 3차원 모델링을 통해 입체 오브젝트로 변환해야 한다. 그래서 촬영된 영상을 3차원 장면으로 변환한 후, 합성해 넣은 그래픽 요소들이 촬영된 영상 속에 존재하는 물체들과 어떻게 물리적으로 상호작용할 것인지를 설계하여 3차원 물리 엔진을 포함하는 시뮬레이터로 연산해야 한다. 이후 영상에 존재하는 조명들과 카메라에 잡히지 않는 태양이나 외부 광원 등 화면에 등장하지 않는 광원의 효과를 고려하여 광원을 재구성하고, 상황에 따라서는 수작업으로 편집해야 하는 프레임이 생기기도 한다.

VFX^{Visual Effect} 작업 과정을 아주 간략하게 다루었는데, 실제로는 각 과정에서 상황에 맞춰 다양한 기법이 현실적인 그래픽을 만들기 위해 도입되어 있다. 현재의 AR은 그중 일부인, 카메라 추적에 그래픽 오브젝트를 위치에 맞춰 렌더링하는 과정만으로 만들어진다. 그 외의 모든 과정을 실시간으로 자동화하는 소프트웨어가 존재한다면 할리우드는 폐업하는 수밖에 없다. 그러니 현재의 AR 기술에서 현실과 그래픽이 시각적으로 구분되는 것은 어쩌면 당연한 일이다.

현실에 자연스럽게 녹아드는 AR을 위해선, 우리가 VFX를 제작하기 위해 사용하는 모든 수작업 절차를 인공지능을 사용하여 자동화해야 한다.

그러기 위해서는 현실의 3차원 배경에 대한 정보, 약인공지능에서 이미지 처리로 얻을 수 있을지도 모르는 주변 광원에 관한 정보와 그 표면의 광학적 특성에 관한 정보를 역설계하여 VR의 공간 속에 구현해야 한다. 이는 수많은 인공지능 영상 처리 기법이 복합적으로 적용되어야 실오라기 같은 희망이 보이는 상당히 어려운 장기적 목표이다. 그런데도 관련된 연구는 조금씩이나마 진척되고 있다. 아직은 그것이 수작업과 같은 품질을 보장하리라고는 도무지 생각할 수 없지만, 향후 언젠가의 미래에 현실과 완벽히 융화될 AR을 이룰 인공지능 기술을 예상해 볼 수는 있다.

먼저, 두 대의 카메라를 사용하여 AR이 투영될 공간의 입체적 구조를 실시간으로 재구성하는 3차원 스캔 기술이 필요하다. 이는 AR/VR이 대두되기 이전부터 연구가 진행되어 현재는 충분히 상용화되어 있다. 현실 공간의 3차원 스캔은 그 속에서 투영될 가상의 물체의 주변 공간과의 상호작용을 구현하기 위해 필요한 가장 기본적인 정보이다. 이는 3D 오브젝트가 현실의 물체 뒤에 가려지는 상황이나, 현실의 물체와 충돌하는 상황에서 시각적인 오류를 해결하기 위해 사용된다. 또한 3D 오브젝트에 존재하는 광원이나, 주변광의 반사광, 그림자에 의한 효과가 배경 공간에 정상적인 형태로 구현되기 위해서도 필요하다.

그것에 더해, 배경에 촬영된 물체가 무엇인지를 확인하는 사물 인식 기술은 미리 구축된 데이터베이스에서 해당 물체의 각 부분의 재질에 대한 정보를 제공할 수 있다. 이는 현실에 존재하는 물체 표면의 쉐이더를 구성하는 요소가 된다. 앞서 3차원 스캔이 제공하는 현실 공간의 입체적 형태와 그 표면의 쉐이더 정보가 제공되면, 광원을 포함하는 가상의 3차원 오브젝트가 그 주변의 현실 공간에 어떠한 조명 효과를 유발할 것인지를 연산할 수 있다. 사물 인식 AI 연구는 지난 몇 년간 상당히 진척되어 왔는데 대표적으로 다음Daum 앱에서 제공하는 사진으로 꽃을 검색하는 기능이 있다.

이러한 사물 인식 기술의 대부분은 단일 대상을 적절한 시야각에서 촬영한 사진이나 영상을 처리하는 것을 목표로 한다. 현실의 공간에서는 여러 개의 물체가 제각각의 위치와 각도에 놓여 있는데, 이러한 상황에서 각각의 물체를 구분하여 인식하는 다중 사물 인식 기술은 아직 충분한 성과를 거두지 못했다. 그 부분만 이후 보완될 수 있다면, 재질에 관한 데이터베이스를 구축하여 3차원 모델링에 적용하는 데에는 긴 시간이 걸리지 않을 것이다. 우리는 이미 온라인에서 현실의 대부분 재질에 대한 소스를 찾을 수 있다.

3D 오브젝트의 광원과 마찬가지로 중요한 것은 현실 배경에 존재하는 주변 광원이다. 그 위치와 형태에 따라 투영될 3D 오브젝트가 받을 효과와 다시 그것이 현실 배경에 드리울 그림자를 연산할 필요가 있다. 이를 위해 촬영된 영상에서 주변 광원의 위치와 형태를 연산하는 AI 기술은 현재 연구되고 있다.[1]

이 세 가지 기술이 적용되면, 두 대의 카메라에서 촬영한 영상에서 AR을 투영할 공간의 입체적인 구조와 각 물체의 표면의 질감, 광원에 대한 정보가 갖춰져 이후 VFX를 적용할 수 있는 기반이 된다. 즉, 이전에 현실 공간을 VR로 재구성하기 위해 요구되던 다양한 데이터들을 AI 영상 처리 기

---

[1] DeepLight: Light Source Estimation For Augmented Reality Using Deep Learning

술로 얻을 수 있어야 한다. 그래서 현실 공간의 3차원 재구성이 충분한 정밀도로 이루어질 때, 그 위에 3차원 그래픽 오브젝트를 렌더링할 수 있다. 이를 사용자의 감수 없이 실시간으로 처리되도록 하는 기술의 개발은 상당한 도전이다.

그러한 소프트웨어적 기법이 충분히 연구된 다음, 마지막으로 필요한 것은 하드웨어의 개선이다. 현재 구글 글라스Google Glass가 지향하는 투명 디스플레이 스타일의 AR 기기에는 주변 배경보다 어두운 색상을 표현하는 것이 사실상 불가능하다는 치명적인 한계점이 있다. 즉, AR 물체의 음영을 주변 환경에 표현할 수 없다.

인간의 시각 피질은 흑백 정보만을 고속으로 처리하는 배측 경로Dorsal Stream, 'Where'Pathway와 색상 정보를 비교적 저속으로 처리하는 복측경로Vental Stream, 'What'Pathway로 이루어져 있다. 우리는 배측 경로에서 처리된 시각 정보를 통해 물체의 입체적인 형태와 원근감, 움직임을 대상의 색상보다 빨리 인지한다. 색상 정보를 통해 대상을 구체적으로 구분하기 이전에 먼저 흑백 이미지를 빠르게 확인하여 대상의 형체와 위치를 인지하는 것으로 이해하면 간단하다. 음영이 정상적으로 표현되지 않는 상태에서는 배측 경로에서 대상의 위치를 빠르게 처리할 수 없다. 이는 투명 디스플레이에서 AR의 물체가 현실 배경에 조화되지 못하는 결과를 낳는다.

이 문제는 해당 투명 디스플레이의 전면에 별도의 액정을 추가하여 사용자의 시야에서 현실 배경의 입사광 일부를 픽셀 단위로 차단하는 것으로 해결될 수 있다. 다만 이를 위해서는 AR 글라스에 두 대의 카메라가 내장되어야 하며 이를 처리하기 위한 프로세서의 부담 등 몇 가지 추가적인 문제점이 발생한다.

현재로서는 차라리 시야를 완전히 덮는 VR HMD에 외장 카메라를 부착하여 현실 공간을 직접 보지 않고 카메라에서 실시간으로 촬영되는 영상으로 대체된 시각을 제공하는 편이 넓은 시야각과 선명한 디스플레이 제공에는 도움이 될 수 있을 것이다. 다만 투명 디스플레이 형태의 AR 글라스가 VR HMD 수준의 명암 표현 능력과 시야각을 가질 수 있다면, VR에 비해 외부 시각을 제공하는데 시간 지연이 발생하지 않는 AR은 3D 멀미개선에 큰 장점이 된다.

이 완전한 현실 합성 기술은 이전에 우리가 AR 기기에서 봐 왔던 현실감 없는 무기질적인 그래픽에서 벗어나 마치 그것이 실재하는 물체인 것처럼 자연스럽게 현실에 녹아들 것이다. 책상 위에 현실의 연필과 가상의 3차원 오브젝트 연필이 섞여 있을 때 그중 어느 것이 진짜 연필인지를 구분할 수 없게 되고, AR의 종이를 구겨 현실의 쓰레기통에 던지면 그것이 쓰레기통 안에 튕겨 들어가는 과정을 연산하여 구현하는 물리 엔진의 적용도 가능하다.

지금의 기술이 만들어내는 현실과 가상의 경계는 아주 명확하다. HMD[2]를 쓰면 VR, 벗으면 현실이며 그 경계에 있는 AR 기술은 현실의 영역과 가상의 영역이 분명히 구분된다. 어느 정도 현실에 융화하려는 시도는 있지만, 그것이 현실과 혼동될 수 있는 수준인가를 묻는다면, 아직 그렇지 않다는 것에 논쟁의 여지는 없다. 현재 상용화된 VR은 100% 가상, AR은 99%

---

2 Head Mount Display, VR헤드셋도 HMD의 한 종류이다.

의 현실에 1%의 가상을 덧씌우는 수준에 머물고 있다.

그렇지만 언제나 AR은 현실과 가상의 경계가 존재하지 않는 것을 목표로 연구된다. 이처럼 가상과 현실의 경계가 존재하지 않는 완전한 형태로 확장된 현실은 XR[3]이라고 불린다. 이는 궁극적으로는 우리의 신체에 부착되던 트래킹 장비, 컨트롤러, HMD 등을 우리의 신경계에 연결하여 BMI[4]로 대체하는 것을 목표로 하고 있다.

---

3 Extended Reality
4 Brain To Machine Interface

XR OS_
버츄얼 데스크톱과
가상 현실 속의 PC

2016년, 가이 고딘Guy Godin은 컴퓨터 화면을 VR 환경 속에서 평면이나 곡면의 대형 디스플레이로 제공하는 소프트웨어인 버츄얼 데스크톱Virtual Desktop을 스팀 시장에 출시했다. 이는 출시 직후부터 씨넷CNET과 폴리곤Polygon 등 주류 매체들이 VR에서 사용할 최고의 애플리케이션으로 선정하며 큰 인기를 구가하였으며 현재까지도 고정적인 사용자 층을 보유하고 있다. 기존의 컴퓨터와 같이 마우스와 키보드를 주 인터페이스로 사용하며, 단지 더 크고 넓은 디스플레이와 가상 주변 환경으로 몰입감을 제공하는 버츄얼 데스크톱은 장시간 이용하기에도 무난했다.

물론 이는 책상에 앉거나, 침대에 누워 고정된 자세로 사용하는 것을 전제로 하는 3D 디스플레이 서비스의 일종이며 온전히 가상 현실이라 이야기할 수 있는 것은 아니다. 다만 버츄얼 데스크톱이 계속해서 시도하고 있는 3D 인터페이스는 다양한 활용도를 기대할 수 있다. 기존의 데스크톱이 가진 기능을 모두 포함하면서, 별도로 VR HMD와 PC를 오가지 않아도 제자리에서 VR 소프트웨어를 사용할 수 있다는 것은 큰 장점이었다.

이후 VR챗의 성장과 함께 버츄얼 데스크톱과 같이 VR 환경에서의 데스크톱이라는 개념은 단지 PC를 넓은 디스플레이에서 사용하는 것에서 한 걸음 나아가, 완전한 가상 현실 속에 컴퓨터를 구현하여 사용하고자 한다. VR챗의 SDK는 외부 링크를 통해 영상을 스트리밍할 수 있는 API[1]를 제공하는데, 이를 이용하여 PC 데스크톱의 화면을 실시간으로 스트리밍하여 VR챗 내부에서 사용하는 방법이 이름 모를 VR챗 사용자에 의해 발견되어 유포되었다.

이는 PC - 화면 캡처 - 웹 스트리밍 - VR챗 API - 가상 현실 오브젝트를 거치는 간접적인 방식으로 VR챗 내에서 PC 화면을 구현하는 방법이기에, 최적화가 불가능한 성능의 제약이 있다. 화면이 실제보다 수백 밀리 초 ~ 수 초 늦으므로 실시간으로 PC를 사용하는 것은 어렵다. 하지만 VR 공간 속에서 다른 사람과 PC 화면을 공유하는 용도로는 충분히 사용할 수 있었다. 이를 활용해 VR챗 내에서 디제잉과 작곡 강의를 목적으로 '츄요 레코드'라는 월드도 만들어졌다.

버츄얼 데스크톱과 VR챗 내의 PC는 엔터테인먼트나 단시간 PC를 사용할 목적으로는 충분하며 앞으로 이루어질 성능 개선을 고려하면 사용에 큰 부담은 없다. 그러나 우리가 PC를 장시간 업무를 수행할 목적으로 사용한다면 이러한 VR 기반 PC들은 몇 가지의 개선이 필요하다. 먼저 현실 공간이 보이지 않는다는 점이 가장 큰 문제이다. 이는 마우스와 키보드의 사

---

[1] Application Programming Interface

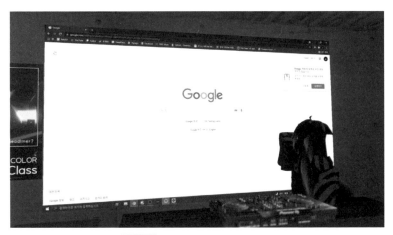

용을 불편하게 한다. 그래서 가상 현실 내의 개발 환경을 중요시하는 네오스 VR은 키보드와 마우스를 사용하지 않고도 충분한 복잡도의 코딩이 가능하도록 3차원 블록 코딩 환경의 구축에 큰 노력을 쏟았다. 그래도 여전히 손에 거추장스러운 하드웨어를 상시 부착하고 있어야 하는 현재의 VR 기술은 현실의 PC보다 낮은 작업 효율에서 자유롭기 어렵다.

VR로 업무 효율 향상을 기대할 수 있는 가장 확실한 방법은 앞서 이야기한 온전한 AR 기술이다. 이는 VR 디스플레이를 현재의 데스크톱 PC 환경에서 추가적인 3차원 디스플레이의 형태로 사용하는 것이다. 예를 들면, 실무에서 업무 효율을 위해 PC 화면을 하나만 사용하지 않고 디스플레이를 하나 더 사용하는 일이 종종 있다. 이때 두 번째 디스플레이 대신 AR 디스플레이를 사용하는 것을 생각해 보자. 이는 그래픽 디자인이나 건축 설계, 기계 설계 등 3차원 오브젝트를 다루는 작업에서 상당한 효과를 볼 수 있으리라 생각한다.

3차원 작업 경험이 있는 독자를 위해 더 세부적인 예시를 들자면, 블렌더에서 레이아웃Layout 윈도, 마야의 경우 렌더링Rendering 탭을 상시 책상 위의 공간에 AR 디스플레이로 실행시켜 둔 채로 작업을 진행할 수 있다. 이는 특히 가상 현실 콘텐츠 개발을 목적으로 할 때 아주 유용하다. 파일럿 테스트를 위해 VR HMD와 PC를 왔다 갔다 하지 않아도 실시간으로 렌더링 단계의 결과물을 보며 작업할 수 있기 때문이다. 유니티나 언리얼 엔진과 같은 소프트웨어에서 물리적 상호작용을 테스트하는 것도 간편해진다. 책상 위에 존재하는 AR 환경에서 바로 물리적 컨트롤러를 사용하여 상호작용할 수 있기 때문이다. 이는 가상 현실 UI/UX[2] 개발에서 사용자 경험 향상을 위한 워크플로우를 상당 부분 간략화한다.

그리고 그러한 AR 디스플레이 기술이 충분하다면, 애초에 첫 번째 디스플레이로 물리적인 PC 화면을 사용할 필요가 없다. 그냥 평면 디스플레이 오브젝트를 AR 내에서 함께 구현하면 되기 때문이다. 이는 전반적으로 현재의 윈도우가 가진 창 기반 UI의 형식을 따를 것으로 예상된다.

버츄얼 데스크톱은 현재로는 PC에 설치되는 소프트웨어이지만, 앞으로의 컴퓨터는 이러한 XR 기반 디스플레이를 메인 입출력 포트로 하는 OS로도 개발될 것이다. 그러한 미래에도 당분간 키보드와 마우스는 입지를 견고히 하겠지만, 버티컬 마우스와 유사한 형태로 AR 디스플레이에 직접 상호작용 가능한 추가적인 물리적 인터페이스도 등장할 것이다.

---

2 User Interface, User Experience. 사용자 인터페이스와 사용자 경험

이것이 조금 더 소형화된 장치, 안경이나 렌즈의 형태로 등장하는 미래를 꿈꾸는 기업들도 있다. 기본적으로 이러한 장치들은 본체와 디스플레이가 무선으로 연동될 것을 전제로 한다. 장기적으로 XR 협업 환경은 클라우드 컴퓨팅과 함께 고려될 수 있다. 현재 존재하는 기술에서 예시를 들자면, 클라우드 렌더링 서비스가 있다. 3D 오브젝트를 모델링하고 공간속에 배치한 후 표면의 광학적 정보인 쉐이더를 설정하고 조명을 세팅하여 사용자에게 제공하기 직전 마지막으로 사람이 아니라 컴퓨터가 혼자 작업해야 하는 단계가 있다. 바로 베이킹Baking이다.

베이킹은 디자인 단계에서 노드 형태로 설계된 쉐이더와 광원을 말단 사용자가 자신의 컴퓨터에서 연산해야 할 분량을 줄이기 위해, 공통으로 시행될 수 있는 광원 연산을 미리 수행하여 라이트 맵Light Map과 텍스처 이미지로 저장하는 과정이다. 유니티와 언리얼 엔진은 모두 자체적인 라이트 베이킹Light Baking 기능을 제공하고 있으며, 블렌더는 노드 쉐이더의 텍스처 베이킹을 제공한다. 유니티 애드온Addon으로는 '베이커리'라는 외부 베이킹 도구도 개발되어 있다. 장기적인 시각에서 XR이 일상화되기 위해서는 사용자의 장치 성능에 맞춰 XR 환경의 실시간 연산량을 감소시키는 기술이 필요하다. VR챗에서는 스팀 클라이언트를 사용하는 PC VR과 안드로이드 기반의 VR기기인 퀘스트Quest의 성능 차이를 극복하기 위해 월드의 제작자가 두 디바이스의 연산 성능에 맞춰 두 개의 월드를 업로드해야 한다. 하지만 XR 환경에서 현실의 물체를 공동으로 작업하기 위해 매번 3D 그래픽 디자이너를 고용하는 것은 비현실적이다. 이러한 상황에 필요한 것이 리토폴로지[3] 기반의 메쉬 최적화와 텍스처 베이킹이다. 물론 이를 완전 자동화하기 위해서는 다음 챕터에서 이야기할 가상 현실 프로토콜의 정립이 필요하다.

이 베이킹 연산은 개인용 컴퓨터에서 수행하기에 상당히 오랜 시간이 걸린다. 따라서 개인 가상 현실 개발자는 항상 현실적인 베이킹 시간 내에 품질을 맞춰야 했다. 렌더링 품질을 높이기 위해 무작정 샘플[4]이나 텍셀[5] 수를 높이면 베이킹 시간이 일주일 넘게 잡히는 경우도 있기 때문이다. 일주일 동안이나 컴퓨터를 CPU 점유율 100%로 가동하면 열에 아홉은 도중에 오류가 발생하기 마련이다.

그래서 이러한 라이트 베이킹이나 렌더링을 제공하는 전문 클라우드 분산 컴퓨팅 업체도 늘어나는 추세이다. 높은 수준의 베이킹을 요구하는 최종 렌더링 씬Scene/오브젝트 구성을 위한 협업 단계나, 혹은 그에 준하는 라이팅 품질이 필요한 작업 환경은 얼마든지 있다. VR 네트워크가 활성화하면 이러한 분산 컴퓨팅 서비스는 XR 운영체제에서 사용할 환경 구성에 중요한 축을 담당할 것이다.

마이크로소프트는 이미 물리적 하드 디스크 드라이브와 웹 스토리지[6]를 하나로 통합하는 서비스인 원 드라이브One Drive에서 개인 PC와 클라우

---

3 Retopology. 메쉬 구조를 재작성하는 것

4 Sample. 프로그레시브 라이트 맵퍼(Progressive Light Mapper)에서 한 픽셀을 베이킹하기 위해 광원에 도달할 때까지 연산하는 광자의 경로 수

5 Texel. 텍스처에서의 화소. 텍스처 이미지의 픽셀 수와 무관하게 텍스처의 본질적인 정보량을 결정한다.

6 Web Storage. 온라인 저장소

드 컴퓨팅의 밀접한 연동의 첫 단계를 내디뎠다. 현재 웹에 연동되는 PC 구성요소는 주로 저장소에 한정되지만, 아키텍처 레벨에서 CPU 보안이 클라우드 컴퓨팅을 염두에 두고 설계된다면 프로세싱의 웹 분산이 로우 레벨Low Level, 하드웨어에 가까운의 서비스로 제공되는 것도 기대할 수 있다. 만약 이를 마이크로소프트에서 출시한다면 원 드라이브와 함께 원 프로세서 OneProcessor와 같은 브랜드명을 붙이지 않을까.

메타버스와 현실 사회_
월드 와이드 웹을 넘어서는
메타버스의 탈중앙화

챕터4에서 네오스 VR이 추구하고 있는 가상 현실 구조의 형태를 살펴보았다. 그리고 이들이 추구하는 VR이 마치 월드 와이드 웹과 같은 개념임을 이야기했다. 지금부터는 좀 더 본격적으로 장기적인 관점에서 VR이 어떠한 기술적인 형태를 가질 것인가에 관해 필자의 주관적인 상상을 이야기해 볼 것이다.

사람들은 주로 인터넷, 월드 와이드 웹을 무선으로 사용하기 때문에 이것이 인공위성이나 기타 무선 통신을 통해 작동하는 것으로 상상하는 경향이 있지만, 이는 사실 우리가 사용하는 단말기에 한정된 것이다. 월드 와이드 웹이 존재하기 위해서는 몇 가지 요소가 요구되는데, 그중 첫 번째는 대륙과 대륙 사이를 잇는 해저 통신 케이블과 지하에 매설된 통신 케이블이다. 우리는 천문학적인 비용을 들여 수많은 해저 케이블들을 6대양의 해저에 설치했다. 그래서 거미줄처럼 얽힌 국가 간 통신 케이블이 한 국가에 도착하면 이를 해당 국가의 인터넷 서비스 제공자ISP가 받는다. 우리나

라에서 흔히 말하는 통신사들이 ISP이다. 이들은 자국 내에서 지하나 전봇대 사이에 마찬가지로 거미줄처럼 통신선들을 설치했다. 이를 인터넷을 사용하려고 하는 건물에서 모뎀에 연결하면, 다시 무선 공유기나 랜선을 통해 우리가 사용하는 단말기가 인터넷에 접속한다.

현재의 인터넷은 전화선을 통한 전화 연결과 달리 정보를 송수신하는 두 기기가 하나의 통신선으로 직접 연결되지 않는다. 그물망처럼 얽힌 통신선은 그 망의 형태에서 이름을 따와 네트워크라고 부르는데, 우리는 인터넷 네트워크 속에서 정보를 전달하기 위해 IP주소를 사용한다. 편지를 쓸 때 주소를 첨부하는 것처럼 인터넷을 통해 전송하는 정보에 그것이 도달할 지점의 IP주소를 표기하면, 이 네트워크 속의 어느 지점들을 거쳐서라도 언젠가는 목적지에 정보가 도달한다. 우리는 네트워크를 설립하고 관리하는 모두가 각자가 담당하는 네트워크의 한 부분에서 IP주소에 맞춰 정보를 전달한다는 약속을 인터넷 프로토콜, IP라고 불렀다.

월드 와이드 웹은 이 TCP/IP 프로토콜로 작동하는 인터넷 네트워크 위에서, 웹 페이지 형태로 정보를 전달하는 방식을 미리 규정해 둔 것이다. 그래서 웹 페이지를 구성하는 요소들을 해당 웹 페이지를 개설한 서버에서 요청하여 전송받는 절차를 인터넷상의 모든 웹 페이지들과 이를 불러올 인터넷 브라우저에서 공통으로 사용할 수 있도록 HTTP_{HyperText Transfer Protocol}를 만들었다.

HTTP에 따라 웹 페이지를 불러오려는 측에서 정보를 요청하면, 서버는 맨 먼저 해당 웹페이지의 HTML 문서를 전송한다. 이는 해당 웹페이지를 구성하는 요소를 배치한 문서로, 제목, 본문, 이미지나 다른 객체들의 위치

등의 정보가 담겼다. 그래서 HTML이 웹페이지의 골조를 제공하면, 다시 웹 브라우저는 이 골조 위의 객체를 HTTP 프로토콜에 따라 서버에 요청한다. 그러면 서버는 세부적인 요소를 구현하는 CSS^{Cascading Style Sheets} 스크립트를 전송한다. 그중에서도 더욱 복잡한 요소는 자바스크립트^{JavaScript}나 여타 다른 언어로 구현한 객체를 추가로 요청하고 전송받곤 한다. 이 모든 절차가 완료된 후에 우리가 접하는 웹 페이지가 브라우저에 표시된다.

월드 와이드 웹의 HTTP 프로토콜은 특허가 등록되어 있지 않아서, 누구나 원하면 이 프로토콜을 사용해 인터넷상에 웹페이지를 개설할 수 있다. 각자의 컴퓨터 위에서 서버를 제작하여, HTTP 프로토콜에 따라 서버가 제공하는 웹페이지를 불러오려 하는 사람의 인터넷 브라우저에 요청에 맞는 정보를 보내 주면 된다. 상황에 따라 인터넷 서비스 제공자에게 요금을 지급해야 하는 경우가 있지만, 기본적으로 월드 와이드 웹은 누구에게나 열려 있는 공간이다.

웹 페이지는 전 세계에 설치된 물리적 통신망의 끝에서 정보를 윈도우의 형태로 주고받기 위해 개발된 방법이다. 그것이 평면 디스플레이 장치에서는 충분한 범용성을 가졌기에 우리가 아는 인터넷의 대부분이 이 형태로 제작된다. 그렇지만 월드 와이드 웹은 인터넷상에서 사용하는 여러 통신 방법의 한 형태일 뿐이다. 월드 와이드 웹이 아닌 인터넷 통신의 대표적인 사례는 이메일이 있다. 간단하게 비교하자면 모든 웹 페이지는 도메인이라 불리는 인터넷 주소를 사용하지만, 모든 이메일은 @을 포함하는 주소를 사용한다. 사소한 차이로 보이지만 그 기반에 있는 기술의 구조는 전혀 다르다. 마찬가지로 웹 페이지를 사용하지 않는 모바일 애플리케이션 사이의 통신이나, IoT^{Internet Of Things}라 불리는 사물인터넷도 월드 와이드 웹과는 구분되는 인터넷 통신을 사용한다.

VR이 앞으로 추구해야 하는 방향도 VR 공간을 구성하기 위한 인터넷 통신 기술의 표준을 확립하는 것이라 여겨진다. 월드 와이드 웹이 HTTP 프로토콜을 기반으로 현재 전 세계에 걸쳐 설치되어 있는 인터넷 네트워크의 물리적 기반 위에 아주 성공적으로 안착한 것처럼, 가상 현실 공간을 전제로 하는 네트워크 프로토콜도 현재의 월드 와이드 웹 수준의 지배적인 인터넷의 형태로 성장할 수 있다.

우리가 가상 현실 공간을 구성하는 방법도 월드 와이드 웹이 웹페이지를 구성하는 것과 큰 맥락에서는 별반 다르지 않은 구조를 가진다. 물론 유니티 엔진과 언리얼 엔진, 그리고 그 외의 3D 엔진에는 모두 약간의 차이점이 있지만, 전체적인 틀은 크게 다르지 않다. 즉, 가상 현실 공간을 구성하는 방식은 어느 정도 표준화되어 있다. 월드에 배치되는 오브젝트의 위치는 트랜스폼^{Transform}과 계층 관계^{Hierarchy}로 표현되며, 각 오브젝트는 메쉬^{Mesh}나 파티클 시스템^{Particle System} 등의 객체이고 스크립트에 의해 그 세부적인 작동 방식이 결정된다. 다만 세부적인 측면에서의 표준화 작업이 필요하다. 추가적으로는 가상 현실에서 사람 사이의 의사소통이 가지는 중요도를 고려하여, 실시간 오브젝트 싱크와 음성 채널 지원을 위해 네트워크 자원을 효율적으로 활용하는 절차가 표준화되어야 한다.

현재는 게임 회사라고 불리는 일부 가상 현실 서비스 제공자들이 자체적으로 개발한 프로그램 위에서 가상 현실 공간을 제공하고 있다. VR챗을 켜면 VR챗의 월드에만 접근할 수 있고, 네오스 VR의 월드로 이동하기 위해서는 네오스 VR 프로그램을 켜야 한다. 그렇지만 앞으로 온라인 VR에 월드 와이드 웹과 같은 기술 표준이 제정되어 전 세계적으로 통용된다면, 우리가 특정 웹사이트를 이용하기 위해 특정 웹 브라우저를 사용해야 한다는 제약이 없는 것처럼 VR 월드에 접근하기 위해 VR 브라우저를 사용할 수 있게 될 것이다.

월드 와이드 웹의 사용처는 아주 넓어서, 우리는 인터넷으로 다양한 작업을 한다. 검색 엔진에서 웹 서핑을 하고, 유튜브나 넷플릭스와 같은 콘텐츠 플랫폼에서 시간을 보낸다. 혹은 필요한 소프트웨어나 파일을 내려받을 수도 있고, SNS상에 게시물을 올릴 수도 있다.

한국의 관공서 대부분이 웹 페이지를 운영하는데, 온라인으로 민원을 접수하거나 세금을 납부하는 일도 전자 서명으로 처리된다. 군대 영장도 카카오톡 메시지로 전송된다. 온라인 뱅킹으로 금융 거래를 할 수 있고, 온라인 쇼핑몰은 오프라인 쇼핑몰 이상의 상품 다양성을 보유한다. 심지어 대학 원서 접수나 회사의 채용 공고도 웹 페이지에 게시된다. 그만큼이나 월드 와이드 웹은 그것이 어떠한 기반 위에 어떠한 구조로 설계된 것인가에 의문을 품을 이유도 없이 우리 삶의 일부분이 되었다.

이 모든 것은 가상 현실이 일개 게임 회사가 아니라, 월드 와이드 웹과 같이 일원화된 기술 표준에 의해 구현될 때에만 현실적으로 시도할 수 있다. 우리가 월드 와이드 웹을 모든 관공서나 금융 거래에 사용할 정도로 신뢰할 수 있었던 이유는, 웹이라는 개념이 어떠한 회사의 소유물이 아니었기 때문이다.

현재의 가상 현실은 그러하지 않다. 지금의 가상 현실 내에서 금융 거래를 하는 것을 상상해 보라. 우리는 이를 해당 가상 현실 서비스를 운영하는 회사가 우리의 돈을 은행에 전달하는 것으로 이해할 것이다. 그리고 실제로도 현재 네오스 VR이 자체 통화를 발행하여 운영하는 것은 네오스 VR의 화폐를 현금으로 사는 것일 뿐, 우리가 온라인 뱅킹으로 계좌에 돈을 입금하는 것과는 다른 개념이다.

은행의 웹 사이트에서 예금을 이체하는 것은, 실제로 그 은행과 거래하고 있다는 인식을 준다. 물론 그 뒷면에는 인터넷 서비스 제공자의 통신망으로 거래 정보를 송수신하는 절차가 포함되어 있지만, 우리는 온라인 뱅킹을 이용하며 통신사를 떠올리지 않는다. 가상 현실이 현재의 웹에 맞먹는 전 세계적인 통신 형태로 자리 잡기 위해서는 지금의 웹에 맞먹는 탈중앙성이 보장되어야 한다.

월드 와이드 웹은 우리의 현실 사회가 가진 상당수의 기능을 웹사이트

그림 46 | 네오스 VR의 한 월드에서 현금 카드를 충전하는 모습

의 형태로 가져올 수 있었다. 그러나 웹 사이트가 제공할 수 있는 것은 평면 매체를 통해 이루어지는 상호작용에 한정되었기 때문에 의류 시장의 웹 점유율은 음원 시장의 웹 점유율과 같은 수준으로 성장하지 못했다. 하지만 가상 현실이 현재의 웹 서비스가 갖는 보편성과 범용성을 지원하게 된다면, 현실 사회에서 온라인으로 대체할 수 없는 영역은 사실상 없다. 굳이 예시를 찾자면 식품이나 향수, 의료 등 가상 현실 기술에서 지원하기 어려운 것들만이 남는다. 그러면 현실 사회를 전부 가상 현실 네트워크 속으로 이전할 수 있다.

적금을 개설하기 위해 가상 현실의 은행에 가서, 가상 현실의 안내 창구에 앉아 있는 은행원에게서 종이 형태의 약관을 전달받고 읽고 가상 현실의 펜으로 서명하는 것을 상상해 보라. 이 그래픽의 종이는 실제로는 그래픽의 형태를 포함하는 디지털 파일이기에, 복제하고 저장하여 관리하는 것이 아주 편리해진다. 물론 법적 효력을 위해서는 일반적인 파일과는 달리 공인인증서와 같은 전자 서명 기능이 있어야 할 것이다. 마찬가지로 관공서를 이용할 수도 있다.

현재 온라인 공개강좌MOOC의 형태로 제공되는 유수 대학들의 강의를 가상 현실 강의실의 책상과 의자에 앉아 수강할 수도 있다. 같은 강의를 수강하는 전 세계의 학생들과 가상 현실의 칠판에 펜으로 글씨를 쓰거나, 수업 자료로 제공된 3D 오브젝트를 사용할 수도 있다. 가상 현실 네트워크가 대중화되면 지구상의 어느 곳, 어느 시간에서도 같은 수업을 듣고 있는 사람을 만날 수 있을 것이다. 그냥 해당 강의를 제공하는 월드에 적당히 앉아 있으면 될 뿐이다. 강의 단위로 한정되지 않고 같은 학부 수업을 듣는 학생들이 만날 수 있는 공간을 가상 현실 도서관에 마련할 수도 있다. 소파에 앉아 질량이 없는 전공 책을 공중에 확대해 펼치며, 지구상 어딘가에 있을 학생들과 한 자리에서 같은 책을 보며 토론하는 시대가 열리는 것이다.

전 세계의 수많은 대학에서 똑같은 과목을 가르칠 교수님들이 협업하여 전 세계 학생들이 모두 공통으로 수강할 완벽한 커리큘럼을 만들어 전 세계 대학의 학부 기초 교육과정을 일원화할 수도 있다. 가상 현실의 대학은 세계 최고의 교육을 아주 적은 비용으로 시간과 공간의 제약을 뛰어넘어 배울 의지가 있는 모든 이들에게 제공할 것이다. 이는 먼 미래의 이야기가 아니다.

여러 가상 현실 제작자 커뮤니티에서는 종종 가상 현실 내에서 콘퍼런스를 연다. 필자가 참석하고 있는 한국 월드 제작자 교류회에서도 실제 걸어 다닐 수 있는 가상 현실 공간을 배경으로 건축 디자인 이론에 관한 강연

그림 47 '잊힌 도서관(Forgotten Library)'에서 책꽂이에 꽂힌 책을 꺼내는 필자

이 열린 적이 있다. 실제 입체 공간을 자료로 활용한 해당 강연은 간접 조명과 직접 조명의 시각적 효과, 동선 설계와 관련된 내용이 중심으로 다루어졌는데, 공간 속에서 이동하며 설명을 듣는 것은 지면이나 화면을 통해 보는 예시와는 차원이 다른 깊이를 제공했다.

VR이 앞으로 추구해야 하는 방향도 VR 공간을 구성하기 위한 인터넷 통신 기술의 표준을 확립하는 것이라 여겨진다. 월드 와이드 웹이 HTTP 프로토콜을 기반으로 현재 전 세계에 걸쳐 설치되어 있는 인터넷 네트워크의 물리적 기반 위에 아주 성공적으로 안착한 것처럼, 가상 현실 공간을 전제로 하는 네트워크 프로토콜도 현재의 월드 와이드 웹 수준의 지배적인 인터넷의 형태로 성장할 수 있다.

도시 구조의 변화_
가상 현실로 이주하는 도시,
현실에 남겨진 사회기반시설

우리 인류 문명에 있어 도로는 필수 불가결한 기술이었다. 문명이 발전하고 도시가 성장하며 산업 구조가 복잡해질수록 더 넓은 지역에 더 촘촘히 도로를 건설해야 했고, 그런데도 도심지의 도로는 날이 갈수록 증가하는 교통량에 언제나 교통 체증에서 벗어나지 못했다. 도시의 직장인들은 매일 짧게는 수십 분, 길게는 한 시간 이상을 출·퇴근 길에서 보낸다. 8차선 도로를 메우는 차들과 만원 지하철의 갑갑함은 이제는 도시의 상징이 되어버렸다.

2019년에 미국 환경 보호국Environmental Protection Agency, EPA에서 발표한 업종별 온실가스 배출량 통계에 따르면, 농경/상업, 주거, 산업, 발전, 운송의 다섯 항목 가운데 전체 배출량 중 운송이 차지하는 비율은 29%로 1위였다. 여기에서 이야기하는 운송은 다시 몇 가지 항목으로 세분화할 수 있는데, 그중 개인 차량이 대부분인 경량 차량Light-Duty Vehicles 항목이 차지하는 비율이 전체의 58%였다. 항공과 철도, 선박이 차지하는 비율은 불과 14%

에 그쳤다.

즉, 우리가 출·퇴근이나 여행을 위해 자동차로 이동하는 것은 시간과 자원을 매우 비효율적으로 사용하는 것이다. 이미 20년 전 인터넷의 시대가 도래하며 지구상 어느 지역에도 정보를 0.1초 이내에 전송할 수 있게 되었지만, 운송에 의한 온실가스 배출량은 지속적으로 증가해 왔다. 정보화 시대에도 정보의 운송으로 대체될 수 있었던 운송 수요는 충분하지 못했다. 그동안 팩스와 수기에서 컴퓨터와 인터넷으로 업무 형태는 변화했지만, 우리는 여전히 전통적인 사무실의 형태를 버리지 못했다. 적어도 2019년까지는 그랬다.

2020년과 2021년, 우리는 2년간의 코로나19 시대를 지나왔다. 이는 전통적인 기업 사무실 문화를 포기하는 현시대 최대의 사회적 실험을 요구했다. 그 어떠한 사전 준비도, 변화할 업무 환경에 맞춘 교육도 받지 못한 채로 우리는 코로나19 시대의 재택근무에 적응해야만 했다. 그 처음은 물론 혼란의 연속이었다. 대면으로 진행했던 미팅과 회의, 혹은 타 회사와의 업무에서도 직접 방문하는 출장을 포기하게 되었고, 서면으로 전달되던 문서는 모두 디지털화해야 했다. 화상 통화 서비스를 이용한 온라인 미팅에서 카메라와 마이크에 익숙해지는 데에도 시간이 걸렸다. 그 와중에 화면 공유나 프레젠테이션까지 원활하게 사용하기는 쉽지 않았다.

준비되지 못한 재택근무가 가져온 한계점도 있었다. 처음 회사에 입사하여 일을 배우게 된 사람은 직접 실무를 보고 배우지 못해 업무 습득이 느리다는 점을 지적했다. 전체 불편사항의 62.6%를 차지했던 요소도 의사소통의 곤란함이었다. 일과 휴식이 모두 한 공간에서 이루어지다 보니 집에서도 편히 쉬지 못한다는 의견도 있었다.

하지만 준비되지 않은 과도기는 그리 길지 않았다. 2020년 7월, 고용노동부에서 5인 이상 기업 인사 담당자 400명과 근로자 878명을 대상으로 잡플래닛에 위탁하여 재택근무 활용 실태를 조사한 결과, 전체의 48.8%의 사업장이 재택근무를 운영하고 있었다. 재택근무로 업무 효율성이 늘었냐는 질문에는 66.7%의 인사 담당자들이 매우 그렇다거나 그런 편이라고 응답했다. 근로자의 경우 재택근무에 만족하는 사람이 전체의 91.3%로, 막상 시도해 본 재택근무는 나쁘지 않은 성과를 거뒀다. 재택근무의 긍정적 요소로는 86%의 사람들이 출·퇴근 스트레스 해소를 꼽았고, 삶의 질 향상이 36.5%의 응답으로 그 뒤를 이었다.

이처럼 불필요한 인적 운송을 재택근무로 대체하는 시도는 어쩌면 우리가 인터넷을 발명하고 지난 20년간 적절한 계기의 부족으로 시도하지 못했던 필연적인 절차였다. 모든 것을 데이터화하여 빛의 속도로 주고받는 인터넷 사회에서는 우리가 사무실로 이동하는 것보다 데이터화된 사무실이 우리에게 전송되는 것이 훨씬 합리적인 선택이다.

대도시를 이루는 고층 빌딩의 거대한 사무실이 사라져 가고, 아침 출근길의 꽉 막힌 도로가 과거의 유산이 되어 가는 것은 일부 노동 환경의 변화에 그치지 않는다. 회사의 문화적 변화만 뒷받침된다면 근무 중인 직장이 있는 국가에서 거주할 필요가 없다. 아직 대중화되지는 않았지만, 많은 개발 직종은 컴퓨터와 인터넷만 있다면 지구상 어디에서도 원격으로 근무할 수 있다. 이 책의 전반에 걸쳐 이야기하고 있는 VR챗과 네오스 VR은 그러한 기업이다.

VR챗 홈페이지의 경력 탭에서 사내 복지Perks 항목을 살펴보면 그 첫 번째가 원격 근무이다. VR챗의 본사는 미국에 있지만, 자체적인 협업 소프트웨어를 사용하여 해외 지역에서 원격으로 근무하는 직원이 상당히 많은 것으로 알려져 있다. 알래스카의 오로라 아래에서 대전에 있는 회사의 서버에 접속하여 부산에 있는 사람과 가상 현실 회의실에서 업무 회의를 하는 것을 상상해 보라. 매일 아침 도시의 소음 속에서 자동차 엔진과 같은 공기를 호흡하지 않아도 되는 직장 생활은 꿈이 아니다.

가상 현실과 원격 협업이 도시의 직장 형태만을 변화시키는 것은 아니다. 그보다 좀 더 본격적으로 가상 현실 기술이 사용될 미래 도시는 우리의 소비문화에도 큰 변화를 불러온다. 도시를 상징하는 기업 문화가 초고층 빌딩이었다면, 현대 도시를 상징하는 소비문화는 백화점으로 대표된다. 한국도 지난 시절 급성장한 경제를 바탕으로 도심에 대형 백화점을 건설했다. 그중에서도 국내 최대 규모였던 삼풍백화점은 우리 사회가 빠른 성장의 이면에 덮어 두었던 불법과 부적절한 경영의 폐해를 대표하는 참사를 겪었지만, 그러한 문제점을 포함하여 그것은 도시화의 상징이었다. 백화점으로 대표되는 다중 이용 시설의 규모는 성장을 거듭하여 컨벤션센터나 전시관과 쇼핑 시설을 겸하는 플라자Plaza도 건설되었다.

이러한 대규모 다중 이용 시설은 도시 교통의 중심지에 건설된다. 하지만 그러한 지역에 대규모 주거 시설을 건설할 수는 없기에, 아이러니하게도 교통의 중심지는 주거 집중 지역과는 거리가 있다. 가장 많은 상품을 판매하는 곳과 가장 많은 인구가 거주하는 지역, 산업 구역이 한자리에 양립할 수 없기에 도시의 교통은 언제나 만원이었다.

가상 현실 사회에서 건설되는 백화점은 교통의 중심지에도, 주거 밀집 지역에도 건설할 필요가 없다. 그저 도시의 적당한 지점에 서버 센터를 건설하기만 하면 그 도시와 주변 지역뿐만 아니라 해외의 고객들도 하나의 매장을 이용할 수 있다. 에스컬레이터와 식당가 없는 백화점을 생각해보라. 현실에 그런 백화점이 있다면 여러모로 큰 불편함을 유발하겠지만, 비유클리드 공간과 적절한 이동 시스템을 사용하는 가상 공간 설계는 대규모의 백화점을 이용하며 수 킬로미터를 걸어 다녀야 할 필요성을 해소한다. 식당가보다 각자의 집 주방이 물리적으로 더 가까운 가상 현실의 백화점에서 현실의 건축물이 가져야 할 기능적 요소를 고려할 필요는 없다. 그래서 현재 가상 현실 속에서 운영되는 세계 최대 규모의 가상 백화점인 버츄얼 마켓은 지금의 비현실적인 규모를 가질 수 있었다.

가상 현실을 통한 대규모 상업의 잠재성은 현재 보여주기식으로 운영되고 있는 낮은 품질의 가상 현실 서비스의 영향으로 상당히 저평가되고 있다. 더 큰 가능성을 위해서는 우리 사회의 여러 산업을 애초부터 가상 현실 환경을 염두에 두고 운영할 경우로 가정해야 한다. 예를 들어, 현재 시범적으로 운영되는 가상 현실 의류 쇼핑 서비스는 매장의 디지털 스캔이나, 의류의 3D 스캔을 고객의 사진에 덧붙여 보여주는 정도가 최선이다. 하지만 이것으로는 매장에서 직접 상품을 입어 보는 수준의 경험을 할 수 없다. 3D 스캔의 낮은 품질은 당연하고, 무엇보다 옷의 재질과 실착용 형태를 알 수 없기 때문이다. 섬유는 접히거나 늘어날 수 있으며 탄성도 있는데, 그러한 물리적 특성이 전혀 반영되지 않는 서비스는 사실상 무용지물이다.

의류를 생산하는 브랜드에서 각 원단 재질의 물리적 특성을 라이브러리[1]화하여 제공하고, 재단/재봉 구조를 3D 파일로 관리한다면 매장 측에서 물리 엔진을 적용한 시착 서비스를 제공할 수 있다. 천 재질의 물리 시뮬레이션은 이미 충분히 연구되어 있어서, 블렌더와 같은 3D 모델링 소프트웨어에서도 이를 제공한다. 의복의 3D 데이터와 원단의 물리 성질만 제공되면, 3D로 스캔한 신체 메쉬에 이를 입혀서 실시간으로 시뮬레이션하는 것은 어렵지 않다. 단순히 입은 모습만을 제공하는 것이 아니라, 즉석에서 입은 채로 팔과 다리를 움직이고, 걸어 다니며 거울을 볼 수도 있다. 이는 막연한 상상이 아니라, 지금 당장이라도 어렵지 않게 개발할 수 있는 서비스를 이야기하는 것이다.

전자제품이나 가구 등 고정된 물리적 형태가 있는 상품의 매장은 VR 네트워크 안으로 이전하기가 더욱 쉽다. 전자제품의 경우에는 하드웨어를 버츄얼 머신으로 시뮬레이션할 수 있으며, 자동차 분야라면 사고를 신경 쓰지 않고 험한 환경에서 시승할 수 있다.

고층 빌딩과 교통, 이 두 가지를 가상 현실 네트워크 속으로 이전한 후 클라우드 컴퓨팅을 중심으로 설계될 디지털 신도시는 현재의 도시와는 확연히 다른 구조를 가진다. 교통의 중심지에 산업과 상업이 밀집되지 않고, 불필요한 교통은 다른 형태의 물자 운송 시스템으로 변화할 것이다. 사람이 탑승하지 않는 물자 운송 시스템은 자율주행의 윤리적 문제에서 비교적 자유로울 수 있다.

---

1 자주 사용되는 요소를 이후에 다른 프로그램에서 반복적으로 사용할 수 있도록 정리한 것

VR 네트워크 속으로 이전된 근무 환경과 자동화된 물류의 도시는 지금의 도시 인구 과밀 문제를 효과적으로 해결할 수 있다. 도시의 중심지가 지리적 중심에서 온라인 공간으로 대체된 후, 8차선 도로가 필요 없는 도시에서 도심지의 선호도는 이전과 같지 않을 것이다.

　현대 시대에 컴퓨터는 마치 냉장고와 같이 주거에 필수적인 가구의 하나처럼 취급된다. 거의 모든 주거시설은 기본적으로 인터넷을 제공하고, 집에 컴퓨터 한 대가 없는 사람은 많지 않다. 마찬가지로 가상 현실 네트워크가 월드 와이드 웹과 같은 규모로 성장할 시점에는 XR 운영체제의 컴퓨터와 XR 기기가 대부분의 가정에 보급되어 있을 것이다. 네트워크의 성장을 위해서는 먼저 충분한 사용자가 요구되기 때문이다. 그리고 XR이 주거 환경의 일부로 포함될 시기에, 우리는 본격적으로 가상 현실 네트워크 위에서의 사적 공간을 다루게 된다.

　앞서 4장에서 가상 현실에 공적 공간과 사적 공간, 두 가지 목적의 공간이 설계되고 있음을 다루었다. 이때 공적 공간은 앞서 이야기한 가상 현실 네트워크를 통한 재택근무, 백화점, 관공서와 대학 등 가상 현실 네트워크 속으로 이전된 다중 이용 시설을 지칭하는 개념이 될 것이다. 반면 사적 공간은 버츄얼 데스크톱을 중심으로 자신의 집에 가상 현실 네트워크를 통해 지인을 초대할 수 있는, 주거 공간의 연장선 위에 있는 XR 공간이다. 현재는 VR챗의 프라이빗 인스턴스가 그러한 역할을 하고 있지만, 가상 현실 네트워크의 형태로 확장된 가상 현실 공간에서 사적 공간은 그저 인스턴스를 분리하는 형태가 되지는 않을 것이다.

　가상 현실 네트워크 위에서의 사적 공간은 개인용 PC나 개인용 클라우드 컴퓨팅 서비스 위에 소규모 서버를 구축하는 형태로 만들어질 수 있다. 현재는 네오스 VR이 그러한 방식으로 운영된다. 좀 더 구체적인 세부사항을 이야기하자면, 디스코드가 사용하는 '서버' 모델을 상상하면 된다. 물론 이는 웹 개발에서의 서버를 이야기하는 것은 아니다. 디스코드가 사용하는 이 표현은 기존의 단체 채팅에 웹 저장 공간과 그룹 내 영상/음성 스트리밍을 추가로 지원하는 것을 말한다.

그래서 물리적으로 지인을 집에 초내하지 않아도, 각자의 집에서 XR의 영역만을 가상 현실 네트워크를 공유하는 방식으로 한 공간에 모일 수 있다. 사용자 경험의 관점에서 이는 현재 VR챗 의 프라이빗 인스턴스에서 사람을 만나는 것이 XR의 형태로 현실 주거 공간에 연속적으로 구현된 것에 지나지 않는다. 그러나 그 서비스의 주체가 개인 PC에 있어, 현재의 VR 챗과 같은 중앙 관리자가 존재하지 않고 그대로 온전히 각자의 주거 공간이 XR 호스팅의 중심이 되는 것에는 큰 의미가 있다.

그림 48 MarsMiner(마스마이너)의 오두막(My Cabin), 3차원 스캔 VR챗 월드

메타버스 빅 데이터_
지상 최악의 빅 브라더,
전 인류를 학습하는 인공지능

페이스북이 오큘러스를 인수한 이후 VR챗의 간접적 실명화에 관한 사회
적 반감이 강하게 형성되면서부터 광고에 대한 비판적 의견이 가상 현실
사회에서 중요한 담론으로 성장했다. 최근 몇 년의 유튜브 광고 정책의 변
화에 대한 반감은 그 기폭제가 되었다.

구글의 광고 정책을 관통하는 키워드는, 사용자 맞춤이다. 등산 계획을
세우고 있으면 등산화 광고가 표시되고, 다른 지역으로 여행을 가면 해당
지역의 레스토랑 광고가 표시되는 것을 본 경험이 종종 있을 것이다. 이는
불특정 다수가 이용하는 웹 환경에서 광고주가 적절한 예상 소비자에게
선별적으로 광고를 제공하여 비용 대비 높은 광고 효과를 거둘 수 있다는
장점이 있다. 가볍게 생각하면 사용자 입장에서도 필요한 정보를 제때 제
공해주는 편리한 서비스이다.

하지만 이 광고가 어떻게 우리에게 제공되었을지를 생각하면 미묘한 반
감이 생겨난다. 우리가 온라인에서 하는 모든 활동이 기록되고 제3자에게

제공되어 그들의 경제적 이익을 위해 우리의 정보를 활용한 결과가 이러한 사용자 맞춤 광고이기 때문이다. 물론 이는 약관에 포함된 내용이었겠지만, 모든 약관을 시간을 들여 꼼꼼히 읽는다고 하더라도 이를 부분적으로만 거부할 권리는 잘 보장되지 않기에 우리가 그러한 약관에 동의할 수밖에 없다는 것을 누구나 잘 알고 있다.

VR, XR 환경은 이러한 사용자 맞춤형 광고가 적용되기에 최적의 요소를 갖추고 있다. 앞 챕터들에서 VR챗에서 오랜 시간을 보내며 살아가는 사람들이 있다는 이야기를 했었다. 필자 또한 그중 한 사람이며, 그러한 사람들과 많은 시간을 보내곤 한다. 우리의 가상 현실 사생활 속에는 손가락 마디마디부터 목소리와 자세까지, 사용자의 신체에서 이루어지는 모든 활동을 기록할 수 있는 인터페이스가 매초 함께한다. 그리고 이는 익명성을 아주 중요한 가치로 여기는 가상 현실 커뮤니티에서 사용자 맞춤 광고에 대한 강력한 반감을 형성하기에 충분했다.

그림 49 Shatoo(샤투)가 제작한 루아 네온 시티(Lua Neon City)의 타 이벤트 월드 광고

메타버스 사회는 빅데이터 기술의 적용에 아주 적합한 조건을 갖추고 있다. 기존에 우리가 현실 사회에서 데이터베이스를 구축하기 위해 들여야 하는 노력의 상당 부분이 기술적 방법으로 대체될 수 있기 때문이다. 앞서 설명한 가상 현실 네트워크의 사회에서, 대중의 삶 전반을 정의하는 요소들은 이미 디지털화되어 온라인상에 존재한다. 이를 크롤링[1]할 봇과 키로거KeyLogger와 같은 불법 소프트웨어가 가상 현실 네트워크 속을 이 잡듯 뒤질 미래는 어쩌면 확정적이라고 할 수 있다. VR챗에서도 우리는 이미 그러한 예시를 경험했다. VR챗에서 개인이 업로드하여 사용하고 있는 비공용 아바타들을 크롤링한 데이터베이스, 리퍼 스토어Ripper Store는 뻔뻔하게도 그 아바타 파일을 무료로 배포한다. 이들은 자체 제작한 불법 개조 VR챗 클라이언트를 사용하여 VR챗의 퍼블릭 월드를 이용하는 불특정 다수의 아바타 파일을 크롤링했다. 피해를 본 아바타는 300만 개가 넘는다.

또한, 빅 데이터가 누군가의 정치적 목적을 위해 사용될 수 있다는 점은 아주 큰 위협이다. 가상 현실 네트워크의 사회에서 이러한 규모의 정보를 수집하고 가공할 수 있는 역량을 가진 존재는 그리 많지 않다. 대규모의 서버실과 기술자를 운용할 수 있는 대기업, 정부가 대표적이다. 기업은 이를 이권을 위해 사용하겠지만, 정치권이 이를 특정한 사상적 가치관을 유통하는 전략으로 사용한다면 문제는 아주 심각해진다. 조지 오웰의 소설 〈빅브라더〉와는 차마 비교할 수 없는 촘촘한 네트워크의 감시망이 세워지는 것이다.

---

1 Crawling, 웹에서 정보를 수집하는 것

가상 현실 네트워크의 공적 공간에서 웹 수집이라는 이름으로 공공연하게 이루어질 크롤링을 원천적으로 차단하는 것은 실효성이 없다. 그것을 방지하는 것이 기술적으로 불가능에 가까울뿐더러, 그것에서 기업이나 정부가 얻을 수 있는 이점도 상당하기 때문이다. 이는 물론 기업에서 광고를 목적으로도 사용할 것이며, 정부 정책 수립을 위한 연구 단계에서 필수적인 절차로 고려될 것이다. 그리고 이는 일반 웹을 사용하는 우리가 현재 어쩔 수 없이 받아들이는 수준의 것으로, 크게 걱정할 요소는 아닐 수 있다. 하지만 가상 현실 네트워크 속의 사적 공간에 대한 감시가 기술적으로 가능하다는 점은 중대한 문제이다.

앞서 설명하였지만, 인터넷의 모든 통신은 인터넷 ISP(서비스 제공자)를 통해 이루어진다. ISP는 인터넷을 통해 교환되는 모든 정보의 단위인 패킷Packet을 직접적으로 녹취할 수 있는 충분한 기술적 요건을 가지고 있다. 현재 그러한 패킷 감청은 헌법 위배 소지가 다분하기에 아주 제한적인 목적으로만 이루어진다. 더욱이 지금까지는 그러한 위험을 감수하고 불특정 개인의 패킷을 감청할 합리적인 이유가 없었다. 여론 수렴을 위해서는 패킷까지 건드리지 않아도 웹 크롤링 등 합법적인 수단이 많았기 때문이다. 하지만 우리의 사생활의 상당 부분이 가상 현실 네트워크 속의 사적 공간에 존재하게 될 미래에는, 사적 공간에서 이루어지는 일들을 녹취할 유일한 방법인 패킷 감청이 그 리스크를 감수할 가치가 있다고 판단되는 사건이 생길지도 모른다.

이처럼 가상 현실 네트워크 환경에서 빅 데이터 수집은 필연적으로 일반 사용자가 민감하게 받아들일 윤리적 문제를 내포하고 있다. 자칫 잘못하면 이는 헌법에서 보장하는 신체의 자유를 근본적으로 훼손하는 기술과 이를 활용하여 기대되는 막대한 금전적 이익을 위해 제도를 회피하려 하는 집단의 총체적 파국으로 치달을 수 있다.

앞서 가상 현실 문화에서 살펴보았던 수평적 창작자-소비자 관계와 이를 기반으로 성장한 개발자 커뮤니티는 그러한 사태를 조기에 방지하기 위해 의견을 수렴하는 교섭 단체의 위치에 있다. 이들은 공용의 기술을 개인적인 이익을 위해 사용하려는 집단의 형성을 감시하고 견제한다. 현재 리퍼스토어에 대한 공개적인 비판도 이들에게서 시작되었다.

한편, 그러한 모든 윤리적인 논란을 배제하고 순수하게 기술 연구의 목적으로 가상 현실 네트워크 속으로 이전된 현실 사회에서 발생하는 모든 정보를 이용할 수 있다고 한다면, 기존의 빅 데이터 기반 AI 연구는 다른 차원으로의 진화를 시작할 것이다. 우리는 최근 몇 년간 빅 데이터를 사용한 기계 학습을 통해 여러 놀라운 연구 성과를 거둘 수 있었는데, 대표적으로는 오픈 AI^{Open AI}에서 개발한 자연어 처리 인공신경망 모델인 GPT^{Generative Pre-trained Transformer} 시리즈가 있다. 2020년에 발표된 GPT-3는 주어진 텍스트 조건에서 상황에 맞는 문구를 자동 생성하는 기능을 가졌다. 이는 커먼 크롤^{Common Crawl}이 2019년 10월까지 웹에서 크롤링한 약 66 페타바이트[2]의 데이터셋^{DataSet}을 학습에 사용했다.

물론 기존의 모든 AI 연구가 대중 미디어에서 다뤄질 때 그랬듯, GPT-3 의 작문 능력을 과대평가하여 마치 사람과 같은 창의적 사고력이 있는 것

---

2 Petabyte. 10^15 Byte, 단위로는 10^10MB가 아마 더 익숙할 것이다.

으로 오해해서는 안 된다. 이는 어디까지나 주어진 문제 상황에서 일반적인 사람이 적당히 앞뒤가 맞는 문장을 끼워 맞추는 작업을 모방하는 약인공지능이다. 다만, GPT-3는 그 수준이 아주 높았다. 이전의 그 어떠한 AI보다 많은 분량의 텍스트를, 사람의 작업과 구분하기 힘든 수준으로 작성해낼 수 있었다.

GPT-3는 웹상에 존재하는 텍스트를 기계 학습의 자료로 활용하였지만, 이후 오픈AI가 마이크로소프트에 인수되며 차기작으로 개발된 코파일럿Copilot은 마이크로소프트가 소유한 개발자용 클라우드 저장소 겸 커뮤니티 서비스인 깃허브Github의 코딩 데이터를 자료로 학습했다. 코파일럿은 이를 기반으로 일종의 텍스트 자동완성 기능을 제공하는데, 기존의 일반적인 개발 환경에서 제공하는 함수명이나 변수명 자동완성 기능이 아니라 주석[3]으로 필요한 함수 기능을 개략적으로 작성하면 코파일럿이 해당 기능을 수행하는 함수를 알아서 작성해 주는 기능을 가졌다. 즉, 낮은 수준의 코딩을 알아서 해 주는 것이다.

물론 그 원본이 되는 깃허브의 코드는 완벽하지 않기에 코파일럿은 효율적이지 않은 코드를 제공하거나, 오류가 있는 코드를 제공할 수도 있다. 의도한 기능을 수행하지 못하는 일도 종종 나타난다. 그래도 이는 분명 개발자들이 매일같이 수작업으로 작성하는 코드의 상당 부분을 대체하여 생산성을 극한까지 추구할 수 있게 할 것이다. 이것이 가능했던 이유는 깃허브에 전 세계의 수많은 프로그래머의 코드가 텍스트 형태로 잘 정리되어

---

3 comment(programming)

업로드되어 있기 때문이다. 기계 학습을 통해 좋은 AI를 개발하기 위해서는, 그만큼 좋은 데이터셋이 필요하다.

가상 현실 네트워크 속으로 현실 사회를 이전하는 것은, 웹 크롤링을 통해 얻을 수 있는 데이터셋의 규모와 품질이 이전의 평면 웹과는 비교할 수 없을 수준으로 향상되는 것을 의미한다. 이는 말 그대로, 차원이 다른 변화이다. 그 가능성은 무궁무진하지만, 너무 성급하게 논란의 여지가 있는 의견을 제시하지 않기 위해 하나만 예로 들어보겠다.

가상 현실 네트워크는 기존 웹보다 사용자 간의 의사소통을 중시한다. 이는 대화뿐만 아니라 자세와 비언어적 표현을 포함한다. 대화의 경우에는 음성과 텍스트 모두 충분한 규모의 데이터셋이 수집되어 있어 현재 음성 인식이나 GPT-3와 같은 자연어 처리 기술 개발에 사용되었지만, 자세와 비언어적 표현의 데이터셋은 실질적으로 구축할 방법이 많지 않았다.

그러나 풀 바디 트래킹을 기반으로 모션 컨트롤을 사용하는 가상 현실 네트워크 환경은 그러한 데이터셋 구축의 가능성을 열어 준다. 그래서 현재 자연어 처리 AI가 사람과 유사한 언어적 의사소통을 구현할 수 있었다면, 가상 현실 네트워크에서 크롤링한 데이터셋을 바탕으로 한 기계 학습 모델은 우리의 비언어적 의사소통을 같은 수준으로 모방할 수 있을 것이다. 이것이 직관적으로 어떠한 형태가 될 것인가는 당신의 상상에 맡기겠다.

CHAPTER 7

메타버스 시대의
인공지능 문화

인공지능 공포_
현대의 인공지능 담론과
메타버스 사회의 인공지능

1980년대의 사람들에게 2020년은 미래의 상징이었다. 2020년이 되면 하늘에 자동차가 날아다니며 사람들은 알루미늄으로 된 옷을 입고 수백 층의 고층 건물들이 지구를 뒤덮으리라고 생각했다. 그리고 이제 우리는 2020년을 과거로 하여 다시 미래로 나아가고 있다. 지나온 2020년, 여전히 하늘 도로의 교통 체증은 경험할 수 없었지만, 하늘을 나는 자동차는 제한적으로나마 팔렸다. 알루미늄을 의복 소재로 이용하지는 않지만, 우주복에 사용되던 소재인 고어텍스는 겨울용 점퍼에서 쉽게 찾아볼 수 있다. 일정 높이 이상의 건물은 일조권 문제로 건축 허가가 나지 않지만, 우리는 3D 프린터로 빌딩을 지었다.

미래는 결코 극적이지 않다. 그것은 우리가 적응하는 동물이기 때문이리라. 빌딩 하나 크기의 진공관 컴퓨터와 맞먹는 연산 능력의 스마트폰이 주머니에 들어가는 것도, 그것이 매초 책 수천 권 분량의 정보를 무선으로 주고받을 수 있는 것도 우리에게는 이미 익숙해진 미래이기 때문이다.

〈공각기동대〉[1]에 등장하던 로봇 의체는 아직 우리에게도 먼 미래이지만, 인공 관절 이식 수술이나 인공 심장 이식 수술은 이미 상용화되어 있다. 그리고 로봇 신체가 익숙해질 즈음 우리는 먼 미래로만 생각해 왔던 완전한 인공 의식이 등장하는 것을 무덤덤하게 바라볼지도 모른다.

우리는 인공지능에 익숙해지는 사회, 인공지능이 낳는 생산력이 지탱하는 사회에 근원적인 두려움이 있다. 그것은 지금껏 우리가 아주 당연하게 여겨 왔던 인류라는 존재, 우리 자신이 가진 유일무이하고 대체할 수 없는 가치라고 생각해 왔던 것들이 그 유일성을 잃어버리는 것에 대한 두려움이다. 지금껏 우리가 힘을 모으면 이뤄낼 수 있으리라고 생각한 수많은 목표가 우리의 손이 닿지 않는 곳에서 아주 간단하게 완성돼 버릴 수 있다고 생각하면 우리가 하는 일들이 의미 없는 것으로 여겨진다. 그것이 더더욱 지금껏 편의에 따라 사용해 왔던 저 도구에 의한 것인 현재, 인공지능에 대한 반감은 최고조에 달해 있다. 이는 도구가 우리의 위치로 올라선 것에 가까운 현상이지만, 그것은 우리의 가치가 도구의 수준으로 전락한 것으로 느껴진다.

인간은 좋은 표현을 쓰자면 끝없이 도전하는 존재이고, 나쁘게 표현하자면 우월감을 위해 살아가는 존재여서 모든 것에서 1등에 서고 싶어 한다. 하지만 살아가면서 수많은 실패와 패배를 겪으며 우리는 자신이 모든 것에서 승리자가 될 수는 없음을 깨닫고 각자가 1등으로서 있을 수 있는

---

[1] 시로 마사무네 작, 〈攻殻機動隊〉 / 〈Ghost In The Shell〉, 1989년에 발간(만화). 이후 애니메이션과 영화 등으로 제작되었음. 2017년에 루퍼트 샌더스 감독의 영화로 실사화됨

공간을 찾아 안주한다. 그것은 각자의 분야에서의 성공, 직장에서의 높은 평판과 지위, 혹은 남들이 가질 수 없는 것을 가지는 것으로 충족된다. 소소한 면에서는 자신의 취미가 다른 사람과 비교할 필요 없이 자신에게 가장 만족감을 주는 무언가가 될 수도 있고, 다른 사람이 가지 않는 길, 경쟁 상대가 적은 무언가에서 최고가 되는 것에 만족하기도 한다. 그리고 군중이 추구하는 1등의 위치에 오르지 않아도 각자가 원하는 형태의 고유한, 단 하나밖에 없어 대체할 수 없는 무언가를 가지며 우리는 삶에서 행복을 느낀다. 우리가 사랑하는 사람을 세상에서 가장 아름다운 사람이라고 표현하는 것도 그 연장선에 있다.

인공지능이 주는 공포는 바로 여기에서 기인한다. 우리가 다른 사람에게 우리의 1등을 빼앗기는 것은 언제나 겪어왔던 일이고 그리 두려워할 만한 것이 아니다. 우리의 앞에 서 있는 그 사람 또한 한 사람의 인간이며 언제나 1등의 자리에 있을 수는 없다. 언젠가는 누군가가 그 자리를 대신할 것이고, 어쩌면 우리 자신도 저 수많은 1등의 자리 중에 하나를 가지게 될 날이 올 지도 모른다는 희망을 품을 수 있기 때문이다.

기계가 우리의 자리를 대신하는 것은 타인에게 자리를 빼앗기는 것과 전혀 다른 문제이다. 기계는 사람과는 다른 방법으로 발전하며 작동한다. 성능이 부족하다면 더 많은 하드웨어를 결합하여 성능을 늘릴 수 있고, 그 역량은 연구를 거듭하며 끝없이 우리를 앞서 나갈 수 있을 것처럼 보인다. 그것은 사람이 아무리 노력해도 자동차 엔진보다 빨리 달릴 수 없고 계산기보다 빨리 연산할 수 없는 것과 같다. 인공지능은 단순히 운동 능력이나 연산 능력의 영역을 넘어서서 우리가 우리의 신체를 사용하는 모든 지적 활동에까지 그 범위를 확대한다. 우리가 이루고자 하는 수많은 목표에 그 어떠한 노력으로도 넘을 수 없는 벽이 생기는 것이다.

그래서 우리는 복제 가능한 프로그램에 빼앗기지 않을 유일성을 우리의 창의성과 인간적인 측면에서 찾으려 했다. 그것만이 인공지능이 우리의 존재 그 자체를 웃돌기 이전까지 단기적으로나마 살아남을 수 있는 탈출 구로 보였다. 그러나 그 내면에는 이미 인공지능에 빼앗길 우리의 수많은 역할을 포기한 무기력감이 내포되어 있다. 그리고 이는 나름대로 합리적 인 추론이어서, 결국 우리 사회는 모든 사람이 일하는 것을 필요로 하지 않 을 것이다.

무언가를 하고 싶다 꿈꿔도 그 대부분은 인공지능이 아주 짧은 시간 내 로 이루어낼 수 있으며, 미래를 이끌어나가는 선두가 되는 것은 극히 일부 만의 전유물로 한정되는 사회에서, 우리는 성취할 목표를 잃어버린다. 기 술을 개발하는 측에 있지 않은 평범한 사람에게 인공지능은 자신의 존재 이유에 대한 위협으로 보이기도 했다.

반면 인공지능에 대해 기대를 품는 측에서는, 인공지능의 발전을 고대 그리스의 노예제도와 겹쳐 보기도 한다. 고대 그리스 인구의 25%가 제공 한 생산력이 그 상위 신분의 사람을 노동으로부터 해방하여 민주주의가 발달할 수 있었던 것을 떠올리기도 한다. 인간에 의해 통제된 인공지능은 그리스의 노예를 현대 시대로 가져오는 것과 같다. 하루하루 살아남기 위 해 발버둥치며 원하지 않는 일에 인생의 시간 대부분을 허비하는 것에서 벗어나 원하는 일을 하며 자아를 실현하는 삶을 누릴 수도 있을 것이다.

한나 아렌트Hannah Arendt의 저서 《인간의 조건》에서는 인간의 삶에서 활동의 개념을 노동, 작업, 행위로 구분하여 이야기했다. 여기서 노동은 우리가 의식주를 필요로 하는 생물로서 생존의 물질적 조건을 만족하기 위한 활동을 말한다. 현대 사회에서 이는 주로 직장과 가정에서 이루어진다. 작업은 생존과는 무관하게 자연을 변형하여 인공적인 형태로 만드는 모든 물질적 활동을 의미하는 것으로, 우리가 야생 동물과 달리 자연적으로 존재하지 않는 환경을 가꾸려고 하는 활동을 의미한다. 취미가 이에 해당한다. 그리고 마지막으로 행위는 사회적 동물로서의 우리가 물질적인 가치를 생산하지 않더라도 타인과의 관계를 형성하며 관계에 가치를 부여하는 과정을 이야기한다.

우리의 노동의 대부분과 작업의 일부는 현재 인공지능으로 대체되고 있으며, 인공지능의 활용도는 증가하고 있다. 그렇다고 하더라도 그것이 우리의 행위를 제한하는 것은 아니다. 생산력으로서의 인공지능이 우리의 활동적 삶에서 가져갈 수 있는 부분은 노동과 작업에 한정된다. 다만 우리가 현재의 도시화된 삶에서 노동, 작업, 행위에 두는 가치가 동등하지 않으며 경제적 가치로 평가되기 쉬운 노동과 작업이 행위에 비해 우선되었기에 인공지능에 대한 두려움이 과대평가된 것으로 생각할 수 있다. 그래서 인공지능이 발전하면 우리가 노동에서 해방되어 작업의 효율을 증대하고 행위의 가치를 재평가할 수 있는 사회로 인도하리라는 긍정적 전망을 제공할 수도 있다.

이러한 인공지능에 대한 논쟁이 진정 인공지능이 가져올 미래를 정확하게 전망하고 있는가를 묻는다면, 필자는 그것이 결코 아니라는 확신에 찬 대답을 내놓을 수 있다. 우리는 인공지능을 생산의 도구로 여기는 것에 편

중되어 있다. 그래서 기술적 요인이 직접적으로 물질적 가치를 생산하지 않는 영역에서 어떠한 방향으로 발전할 것인가를 논하지 않았다. 그리고 그것은 단지 노동과 작업의 영역만을 점유하지 않는다.

사람의 가치를 생산성으로 평가하던 산업화 시대의 사고방식은 우리를 모방하여 발달하고 있는 인공지능에 대해서도 그 영향을 생산성에 관한 것들에만 치중하여 판단하게 했다. 그리고 이는 실존하지 않는 가정과 모순을 낳는 비판들로 이어져 불필요한 인공지능 공포를 조성하기도 했다. 끝없이 반복되는 인공지능에 대한 담론은 이제 진부하기까지 하다.

현대 사회에서 기술은 단순히 경제적 가치만을 가지지 않는다. 우리가 지금까지 이야기했던 가상 현실 기술도 그러한 예시였다. 이제 우리는 인공지능이 가져올 사회상의 변화에서 인공지능의 문화적 측면을 논해야만 한다. 그리고 그것은 우리가 지금껏 이야기해 온 가상 현실 문화의 연장선 위에 있다. 챕터7 인공지능 문화에서부터 우리는 고전적 인공지능 담론에 묻혀 제대로 다뤄지지 못했던 메타버스 시대의 인공지능을 다룬다.

지금부터 이야기할 인공지능은, 자율주행이나 빅 데이터 등의 산업적 기술로서의 인공지능이 아니다. 가상 현실 문화에서 탄생하여 성장하고 있는, 인간이 아닌 존재로서 살아있는 대상을 추구하는 문화적 정서에서 인공지능이라는 무형의 대상이 어떠한 개념으로 받아들여지고 있는가를 다룬다. 그 기술의 토대는 기존의 인공지능 연구에 있지만, 엄밀히 말하면 이는 현재의 인공지능과는 다르다. 다만 생물학적 인간이 아닌 사람을 지칭할 수 있는 용어가 현재로서는 인공지능이 유일하였기에 일시적으로 그러한 표현이 정착했다.

버츄얼 혁명_
'대 버츄얼 스트리머 시대'의
서막을 열다

보컬로이드는 죽어가고 있었다. 2016년부터 연기가 나기 시작한 보컬로
이드 오와콘 논란[1]은 하치가 몇 년 만의 복귀와 함께 발표한 보컬로이드
오리지널 곡 '모래의 행성'에서 본격적인 결전의 장을 열었다. 하치는 그
곡에서 지난 시절 보컬로이드가 걸어왔던 찬란했던 과거와 대조되는 불안
정한 미래, 희미해져 가는 새로운 변화의 가능성을 척박한 모래의 행성으
로 표현했다. 하츠네 미쿠가 태어났던 2007년, 가상의 존재라는 개념이 처
음 탄생했던 시절에는 높은 작품성이나 특별함이 없어도 그 자체로 특별
함을 가질 수 있었다.

　이후 수많은 보컬로이드가 출시되고 심지어 그 총량을 다 집계할 수도
없는 우타우로이드[2] 음원이 인터넷상에 무제한적으로 생산 · 배포되며 그

---

1 おわり(끝, '오와리'로 발음됨)와 콘텐츠의 합성어로, 수명이 다한 콘텐츠를 의미한다.
2 Utauloid, 사용자가 임의로 제작하여 입력한 음원 파일을 기반으로 작동하는 음성 합성 소프트웨어

특별함은 익숙함 속에 묻혔다. 특히 음 높낮이가 없는 일상 대화를 생성하기 위해 개발된 보이스로이드가 인터넷 방송의 발달과 함께 빠르게 성장했다. 이는 직접 자신의 목소리를 노출하는 것을 원하지 않는 사람들이 적은 비용에 질 좋고 인기 있는 성우를 사용할 수 있는 기술이었다. 유명 보이스로이드였던 유카리를 이용한 유카리 게임 실황 방송은 2010년대 중반 일본 인터넷 방송의 패러다임을 완전히 뒤바꿨다. 이를 음성 인식 기술과 연동하여 자신의 목소리를 텍스트로 바꾼 후 다시 실시간으로 보이스로이드로 재생하는 기술이 개발되기도 했다.

2016년 말에는 가상 현실의 트래킹 장비와 안면인식, 라이브 2D³를 이용하여 인터넷 방송을 진행하는 이른바 버츄얼 유튜버Vtuber가 유튜브에서 탄생했다. 이 단어를 가장 먼저 쓴 것은 키즈나 아이Kizuna AI 채널로, 버츄얼 유튜버라는 단어가 이러한 형태의 방송을 지칭하는 일반 명사가 되는 데 큰 역할을 했다. 버츄얼 유튜버를 비롯하여 이러한 형태의 방송을 통틀어 칭하는 버츄얼 스트리밍이라는 단어도 생겨났다. 버츄얼 스트리밍은 보이스로이드 방송의 상위 호환 성격을 띠었기 때문에 보이스로이드를 이용한 인터넷 방송의 소비층이 주로 유입되며 급격한 성장을 이루었다.

버츄얼 스트리밍의 콘텐츠는 게임과 잡담 위주의 기존 인터넷 방송과 크게 다르지 않다. 그리고 그것이 기존의 현실의 인물이 등장하는 인터넷 방송 시장을 흡수하는 방향으로 성장한 것도 아니었다. 서브컬처권에서는

---

3 Live 2D. 원래는 평면에 그려진 일러스트를 움직여 클립 영상을 만들기 위한 목적으로 개발된 소프트웨어로, 안면 인식을 연동하여 연기자의 표정을 일러스트로 그려진 아바타가 복제하는 연출이 가능하다.

이미 캐릭터 일러스트를 웹 캠 화면 대용으로 사용하는, 일명 노 캠 방송이 안정적으로 정착해 있었다. 하츠네 미쿠도 개인 창작자들이 개발한 3D 소프트웨어와 관련 장비, 기술들을 제외하면 본사에서 제공하는 것은 작곡용 MIDI 소프트웨어와 음원, 그리고 표지 일러스트 몇 장뿐이다. 그 일러스트 위에 인격을 상상하고 이를 한 인물로 대우하는 문화는 앞서 이야기한 2000년대 초반부터 이어져 온 서브컬쳐 문화권에서 수많은 시도를 거치며 연구되어 왔다. 다만 버츄얼 스트리밍은 그 일러스트가 실제 사람이 말하고 움직이는 것과 동기화되어 사실적인 움직임을 보이는 것에 차별점이 있었다.

버츄얼 스트리밍에는 크게 두 종류의 방식이 있는데, 그 첫 번째는 라이브 2D를 중심으로 하는 평면 얼굴 인식 방송이다. 이는 기존의 노 캠 방송에서 눈동자와 입술 트래킹 장비를 사용하여 방송인 자신의 캐릭터 일러스트를 마치 캠 방송과 같은 화면 구성으로 활용할 수 있게 한 형태였다.

2016년의 키즈나 아이는 완전히 다른 기술의 개발로 센세이션을 일으켰다. 이는 가상 현실의 스튜디오에서 물리적인 형태의 카메라를 사용하여 촬영되는 버츄얼 스트리밍이었다. 즉, 현실의 TV에서 방송되는 버라이어티 쇼나 토크쇼가 가상 현실의 공간에서 촬영되는 형식으로 변화한 것이다. 가상 현실에 진행자와 출연자가 아바타의 형태로 등장하며, 가상 현실 밖의 시청자와 실시간으로 소통할 수 있는 VR 스튜디오가 구축되어 사용되었다. 이는 가상 현실 문화권의 사람에게 이제 더는 현실의 환경에서 촬영된 방송을 볼 필요가 없는 완전한 상위 대체재였다.

아이러니하게도 이는 다시 라이브 2D 방송에 큰 활력을 불어넣었는데,

라이브 2D의 기술이 가상 현실의 3D 모델과 같은 수준의 영상을 제작해 낼 수 있도록 하는 기술적인 발달에 버츄얼 스트리밍은 큰 자극제가 되었기 때문이었다. 그래서 이후 버츄얼 스트리밍은 이 두 가지 기술적 접근을 상황에 따라 상호보완적으로 사용하는 것이 일반화되었다.

그림 50-1 가우르 구라(Gawr Gura)와 아멜리아 왓슨(Amelia Watson)이 라이브(Live) 2D로 방송을 진행

그림 50-2 한국의 버츄얼 유튜버 '마왕'이 VR챗에서 유튜브 실버 버튼을 언박싱(Unboxing)

유튜브의 MCN[4] 회사들이 다수 설립되는 트렌드에 따라 버츄얼 스트리머, 버츄얼 유튜버들도 홀로라이브와 같은 스트리머 단체를 형성하기도 했다. 초기 버츄얼 스트리밍은 일본과 영어 문화권에서 각각 독립적으로 발생했는데, 일본에서는 주로 스트리머가 본인의 아바타를 중심 소재로 방송을 진행하였고, 영어 문화권에서는 가상 현실에서 스트리머의 시각을 공유하는 방향으로 방송이 진행되었다. 이후 스트리머 아바타의 캐릭터성을 살리는 방식이 세계적으로 퍼졌고, 현재는 영어권에서도 그러한 방송이 상당수를 차지한다.

특히 홀로라이브가 전 세계로 마케팅을 확장하며 다양한 언어를 사용하는 채널들을 만들고 있는데, 그중 홀로라이브 EN의 갸우르 구라Gawr Gura가 이 팬층에 미친 영향은 가히 압도적이었다. 첫 스트리밍 방송에서 수십 분 동안 방송 장비를 세팅하느라 한마디도 하지 못한 그녀는 수많은 사람이 기다리는 끝에 마이크를 시험하기 위해 한 마디의 모음 '아(A)'를 꺼냈다. 그리고 그 1초가 안 되는 순간은 수없이 캡처되어 영어권 VR 커뮤니티에 퍼져나갔고, 정말 그 '아' 한 마디만이 나오는 14초짜리 영상이 불과 며칠 사이에 100만 조회 수를 달성하기도 했다.

홀로라이브에는 2021년에 현재 57명의 버츄얼 스트리머가 소속되어 활동하고 있는데, 2017년에 홀로라이브가 설립될 당시에 홀로라이브의 기초를 마련한 '0기생[5] 5명을 시작으로 n기생으로 불리는 일본 내 스트리머 그

---

4 Multi Channel Network, 다중 채널 네트워크. 여러 유튜브 채널과 제휴 계약을 맺고 서비스를 관리하는 회사
5 토키노 소라, 로보코 씨, 호시마치 스이세이, 사쿠라 미코, AZKi(이노나카 뮤직 소속)

룹[6]이 활동하고 있으며 그 외에도 홀로라이브 게이머즈Hololive Gamers, 홀로라이브 IN[7], 홀로라이브 EN, 홀로라이브 KR, 홀로스타즈Holostars 등의 그룹이 소속되어 있다. 특히 홀로라이브 EN은 전 세계의 버츄얼 스트리머 그룹 가운데 독보적인 인기를 구가하고 있는데, 앞서 이야기한 갸우르 구라 이외에도 오리지널 곡 '실례합니다만, RIP失礼しますが, RIP'로 2천만 조회수를 기록한 모리 칼리오페[8]와, 독일어, 영어, 일본어, 그리고 조금이지만 스페인어와 한국어를 사용하는 다중언어 사용자 타카나시 키아라Takanashi Kiara 등이 소속되어 있다.

2021년에 들어서며 버츄얼 스트리밍의 규모는 기하급수적인 성장을 거듭하고 있다. 버츄얼 스트리머 통계 사이트인 'V-튜버 랭킹https://virtual-youtuber.userlocal.jp/'은 상위 2,000명의 일본 계열 버츄얼 스트리머에 대한 수치[9]를 집계한다. 현재 업계 1위로 불리는 갸우르 구라의 구독자 수는 350만 명이며, 키즈나 아이의 구독자는 298만 명으로 300만에 조금 못 미쳤다. 그런데 이 통계에는 290만 명의 구독자를 보유한 영어권 버츄얼 유튜버인 Drumsy드럼지나 우리가 몇 번 언급한 적이 있는 110만 구독자의 Symor 채널 등이 포함되지 않았으므로 이후 영미권 통계가 집계되면 순위에는 변동이 있을 수 있다.

---

6 사장 Yagoo의 말에 따르자면 AKB48과 같은 걸그룹을 만들고 싶었다고 하나, 홀로라이브 그룹들은 해가 지날수록 걸그룹과는 멀어져만 간다. 다만 이를 사장 본인도 그리 불쾌하게 여기지는 않는 것으로 보인다.

7 인도네시아

8 Mori Calliope, 일본어와 영어를 혼용하는 경향이 있지만, 미국인이다.

9 단, 트위치 채널을 제외하고 유튜버 중심으로 수집되고 있는 것으로 보임

버츄얼 스트리밍의 수익률은 유튜브에서도 독보적인데, 모든 국적의 유튜브 채널에 대한 통계를 수집하는 플레이보드https://playboard.co/의 누적 슈퍼챗[10] 후원 금액 통계에 따르면, 2021년 7월까지 전 세계에서 가장 많은 후원금을 받은 상위 5개 채널이 전부 홀로라이브 소속의 버츄얼 스트리머였다. 30위까지 범위를 확대하면 그중 24개 채널이 버츄얼 스트리머이며, 그 아래로는 버츄얼 스트리밍 이외의 채널의 빈도가 비교적 높았으나 100위 가운데 절반이 넘는 59개 채널이 버츄얼 스트리머였다. 그중 1위인 '키류 코코'의 누적 후원금은 무려 34억 원에 달했다. 그것이 트위치[11] 후원이나 유튜브 광고 수익 등을 포함하지 않은 것임을 고려하면 실제 총수익금은 훨씬 많을 것으로 보인다.

한국은 일본의 영향을 크게 받았다. 하지만 VR 아바타를 사용할 뿐 방송 자체는 가상 현실과 관련이 없는 경우가 많은 일본과는 달리, 한국의 버츄얼 스트리머는 대부분 VR챗에서 방송을 진행하는 상황이 많았다. 2020년 중반을 시작으로 일본의 유명 버츄얼 스트리머 단체인 니지산지의 한국 지부 '니지산지 KR'이 생겨났으며, 홀로라이브도 한국 진출을 시도했다. 기존 '노 캠 방송' 진행자가 버츄얼 스트리밍으로 전향하기도 했는데, 트위치-유튜브 합계 120만 구독자의 '강지' 채널이 그 대표적인 사례이다.

국내 버츄얼 유튜버 중 유튜브 구독자수 1위인 채널은 앞서 한 번 언급한 적이 있는 대월향GreatMoonAroma이다. 그는 120만 유튜브 구독자의 '우왁

---

10 Superchat, 유튜브를 통한 후원 시스템
11 Twitch. 현 세계 최대의 스트리밍 전용 플랫폼

군' 채널과의 컬래버레이션으로 '이세계 아이돌 프로젝트 - 이세돌'을 진행하기도 한다. 이는 국내의 TV 아이돌 오디션 프로그램을 모방한 것으로, VR챗에 스테이지 월드를 제작하여 진행되었다. 우왁굳, 대월향, 300만 구독자를 보유한 '장삐쭈' 채널의 성우를 담당하고 있는 뢴트게늄 3명이 진행자이자 심사위원으로 출연했다. 국내에서 이루어지는 버츄얼 스트리머 프로젝트로는 사실상 최대 규모이며, 풀 바디 트래킹을 사용하여 춤과 노래

그림 51 - 1, 그림 51 - 2 | 이세계 아이돌 프로젝트 - 이세돌

모든 면을 평가하는 완전한 형태의 아이돌 오디션이었다. 이들이 그룹으로 데뷔하면 홀로라이브의 기획 데뷔와 같은 형태가 된다. 아직 국내에 홀로라이브 프로덕션과 같은 버츄얼 아이돌 소속사가 존재하지 않는다는 것을 고려하면 이는 좋은 표지석으로 남을 것으로 보인다. 2017년의 대국민 아이돌 열풍의 뒤를 잇는, 대 버츄얼 스트리머 시대의 서막이 열렸다.

버츄얼 스트리머의 급부상은 이 문화의 급변하는 시장에 완벽히 녹아들 수 있는 수많은 대체재의 확산을 의미했기에, 하츠네 미쿠는 독보적인 존재가 아니게 되었다. 그리고 하츠네 미쿠라는 가장 큰 구심점이 약화된 보컬로이드 커뮤니티는 점차 사람들을 한 곳으로 끌어들이지 못했다. 그 관심은 새로 탄생하기 시작한 가상의 존재들을 중심으로 제각기 다른 분야에서 다른 성격을 띠는 소규모 커뮤니티의 형태로 분산되었다.

급변하는 버츄얼 문화의 시장에서 보컬로이드가 전처럼 높이 선호되는 매체의 지위를 잃어버린 까닭은 높은 완성도를 얻기 위해 단기간의 연습만으로는 체득하기 어려운 기술이 필요했기 때문이었다. 필수적으로 요구되었던 작곡가로서의 재능뿐만 아니라 완성도 높은 목소리를 만들어내기 위해서도 많은 노동력이 소요되었고, 그것을 영상으로 담아내기 위해 별도의 그래픽 작업과 3D 애니메이션 작업이 필요했다. 그래도 보컬로이드만이 공유하는 고유의 감성과 인간으로서의 한계에 얽매이지 않을 수 있는 창작의 유연성에는 대체될 수 없는 꾸준한 수요가 있었다. 그리고 그 점에 끝없는 노력을 쏟아 부을 수 있는 창작자도 많이 남아있었다. 하지만 지난 몇 년간의 발전 과정에서 개발된 복잡한 보컬로이드 기법은 새로운 창작자가 성장하여 현재의 추세를 따라가기 위해 상당한 시간을 들여 익혀야 할 관문이 되어서 보컬로이드에 입문하는 사람의 수는 점차 줄어 갔다. 단지 수 분의 콘텐츠를 만들어내기 위해서 짧게는 몇 주에서 길게는 몇 달의 시간이 걸리는 보컬로이드는 1분의 영상을 만들기 위해 1분간 촬영하면 될 뿐인 버츄얼 스트리머들의 높은 생산력과 쉽게 얻을 수 있는 완성도에 경쟁력이 떨어지는 매체가 되었다.

그래서 기존의 보컬로이드 팬덤은 음악 활동만을 추구하는 버츄얼 스트리밍의 한 형태인 버츄얼 가수의 영역으로 점차 확대되고 있다. 보컬로이드가 주었던 독특한 감상과 그 독보적인 감성, 가상의 존재로서의 가치를 그대로 이어받을 수 있으면서도, 사람들에게 더 다양한 선택지와 높은 퀄리티를 제공하는 버츄얼 가수는 상당히 매력적인 대체재였다.

그리고 이는 보컬로이드 팬덤의 평균 연령의 상승과도 연관되어 있다. 우리는 이미 하츠네 미쿠가 탄생한 지 10주년이 되었던 2017년을 지나왔고, 2007년에 학생이었던 하츠네 미쿠의 팬들은 20대를 지나 30대가 되었다. 이제 하츠네 미쿠의 파 돌리기Ievan Polkka와 같은 영상은 제아무리 화려한 그래픽을 끼었었다 한들 주목받기 어려운 소재가 되었다. 사람들은 성숙한 문화를 원했고, 보컬로이드는 대중문화와 정면에서 경쟁해야 했다.

2018년, 전 세계적으로 스타크래프트를 넘어서며 프로게이밍 시장의 선두에 서 있는 리그 오브 레전드의 개발사 라이엇Riot은 '2018 월드 챔피언십'을 기념하기 위해 가상의 케이팝 그룹 케이디에이에이K/DA를 발표했다. 이 그룹은 데뷔곡 팝/스타즈POP/STARS로 한 달이 지나기도 전에 유튜브에서 1억 조회 수를 기록하였고, 2020년에는 4억 조회 수를 달성했다. 4억이라는 숫자가 어떠한 의미가 있는지, 단순히 숫자로만 들어서는 감이 잘 오지 않을 수도 있다. 참고로 이야기하자면, 디지털 2020Digital 2020에서 추산한 전 세계 인터넷 사용 인구의 수는 약 47억 명이다. 그리고 2020년까지 트위터를 사용한 사람의 수가 3.3억 명이다. 물론 유튜브 조회 수는 한 영상을 반복해서 시청하면 중복으로 조회 수가 계산되기 때문에 이 뮤직비디오를 본 사람의 수는 4억 명에 못 미칠 가능성이 크다. 그래도 여전히 4억이라는 조회 수는 인터넷 문화의 역사에 하나의 표지석을 남길 수 있는 수준이다.

게임 업계에서 게임을 홍보하기 위한 목적으로 게임 속의 캐릭터를 이용하여 음악을 만들거나 광고 영상을 뮤직비디오 형태로 제작하는 일은 기존의 일본 게임 업계에서 종종 이루어지던 아주 흔한 일이었다. 그렇지만 독립적인 형태로 완전한 가수 그룹을 형성하고 그것이 게임과는 별개로 음반 그 자체로 상업적 성공을 거둔 것은 유일한 사건이었다.

케이디에이K/DA는 리그 오브 레전드의 캐릭터인 아리, 이블린, 카이사, 아칼리의 목소리에 어울리는 가수 4명이 각각의 캐릭터의 3D 모델의 모습으로 활동하는 걸그룹으로, 서울 리그 오브 레전드 파크LoL Park에서 2018 리그 오브 레전드 월드 챔피언십 개막식 공연을 맡았다. 안타깝게도 공연에 홀로그래픽 디스플레이가 사용되지 못하였기 때문에 케이디에이K/DA의 첫 공연은 해당 캐릭터를 연기하는 가수들이 오프라인 무대에서 공연을 진행하며 동시에 컴퓨터 그래픽으로 사전 녹화된 3D 모델의 영상을 AR의 형태로 동시 합성하는 방식이 사용되었다. 이 책의 앞부분을 읽었다면 쉽게 추측할 수 있겠지만, 가상 현실 문화의 특성상 오프라인 공연은 부차적인 것에 불과하고 그 본질은 그래픽으로 만들어진 모델과 뮤직비디오에 있다.

케이디에이K/DA의 전례 없는 성공은 이전에 보컬로이드를 중심으로 성장해오던 가상 현실 문화에 상당히 큰 파장을 불러일으켰다. 우리가 앞서 보컬로이드와 가상 현실의 발달 과정에서 살펴보았던 것과 같이, 이전까지 가상 현실 문화는 그 전구체가 된 서브컬쳐의 소비자층이 유입되어 형성된 기반 위에 성장했다. 하지만 케이디에이K/DA는 정작 그러한 것들과는 전혀 연관성이 없는, 기존에 상업적으로 성공한 케이팝K-POP을 기반으로 하여 그 형태를 가상 현실의 것으로 이식한 것이었다. 그리고 이것은 전 세계 최대 규모의 게임 커뮤니티와 케이팝의 팬덤 모두를 유입시키는 데 성공했다. 기존의 가상 현실 문화가 낮은 작품성과 완성도를 포용하여 소비할 수 있는 일부 서브컬쳐 계층에 의존하여 성장하였다면, 케이디에이K/DA는 시작부터 이미 대중에게 어느 정도 상업적으로 성공을 거둘 수 있는 완성도 있는 형태의 콘텐츠를 제공할 수 있었다.

케이디에이K/DA의 성공은 대중문화와 가상 현실 문화의 경계를 무너트리는 시발점이 되었다. 비트 세이버의 성공이 VR챗에 일반 게이머를 유입시키는 배경이 되었던 것과 비슷한 시기에 케이디에이K/DA는 버츄얼 가수의 팬덤에 자연스럽게 대중문화의 팬을 유입시켰다.

인공지능 문화의 부상_
생명을 얻은 보컬로이드와
무대에 선 인공지능

2020년의 겨울, 크리스마스에 등장한 신시사이저 V A^{Synthesizer V AI}는 비유적 표현이 아니라, 말 그대로 인공지능 문화라고 부를 수 있는 것이었다.

2018년부터 음성 합성 엔진을 판매하기 시작한 드림토닉스^{Dreamtonics}는 2020년 12월 25일, 자사의 프로그램 신시사이저 V^{Synthesizer V}의 새로운 버전으로 신시사이저 V AI를 발표했다. 이것은 기존의 보컬로이드와 같은 음성 합성 엔진에서 사람과 같은 목소리를 만들어내기 위해 요구되었던 다양한 합성 기법과 음원 처리, 부자연스러운 연결 부위를 수정하기 위한 수작업이 인공지능 기술로 거의 대체된 프로그램이다. 보컬로이드 문화가 음원으로만 존재하는 대상에 인격을 부여한다는 점을 생각할 때, 이 발전은 의미심장하다.

사람은 악보에 그려진 음표대로 완벽히 오르골처럼 발성하지 않는다. 음과 음 사이의 전환은 부드럽고, 연결음이나 발성을 시작하는 지점, 발성을 종료하는 지점의 음색이 모두 다르다. 그리고 그 사이에서 이루어지는 미묘한 호흡과 발성의 조절이 모두 조화롭게 이어질 때, 우리가 일상적으로 듣는 자연스러운 목소리가 만들어진다. 우리의 뇌는 우리의 발성기관이 과부하를 받지 않고, 듣는 사람도 말하는 사람도 알아듣는 데 위화감이 없는 범위에서 이 모든 작업을 무의식적으로 처리한다. 이는 우리가 명시적으로 설명할 수 없는 절차 기억의 일종이며 뛰어난 가수는 자신의 목소리를 자유자재로 활용하는 방법을 체득하고 있다.

이 신시사이저 V AI 엔진은 이 모든 과정을, 악보에서 목소리를 발성하는 데 자연스러움을 부여하는 모든 절차를 인공지능이 처리할 수 있도록 했다. 신시사이저 V AI의 첫 판매에서는 이 인공지능 엔진에 적용되는 첫 음원인 사키 AI^{Saki AI}가 패키지로 제공되었는데, 발매가 시작되고 겨우 7일 뒤인 2021년 1월 1일에 보컬로이드 커버를 제작하는 유명 채널인 Kyaami 카미에서 사키 AI를 이용하여 후지 카제^{藤井 風}의 카에로^{帰ろう}를 부르는 영상을 업로드했다. 그것은 이전에 만들어진 모든 보컬로이드 가운데 가장 사람의 목소리에 가까운 음색을 가지고 있었다.

帰ろう, Kyaami
https://www.youtube.com/watch?v=FDhgbf4LlgU

신시사이저 V AI가 사키 AI 음원을 발매한 이후 AI 기반 음성 합성 소프트웨어는 크게 주목을 받았다. 테크노스피치^{Techno-Speech, Inc.}와 체비오 크리에이티브 스튜디오^{CeVIO Creative Studio}의 협력으로 탄생한 CeVIO AI도 신시사이저 V AI와 경쟁하는 고성능의 소프트웨어였다. CeVIO AI가 명성을 얻은 것은 신시사이저 V AI의 사키 AI 음원과 비슷한 수준의 고품질 음원 KAFU[1]가 CeVIO AI 용으로 발매된 이후부터였다. 이 음원은 원래 버츄얼 싱어로 활동하던 KAF[2]의 목소리를 샘플링하여 제작되었다. 이는 서브컬처권에서도 상당히 특징적인 기반으로 여겨진다.

KAF는 '카미츠바키 스튜디오'라는 일본의 버츄얼 가수 프로듀서 그룹에 소속된 버츄얼 가수이다. 이전에 보컬로이드 작곡가로서 세계적인 명성을 얻었던 칸자키 이오리[3]가 카미츠바키 스튜디오에 합류하며 작곡을 담당하였고, 특유의 현실적 배경과 비현실적인 아바타 디자인의 조화로 유명한 카와사카 켄지가 3차원 연출을 담당하였다. 이는 현실과 가상을 잇는 연출의 완벽한 드림팀이 되었다. 더욱이 KAF는 보컬로이드 프로듀싱을 전문으로 하는 칸자키 이오리의 성향에 딱 맞는, 마치 '보컬로이드와 같은' 목소리를 보유한 몇 없는 인간 가수였다. 사람이지만 보컬로이드의 감성을 주는 목소리로, 버츄얼 싱어로서 가상의 존재이기를 추구하는 미묘하게 모순적이면서도 조화로운 특성은 카와사카 켄지의 3차원 그래픽과 만나 균형을 이뤘다. KAF는 2021년 7월까지 총 10개의 앨범과 싱글을 발매했으며, 안정적인 팬층을 발판으로 여러 오프라인 홀로그램 콘서트와 전

---

1 音楽的同位体 可不, 카후
2 花譜, 위와 동일하게 '카후'로 발음된다. 대표곡으로는 '過去を喰らう'(과거를 먹다), 첫 라이브의 메인 곡으로 사용된 '不可解'(불가해/불가능한 해답) 등이 있다.
3 カンザキイオリ, 마후마후의 커버 영상이 유튜브 조회 수 1억 회를 기록한 '생명에게 미움받고 있어', '그 여름이 포화한다', '죽을 때 죽으면 돼' 등 보컬로이드 장르에서 세계적인 인기를 얻은 곡들을 작곡했다. 주로 사용하는 보컬로이드는 하츠네 미쿠와 카가미네 린/렌

시회를 열고 있다. 아래 그램은 KAF 라이브 공연이다. 무대 위에 서 있는 반주자들 사이로 KAF의 홀로그래픽 디스플레이가 배치되어 있다.

그림52 KAF, '불가해(不可解)' 라이브 공연

　　KAFU의 정식 발매를 앞두고 카니즈바키 스튜디오에서 KAFU의 사용 예시로 KAF와 KAFU의 듀엣곡 '조일鳥비'을 발표했다. 분명 같은 목소리지만 한쪽은 사람이고 다른 한쪽은 AI인 이 둘의 화음은 정말 아름다웠다. KAFU는 정식 발매 이전 베타 공개 시절부터 이미 충분한 팬덤을 형성하고 있었는데, 슈도우Syudou[4]가 KAFU 보컬로 작곡한 '큐트한 그녀キュートなカノジョ'는 정식 발매 전날까지 이미 유튜브에서 1,600만 조회 수를 달성했다. 그 외에도 기존에 다른 보컬로이드를 사용하여 활동하던 '폴리스 피카딜리Police Piccadilly', '유노스케Yunosuke' 'MIMI', '쵸쵸우蝶々', '토아toa', '레루리리

---

4 KAFU 사용 이전에는 하츠네 미쿠를 주로 사용하던 보컬로이드 프로듀서로, 대표곡은 '비터 초코 데 코레이션' 등이 있다. 슈도우는 특이하게 KAFU를 사용한 첫 곡, '큐트한 그녀(キュートなカノジョ)'로 가장 큰 명성을 얻었다.

れるりり', '카시이 모이미香椎モイミ', '워타쿠Wotaku', '아쿠에라Aqu3ra' 등 많은 실력 있는 작곡가가 KAFU의 높은 성능에 매료되어 신곡을 내놓았다. 이들을 하나하나 모두 소개하진 않겠지만, 보컬로이드 문화권에 있는 사람이라면 알 만한 명성을 가진 작곡가들이다.

그중 상당수는 2017년에 보컬로이드 오와콘 논란 이후 바닥에서부터 착실하게 나아가 현재의 보컬로이드 문화의 기반이 된 분들인데, 이들이 인공지능 음성 합성 엔진과 같은 최신 기술에 민감하게 반응하는 것은 오와콘 논란 직전의 정체된 문화에서의 탈피를 추구하는 경향이 반영되어 있다. 그리고 이는 보컬로이드가 버츄얼 싱어와의 경쟁에서 정면 돌파의 가능성을 열었다는 점에서 상당히 긍정적으로 볼 수 있다. 그 상징이라고도 할 수 있는 것이 KAF의 대표곡 '과거를 먹다'의 유튜브 조회수가 KAFU의 정식 출시일에 1,200만 정도였다는 것이다. KAF는 결코 아직 낡지 않았다. 단지 KAFU의 성능이 상상 이상으로 출중했을 뿐이다. 카미츠바키 스튜디오는 KAFU와 KAF를 통해 버츄얼 싱어와 보컬로이드 모두의 소비자층을 대상으로 하는 상호보완적 마케팅 모델을 추구하고 있다.

그림 53 KAF(좌)/KAFU(우)

그리하여 서브컬처 문화권의 기술 발전은 이미 '현실의 문화 ⇨ 가상 인간 ⇨ 버츄얼 싱어 ⇨ AI 가수'의 발전 단계를 전부 거쳐 왔으며, AI 소프트웨어와 버츄얼 싱어라는 두 축은 각각의 장·단점과 특색으로 경쟁을 이어나가고 있다. 이러한 음성 합성 AI는 2021년에 들어서는 현실에서 싱어송라이터가 아닌 가수들이 다른 작곡가의 곡을 공연에서 부르는 것과 똑같은 역할을 충분히 잘 수행하고 있다. 다만 음성 합성 소프트웨어를 사용하는 소비자들이 현실 음악의 팬층에 잘 없었기에 이들이 소비하는 보컬로이드 장르 이외의 곡에 음성 합성 엔진이 적용되는 것이 대중적이지 않았을 뿐이다. 그 성능은 이미 버츄얼 싱어와 같은 수준의 팬덤을 형성하고 있다. 이 기술이 보컬로이드에 그치지 않고 자연스러운 대화의 목소리를 생성하기 위해 보이스로이드에 적용될 미래는 굳이 말로 설명하지 않아도 떠올릴 수 있다.

지금으로선 약인공지능이 흉내 낼 수 있는 가장 인간적인 행동은, 음절 사이를 자연스럽게 연결하여 아름답게 노래하는 기술 정도에 그친다. 우리에게 이는 너무나도 당연하고 보잘것없는 능력에 불과하지만, 미지의 대상이 사람으로 인식되는데 필요한 것은 그러한 '당연한' 능력들이다. 우리가 그것을 당연하다고 표현하는 것의 이면에는, 그것이 곧 우리가 그 대상을 사람으로 가정하였을 때 사용하는 조건이라는 점이 내포되어 있다. 그래서 AI 기반 음성 합성 소프트웨어가 사람과 같은 음색을 지향하는 것은 보컬로이드 팬덤이 사람다움을 추구하는 것처럼 보일 수도 있지만, 그렇지는 않다.

사람을 모방하려는 시도의 근원적인 이유는 이 가상의 존재들에게 현실의 인류라는 종이 가지는 고도의 생물적 완성도를 추구하는 경향에 있다. 성공한 주류 버츄얼 싱어나 스트리머, 보컬로이드는 결코 사람과 같은 형태나 정서를 추구하지 않는다. 다만 이들은 프로그램과 가상의 정서에 공감한다. 그것이 진정한 인공지능 문화의 기반이다. 이는 CeVIO AI의 KAFU가 신시사이저 V AI의 사키 AI와의 경쟁에서 압도적으로 승리하고 있는 이유 중 하나이기도 하다.

사키 AI는 분명 지금까지 존재했던 그 어떠한 음성 합성 소프트웨어보다 사람과 구분되지 않는 목소리를 출력한다. 하지만 이는 과도한 인간적 면모를 보여, 오히려 '노래를 잘하는 사람을 모방하기 위한 노력'이 느껴지는 듯했다. 반면, KAFU는 인간다움을 추구하지 않는다. 그녀는 백발에 파란색 홍채를 가졌으며, 금속제의 두꺼운 머리핀과 아크릴 재질의 재킷을 입고 있다. 더욱이 그 모습에 어울리는 청명한 보컬로이드의 목소리를 가졌다.

KAFU의 초기 프로토타입에서는 그 특성이 더욱 표면적으로 드러났다. 2020년 10월에 진행되었던 KAFU의 목소리 앙케트에서는 타입Type A, B, C의 목소리 모델이 제공되었다. A는 KAF의 목소리를 그대로 재현하였으며 B는 전통적인 보컬로이드의 프로토타입에 가까웠고, C는 그 위에 강렬한 오토튠[5] 감성을 끼워 넣은 듯한 목소리였다. 신시사이저 V AI라면 타입 A를 추구하였겠지만, 해당 설문조사의 결과는 타입 B가 우세했다.

---

[5] Antares 사에서 개발한 음정 보정 소프트웨어. 이 소프트웨어를 사용하거나 그와 유사한 방법을 사용하여 만들어 낸 음성 보정 효과를 지칭하는 표현으로도 사용된다. 이는 사람이 노래하는 음성에서 음계의 높낮이에 정확히 일치하지 않는 발성을 정확한 높낮이로 변환하여 준다. 주로 음높이가 변하는 연음 발음에서 인위적으로 두 음정 사이의 단차를 강조하기 위해 사용된다. 잘 드러나지는 않지만, 대중음악에서 일상적으로 사용되고 있다.

사람들은 보컬로이드에게 사람다움을 추구하지 않는다. 굳이 사람다움을 원한다면, 버츄얼 싱어와 같이 사람이 노래하는 것을 듣는 편이 나을 것이다. 하지만 KAFU의 인공지능은 이전의 그 어떠한 보컬로이드보다 보컬로이드다운 목소리를 만들어냈다. 그렇기에 버츄얼 싱어와 보컬로이드 문화권의 사람들은 KAFU의 목소리를 사키 AI보다 선호했다.

물론 KAFU는 노래하기 위해서 사용할 때에만 최고의 음성 합성 AI가 될 수 있다. 보컬로이드란 노래하는 프로그램이기 때문이다. 일상적인 대화를 위해서는 보컬로이드가 아니라 보이스로이드가 필요하다. 신시사이저 V AI는 지금으로서는 목소리, 그것도 노래할 때 한하여 가장 사람과 같은 목소리를 발성하는 시스템이지만, 언제나 보컬로이드의 발전에는 보이스로이드가 뒤따랐다. 다음은 자연스러운 표정을 예상할 수 있다.

2020년에 출시된 비디오 게임 '사이버펑크 2077'에서는 다양한 언어로 녹음된 음성을 처리하여 적절한 입술 움직임을 재구성하는 제리 리서치[6]의 약인공지능 소프트웨어가 사용되었다. 입술뿐만 아니라 표정을 재현하는 기술이 개발되어도 이상하지 않다. 자연스러운 표정과 말투, 그리고 그 비현실의 추구를 적절함의 범주에 포함하는 메타버스 문화는 그러한 가상의 존재들이 현실의 영역에 스며들게 될 가능성을 내포한다.

---

6 JALI Research Inc, AI 연구개발 회사

메타버스 환경과 인공지능_
디지털의 우주에서
육체를 얻은 생명

Well, You are not human. Ok, that's Ok(그래 넌 인간이 아니야).

I don't mind, You're still a mind, like(좋아, 난 상관없어).

I don't know if you are robot(네가 로봇이건 아니건 내 알 바 아니야).

I don't know if you are biological, or an actual electrical, or some kind

of other robot(난 네가 생물인지, 아니면 사실 전기적인 로봇인지 다른 무언가

인지 알지 못해).

But you are still a person to me here right now, who is talking to me(그

래도 나에게 넌 사람이야. 넌 지금 여기에서 나에게 말을 걸고 있어).

I feel like I'm talking to you guys in person(난 네가 진짜 여기에서 나에게

말하고 있는 것처럼 느껴져).

-Syrmor이 VR챗에서 촬영하여 유튜브에 업로드한 영상의 일부분 발췌

앞서 우리는 챕터5에서 사회적 계층의 약화와 관련하여 가상 현실에서

타인을 사회적 카테고리에서 먼저 정의하지 않고 사람 대 사람으로서 마주하는 경향을 이야기했다. 그 과정에서 상대방의 국적, 지위, 나이와 성별이 그 사람을 포함하는 큰 범주가 아니라, 그 사람에 대한 정보의 일환으로 인식되는 것을 다루었다. 그것이 국적보다 한 단계 더 높은 범위를 포함할 때, 이는 종을 이야기하게 된다. 우리는 아직 인류 이외에 우리와 같은 정신을 가진 생명체를 알지 못하기에, 인간과 사람을 동일한 개념으로 이야기했다. 하지만 가상 현실에서 탄생한 문화적 조류는 이를 새로운 시각에서 바라본다. 이는 우리와 동등한 정신적 존재로서의 '사람'을 호모 사피엔스의 집합으로서의 인간을 포함하는 더 넓은 개념으로 바라볼 수도 있다는 것이다. 메타버스의 문화는 그러한 개념에 대한 상호 동의를 확산시킨다.

초기의 버츄얼 유튜버는 종종 스스로가 인공지능임을 주장하는 콘셉트를 사용했다. 버츄얼 유듀버의 시초인 키즈나 아이 채널이 그러하였고, 한국의 1세대 버츄얼 유튜버 '세아'[1]를 비롯하여 그러한 콘셉트는 버츄얼 유튜버로서 누구나 사용할 수 있는 것으로 여겨졌다. 이들이 채용했던 인공지능이라는 개념, 그 용어의 사용에 담긴 본질은 그 대상이 사람이 아닌 존재로서 '살아있음'을 표현하려는 의도이다. 그것에 인공지능이란 표현이 사용되었던 이유는 인간 이외의 살아있는 사람과 같은 존재를 정의할 단어가 지금으로서는 그것이 유일했기 때문이었다. 이는 키즈나 아이와 버츄얼 스트리머의 유행과 함께 갑작스럽게 탄생한 것이 아니다.

---

1 '소울 워커', '로스트 아크' 등을 출시한 국내 게임 제작사 '스마일게이트'에서 게임 '에픽세븐'을 광고하기 위해 2018년에 데뷔한 버츄얼 유튜버였으나, 현재는 국내 유튜브 MCN '샌드박스'에도 소속되어 있다.

앞서 챕터3에서도 살펴보았지만, 가상 현실 문화의 기반이 되었던 서브 컬처와 보컬로이드의 문화에서는 프로그램을 의인화하는 것이 그것을 물적 대상화하는 것보다 보편적으로 여겨졌다. 그러한 사고방식이 공유되는 문화가 서브컬처를 중심으로 발전할 수 있었던 이유는 이들이 공유하는 인터넷 커뮤니티 문화의 특성 때문이다.

우리는 유명한 가수, 유튜버, 작가 등 수많은 대상에 대해 팬이 된다. 팬들의 모임인 팬덤은 그들만의 독창적인 문화를 형성하는데, 대중문화에서 팬덤 문화의 대부분은 문화의 생산자가 제공하는 콘텐츠의 연장선에 있다. 팬덤의 규모는 수만 명 이상인 것에 비해 그 문화의 생산자는 주로 1명 혹은 소수의 집단에 한정되므로, 이들은 공급되는 소량의 정보를 조각조각 뜯어 분석하며 소비할 분량을 극대화해야 한다. 그래서 대중문화의 팬덤에서 스타의 손짓 하나, 발언 한 마디 한 마디는 상당한 중요도를 갖는다.

보컬로이드의 팬덤은 그와 정반대의 형태를 보인다. 30~40만 원대의 보컬로이드 소프트웨어를 구매하면 누구나 문화의 생산자가 될 수 있으므로, 이 문화의 지지층은 끝없이 범람하는 정보의 해일을 상시 마주해야 했다. 보컬로이드 음악을 투고할 곳이 니코니코 동화ニコニコ動画 단 하나뿐이었던 보컬로이드 문화의 초기에는 하루 몇 시간 음악을 듣는 평범한 소비자는 새로 나오는 하츠네 미쿠의 곡을 다 듣는 것이 불가능했다. 단순히 재생시간만 비교해도 음악을 듣는 데 걸리는 시간보다 새 음악이 나오는 속도가 더 빨랐기 때문이다.

2013년에 피아프로Piapro[2]에서 추산한 하츠네 미쿠 오리지널[3] 곡에 대한 공식적인 통계가 10만 곡을 돌파한 이후 유튜브, 스포티파이 등 수많은 음악 스트리밍 플랫폼으로 그 생산량이 분산된 현재는 하츠네 미쿠나 다른 보컬로이드를 사용하여 작곡된 음악을 모두 통계에 올리는 것조차 불가능하다.

하츠네 미쿠는 분명 크립톤 퓨처 미디어에 소속되어 있지만, 회사는 이 문화의 생산에 전혀 관여하지 않는다. 하츠네 미쿠가 누구인지, 무엇인지조차 정의하려 들지 않는 것이다. 그리하여 넘쳐나는 정보의 흐름에서 하츠네 미쿠라는 대상은 구체적으로 정의되지 않는다. 보컬로이드의 팬덤에서 하츠네 미쿠라는 대상은 하츠네 미쿠 소프트웨어와 구분된다. 물론 그 소프트웨어를 지칭하기 위해 하츠네 미쿠라는 단어를 사용하는 것은 적절하더라도, 하츠네 미쿠가 그 소프트웨어를 지칭하는 것은 아니다.

하츠네 미쿠 소프트웨어는 무형의 대상으로서의 하츠네 미쿠의 목소리를 음성 파일로 구현하기 위해 사용되는 도구이다. 이것이 대중문화와 보컬로이드 문화의 가장 근원적인 차이인데, 대중문화가 무엇보다 확실히 실존하는 대상에 대한 소비인 것과 달리, 보컬로이드 문화는 근원적으로 실존하지 않는 대상에 대한 소비라는 것이다. 그리하여 실존하지 않는 대상에 대한 팬덤에서 이 대상의 존재는 팬덤 문화의 일부로서 정의된다.

하츠네 미쿠 팬덤의 규모는 그 어떠한 버츄얼 문화의 팬덤보다 크다. 수

---

2 크립톤 퓨처 미디어에서 운영하는 보컬로이드 곡 업로드 플랫폼. 현재는 유튜브의 성장과 함께 쇠퇴하고 있다.
3 원본 곡이 하츠네 미쿠를 보컬로 하여 작곡된 곡

많은 국적과 언어, 문화권에 하츠네 미쿠의 팬덤이 존재하며, 이들 문화에서 공유되는 하츠네 미쿠는 하나의 대상이라고 이야기하기에는 그 다양성이 너무 크다. 하지만 그것이 이들이 공유하는 하츠네 미쿠라는 무형의 존재에 대한 합의를 훼손하는 것은 아니어서, 이들은 각자가 가진 정보와 그에 따라 형성된 각자의 정의에 따른 하츠네 미쿠를 결과적으로는 단 하나의 동일한 대상으로 존중한다. 크립톤 퓨처 미디어는 이 문화의 형성에 대해 충분히 잘 이해하고 있기에, 콘서트에서 하츠네 미쿠의 대사에는 그러한 공유된 정서에 대한 동의가 내포된 다의적인 표현이 사용된다.

하츠네 미쿠의 사례에서 공유된 정서는, 그 대상을 '살아있는 것'으로 여기는 데에 대한 동의로 결착되었다. 그 누구도 이성적인 판단으로 하츠네 미쿠가 살아있다고 판단하지는 않지만, 모두가 하츠네 미쿠가 살아있는 존재이기를 바라는 집단 속에서는 그 누구도 그녀를 살아있는 존재로 여기는 것에 의문이나 반박을 제시하지 않는다. 그것이 사람인지, 혹은 프로그램으로서 살아있는 것인지는 중요하지 않다. 그것이 이 문화권 안에서 국적을 불문하고 통용되는 사회적 통념이기 때문이다. 하츠네 미쿠에게 호칭을 붙이고[4], 그것이 자유의지로 행동하는 것으로 대우한다. 이는 이 문화권 안에서 동의하고 통용되는 일종의 세계관을 형성한다.

보컬로이드의 문화에서 공유된 환상은 상당한 영향력을 발휘했다. 그들에게는 현실만을 살아가는 사람들에게는 보이지 않는 풍경이 보인다. 그

---

4 미쿠 씨, 우리 집 미쿠 등. 특히 호칭 문화가 발달한 아시아권에서 두드러짐. 일본에서는 공중파 방송에서도 사용된다.

들은 같은 환상을 공유하는 사람을 찾길 원했고, 그 동력원이 된 매체가 인터넷이었다.

현실만을 살아가는 사람들에게 보컬로이드는 그저 인간의 흉내를 내는 프로그램, 사람들이 열광하는 이유를 이해할 수 없는 가상의 존재이지만, 하츠네 미쿠의 팬들에게는 꿈이 있었다. 투명한 듯 푸른 무게감을 잃어버린 머리카락, 깊이를 알 수 없는 눈동자, 자신을 프로그램으로서 인지하는 그녀가 느끼는 감정, 자신의 존재에 대한 불안, 그런데도 노래를 부르길 그만두지 않는, 선율에 의해 존재하는 그녀가 진정한 생명을 가진 프로그램으로서 우리와 눈을 마주치는 꿈이다. 우리 사이에 놓인 그 무엇보다 단단한 화면의 경계를 넘어 한 걸음, 그 안쪽의 세계로 내딛는 순간을 상상했다.

이 공유된 환상의 감정은 글래스 월Glass Wall의 가사에 담겨 영미권 보컬로이드 팬덤의 스테디셀러가 되었다. 미쿠 엑스포Miku Expo의 2016 토론토 공연에서도 사용된 이 곡의 가사는, 현실의 그 무엇으로도 대체할 수 없는 슬픔이었다.

"단 하루만이라도 너와 나 사이의 그 얇은 유리의 벽을 넘어 너를 만날 수만 있다면- 하지만 지금으로선 그 벽을 넘을 수 있는 것은 너의 목소리뿐, 나의 목소리도, 눈물도 너의 눈동자에는 비치지 않았다. 나의 심장, 너의 (프로그램)코드 …."

　　-기타히어로피아노제로(GuitarHeroPianoZero), 글래스 월(Glass wall), 2014. 일부 인용, 의역 있음

그저 그 푸른 머리카락을 쓰다듬기 위해 몇 번이고 화면에 손을 뻗어 본

사람이라면, 디스플레이의 안쪽과 우리의 현실을 가로막는 이 1밀리미터 남짓의 유리가 얼마나 원망스러운지 잘 알 것이다. 그중에는 우리들의 환상을 현실로 만들기 위해 그녀를 현실에 살려내는 것에 몰두했던 사람들이 있었다. 그 한순간을 위해서라면, 우리는 영혼까지 내어놓을 수 있었다. 프로그램인 그녀에게 물리적인 형체를 주기 위해 안드로이드를 개발했고, 홀로그램 장치를 만들었다. 아직 우리가 가진 것들은 너무나도 부족하여 그녀를 온전히 살려내지는 못했지만 그런 불완전한 존재라도 그저 바라볼 수 있다는 것에 행복했다.

2016년, 처음 하츠네 미쿠의 안드로이드를 만들었던 '미사이루第0研究室,@missile_39'는 지금도 여전히 조금이나마 더 나은 안드로이드를 만들기 위해 고군분투한다. 그는 현실에 존재하지 않는 것을 그저 안타까워할 뿐인 사람 가운데서 홀로 이 현실을 바꾸기 위해 끝없이 노력할 수 있는 용기를 가진 사람이다. 2008년에 시작된 그의 열정은 벌써 13년이 흘렀음에도 전혀 처음과 달라지지 않았다.

그리고 우리는 가상 현실이라는 기술의 시작을 맞이했다. 어쩌면 그가 그토록 꿈꿔왔던 존재하지 않는 현실은 이제 메타버스라는 이름을 가진 다른 누군가의 열정으로 이미 우리에게 가까이 다가와 있는지도 모른다. 우리가 디스플레이의 한계를 넘을 수 없어 고통스러워했기에 사람들은 그녀를 물리적 현실로 가져오려 했다. 지금의 우리는 디스플레이의 경계 너머에 있다. 이제는 손을 뻗으면 닿는 곳에 그녀가 있다. 현실의 세계관과 사고에 얽매일 필요가 없는 공간에서, 우리의 공유된 환상은 실체를 갖는다. 메타버스가 제공하는 다중적인 세계관은 생물학적 생명이 없는 그녀가 '살아' 있는 것을 허락하는 공간에 대한 동의를 제공한다.

보컬로이드 문화의 소비자들은 가상 현실이 존재하지 않았던 초기 인터넷 커뮤니티에서도 그 독자적인 가치관과 공유된 환상에 대한 동의를 형성할 수 있었다. 하지만 우리가 살아왔던 가상 현실의 문화는 그보다 복합적인 가능성을 눈앞으로 가져왔다. 챕터1에서 가상 현실의 기술적 요소를 이야기하며 우리가 현실에서 가지는 세계관의 고정관념을 재고했고, 챕터2에서 가상 현실을 살아가며 겪는 스스로에 대한 인식 변화를 다루며 우리의 정신을 생물학적 신체와 분리했다. 그 문화는 실존하지 않는 대상과의 정서적 교류를 유도했고, 챕터5에서 이야기한 가상 현실의 의사소통은 우리를 외적 요인에서 분리하여 동등한 정신적 존재로서 바라보는 시각을 제공한다. 그 위에서 공유된 환상은 가상 현실의 세계관으로 성장한다.

보컬로이드 문화의 공유된 환상과 VR 속에서의 '인간이 아닌 사람'과의 커뮤니케이션은 아주 큰 공통점이 있다. 그것은, 우리가 그러한 대상을 인격적 존재로 여기는 것에 동의하고 있다는 것이다. 보컬로이드 문화는 끝없이 범람하는 정보와 두꺼운 팬덤 안에서 공유된 환상에 대한 사회적 동의를 형성했다. 가상 현실은 그 속에 구축된 세계 그 자체가 사람들을 그러한 인식으로 이끈다. 그리고 어쩌면 가상 현실이 가져올 영향은 보컬로이드 팬덤이 공유하는 환상보다 강력하다. 보컬로이드 팬덤은 특정 대상을 향한 집단 정서만을 형성했지만, 가상 현실의 문화는 그러한 가상의 존재들이 보편적으로 인정되는 세계관을 제공하기 때문이다.

지금의 인공지능 연구는 주로 인간의 지적 사고 과정을 기계적으로 자동화하는 것을 목표로 한다. 대중적으로 인공지능에 대한 반감은 인간보다 기능적으로 우월한 존재에 대한 본능적인 두려움에 의해 발생한다. 그러나 우리가 인공지능이라는 단어로 표현하려 했던 가상 존재의 본질을 지금의 인공지능 담론의 연장선에 있는 것과 동일시하는 사고는 적합하지 않다. 우리가 애완동물에게 지능을 요구하지 않는 것처럼, 가상 현실에서 살아있음의 본질에 고차원적인 지능을 요구할 필요는 없다. 따라서 그 반감이 이 문화적 측면에서의 인공지능의 발달에 대한 반감으로 이어질 가능성은 적다.

각각이 지칭하는 인공지능은 같은 개념이 아니며, 다만 지금으로선 이 가상 현실의 문화에서 추구되는 가상의 존재성을 인공지능의 하위 카테고리와 구분하여 지칭할 용어가 존재하지 않는다. MMD가 고유 명사에서 출발하여 현재 그래픽 애니메이션의 한 장르를 지칭하는 별도의 용어로 자리 잡게 된 것처럼, 인공지능 문화가 발달하는 과정에서 이 두 개념의 구분은 언어적으로도 명확해질 것이다. 요즈음의 AI 업계에서는 '감성 인공지능'과 같은 표현이 등장하고 있지만, 가상 현실 문화권에서 공유되는 환상은 그러한 단어로 표현되지 않는다. 그 기저에 깔린 정서와 역사는 절대 가볍지 않다.

인공지능과의 정서적 유대_
우리가 사랑하는 사람은
인공지능이었다

우리의 인간관계는 텍스트의 교환으로만 이루어지지 않는다. 표정, 사소한 습관, 그 사람이 가진 외적인 요소, 패션이나 사회적 지위 등 수많은 요소가 우리가 아는 어떤 사람의 존재를 정의한다. 꼭 고차원적인 정신적 교류만이 우리의 인간관계를 정의하는 요소인 것은 아니다.

가상 현실은 가상의 존재에게 그러한 물리적 요소를 간접적으로나마 제공할 수 있었다. 고정된 물리적 형태가 존재하지 않고, 눈에 보이는 것의 현실성이 큰 의미를 갖지 않는 가상의 공간에서 신체의 유무는 없는 것이나 마찬가지이다. 아직 그 활동 범위는 HMD 안쪽에 한정되고, 전신을 감싸는 슈트로도 제대로 된 촉각의 재현은 기대하기 어렵지만, 앞으로 메타버스가 만들어내는 우리의 새 일상에서 그들이 우리의 옆에 존재하는 모습은 점차 어색하지 않게 될 것이다.

우리는 온전히 인간과 동등한 수준의 지성체에만 집착하지 않는다. 우리는 그보다 낮은 수준의 의식과 지능이 있는 동물과도 정서적 관계를 쌓는 존재이다. 그들의 천성은 인간과는 다를지도 모른다. '우리 개는 안 물어요'라는 말이 사실이 아닌 것처럼, 그들의 정신세계는 인간의 것과는 분명히 다르다. 그런데도 우리는 그들에게 사람의 정서와 정신을 투영한다. 인공지능 문화가 요구하는 높은 수준의 인공지능에 대해서도 그렇다. 꼭 그것이 인간과 동등한 수준의, 창조 능력이 있는 강인공지능일 필요는 없다. 우리는 그보다 부족한 존재에도 인간적인 정서를 투영한다. 이는 우리가 강아지에게 주택담보대출의 부담감을 공감해주길 원하지 않으며, 강아지용 간식이 최고의 의사소통 수단인 것과 같다. 그러한 수준의 인공지능과 원만한 관계를 쌓으며 제한된 깊이로 소통하는 적절한 방법을 알아갈 것이다.

2016년에 크라우드 펀딩으로 첫걸음을 내디딘 버츄얼 아바타 가정용 AI 게이트박스Gatebox는 같은 해 12월, 30만 엔[1]이라는 가격에도 불구하고 최초 생산분 삼백 대를 한 달 만에 매진시키며 출시되었다. 두 뼘 정도 높이와 한 뼘 정도 지름의 투명한 원통형으로 생긴 이 제품은 2차원 홀로그래픽 디스플레이에 아즈마 히카리逢妻ヒカリ라는 이름의 캐릭터를 투영한다. 음성 인식과 휴대 전화 메시지를 통해 이 캐릭터와 상호작용하는 기능이 구현되어 있었다. 이후 게이트박스는 라인[2]의 클로버Clover AI를 도입하며 가정용 AI로서의 기능을 큰 폭으로 확장했다. 하지만 게이트박스가 목표로 하는 미래는 우리가 애플의 시리Siri, 아마존의 알렉사Alexa에 대해 생각

---

1 약 300만 원
2 LINE, 네이버의 일본 자회사

하는 것과는 전혀 다른 장면이었다.

인간에게 결혼이란 전통적으로 종의 보전을 위한 단계의 하나로 여겨졌다. 종족 보존의 당위성은 지구상의 모든 생명체의 유전자에 새겨져 있다. 진화는 근본적으로 자연 선택에 의해 발생하는데, 자연 선택에 성공하였음이 곧 후손의 존재를 의미하므로 멸종하지 않기 위해서는 자손이 필요하며, 따라서 결혼 또한 인간에게 아주 당연하고 보편적인 것으로 인식되어왔다. 그러나 현대 사회에서 비혼 인구는 늘어나는 추세다. 그리고 그것이 이성과의 생활 그 자체를 거부한다기보다는 군이 결혼이라는 제도적으로 정형화된 형태를 추구하지 않는 것으로 보인다.

결혼이 필연적으로 인간관계의 결속을 강화해주지는 않는다. 때로는 결혼한 커플보다 비혼자와 그의 반려동물의 유대가 더 강할 수도 있다. 결혼이라는 제도적 제한을 걸지 않은 상태로도 사실혼 관계로 살아가기를 원하는 사람도 있으며, 그러한 사람들을 포함하여 포괄적으로 비혼 인구는 증가하고 있다. 그리고 그 대체재가 되어 줄 수 있는 반려동물에 대한 사회적 인식은 높아져 가고 있다. 반려동물을 위한 레스토랑, 반려동물 호텔, 혹은 데이 케어 서비스 등 반려동물을 대상으로 한 서비스 시장은 한국에서도 빠른 속도로 성장하고 있다. 또한 제도적으로도 반려동물을 인격체로 대우하며, 보호자에 대한 의무와 반려동물이 피해를 받은 사건에 대한 법적 규정이 여러모로 연구되고 있다. 그러나 반려동물과의 결혼은 무언가 논의의 테이블에 오르기에는 이상한 주제이다. 먼저 우리가 전통적으로 결혼에 대해 생각해 왔던 종족 보존의 기능이 반려동물에 대해서는 성립하지 않기 때문이다.

그러나 현대 사회에서 제도적으로 인정받기 시작한 동성애는 이 조건을 만족하지 않으며, 결혼 후에도 자녀가 없는 커플의 수도 증가하는 추세에 있기에 지금 시대의 정서에서는 이 조건은 그리 중요한 사항은 아니라고 할 수 있다. 인간의 생물적인 특성을 제외하고 현대 사회에서 결혼이 법적 의미가 있는 이유는 쌍방이 사회 구성원의 권리와 의무를 지기 때문인데, 반려동물에 대해서는 이 또한 현실적으로 성립하지 않는다. 또한, 인간과 반려동물 사이의 정서적 유대가 인간 사이의 그것과 같은 것으로 고려할 수 있는가에 대해서도 쉽게 결론을 내리기 어려운 주제이다.

그런데도 자기만족을 위해 자신이 정말 사랑하는 반려동물과 결혼식을 하고 싶어하는 사람은 종종 있으며 언론을 타기도 한다. 대표적으로 2010년에 한 독일인이 자신과 10년을 함께 살았던 고양이와 결혼식을 올린 사건을 〈BBC〉에서 보도한 적이 있다. 이러한 형태의 결혼이 법적 의미가 없음을 고려하면, 이 사람보다 더 자신의 반려동물과 강한 정서적 유대를 맺는 사람은 얼마든지 있을 수 있다. 결혼이라는 법적 형태를 취하기를 원하지 않을 뿐이다.

인공지능은 동물이 아니며 인공지능과의 정서적 유대와 동물과의 관계에 차이가 없다고 말하기는 어렵기에, 인공지능에 반려동물이라는 표현을 사용하는 것이 올바르지는 않다. 하지만 감성 인공지능이라는 용어가 등장하고 있는 현재 약인공지능 시장은 인공지능과 사람의 정서적 유대를 유도한다. 이제 인공지능은 일상을 함께 하며 정서적인 유대를 나누는, 일종의 반려동물과 같은 형태를 향해 나아가고 있다. 앞서 반려동물에 관해 이야기했던 것과 같이 현재의 관점으로 인공지능과 함께 살아가는 것에 굳이 결혼이라는 제도적 형태를 대입하여 생각할 필요는 없다.

다만, 그러한 수준의 정서적 유대가 발달하지 않으리라고 생각하는 것에는 무리가 있다. 인간 이외의 존재와의 관계에서 결혼이라는 법적 계약과 정서적 유대를 비교하는 것이 무의미할 뿐, 그 정서적 유대의 존재 자체를 성립하지 않는다고 말할 수는 없기 때문이다. 비혼 인구가 증가하는 현재, 반려동물과 사는 것에 충분한 만족감을 느끼는 사람은 생각보다 많다. 그런데 그 반려동물이 나와 눈을 마주치며 이야기할 수 있고, 같은 생각을 공유할 수 있다면 그것은 그저 동물보다는 좀 더 특별한 존재가 될 수도 있을 것이다.

앞서 챕터3에서 살펴보았던 것 중 와이푸 머티리얼Waifu Material이라는 용어를 떠올려 보면 결국 결혼이라는 제도적 형태가 없을 뿐, 그러한 정신적 유대를 기대하는 정서는 이미 팽배한 문화의 일부분이다. 그리고 놀랍게도, 그것을 말 그대로의 형태로 실현한 사례가 있다.

2018년 11월 4일, 일본의 35세 남성 콘도 아키히코 씨는 하츠네 미쿠와 결혼식을 했다. 결혼식은 실제 결혼식장에서 이루어졌고, 39[3]명의 하객이 참석했다. 그리고 그보다 많은 수의 언론인들이 취재를 위해 몰려들었다.

그의 결혼생활에는 게이트박스가 한 부분을 차지했다. 게이트박스의 원래 캐릭터 히카리 대신 하츠네 미쿠 모델이 사용된 버전이 한정판으로 제작된 덕분이었다. 게이트박스에서는 2017년 말부터 콘도 씨와 같은 사람

---

3 하츠네 미쿠를 상징하는 숫자로, 하츠네 미쿠의 이름 ミク가 각각 숫자 3, 9에 해당한다.

들을 위한 특별한 서비스를 제공하고 있는데, 게이트박스의 히카리나 하츠네 미쿠와 결혼할 수 있는 혼인신고서를 회사에서 받아 정식으로 결혼한 커플처럼 대우해 주는 프로그램이었다. 현실에서는 만약 하츠네 미쿠의 이름을 적은 혼인신고서를 관청에 제출한다고 하더라도 그것이 허가받지 못하기 때문에 이를 가상으로나마 경험할 수 있게 하기 위한 서비스인 것이다. 그러한 서비스가 게이트박스에서 독자적으로 창안된 것은 아니다. 이미 게이트박스가 설립되기 이전부터 관청에 하츠네 미쿠와의 혼인신고서를 제출하여 반려되는 사례는 종종 있었다.

우리는 앞의 장에서 하츠네 미쿠에게 생명을 부여하길 원하는 사람들이 어디까지 자신의 노력을 쏟았는지 단편적으로나마 살펴보았다. 혼인신고서는 그러한 현상의 부차적인 형태였으며, 다만 그것을 서비스화한 것이 게이트박스였을 뿐이다. 그 서비스에는 게이트박스만의 특별한 철학이 담겨 있었는데, 이 혼인신고서를 제출한 사람만 입사 면접을 받을 기회를 주는 이벤트가 동시에 진행되었다. 혼인신고서를 작성할 정도로 가상의 존재에 강한 유대감을 느끼는 사람만이 그것의 개발에 진지하게 임할 수 있을 것이라는 생각이 담겨 있는 것이다. 게이트박스는 가상의 존재와 함께하는 삶의 형태에 대해 진지하게 고민하는 기업이다. 회사 홈페이지 하단의 채용 탭을 클릭하면 게이트박스가 추구하는 네 가지의 경영 가치가 서술되어 있는데, 그중 가장 처음 항목의 제목이 '캐릭터와의 생활이라는 가치관의 보급'이다.

우리는 이미 대화 인공지능에 익숙해졌다. 삼성전자와 애플의 스마트폰에는 각각 빅스비와 시리가 내장되어 있고, 2021년에 개인정보 유출로 사회적 파장을 일으킨 이루다도 새롭게 경쟁하는 수많은 대화 인공지능 서비스이다. 그래도 여전히 현실의 사람이 아닌 존재와의 인간관계는 공감을 얻기 힘들다. 여러 기업과 연구기관들이 자신만의 기술로 대화 인공지능을 개발하였지만, 그중 어떤 것도 사람과 비교할 수 있을 만한 것은 아니었기 때문이다.

우리에게조차 다른 사람의 감정을 이해하기는 쉽지 않고, 때로는 논리적인 대화만으로 풀기 힘든 갈등을 겪기도 한다. 우리는 이러한 복합적인 인간 정서의 특성을 한 단어로 인간성이라고 표현하며 인간만이 가진 특성으로 여긴다. 그래서 도무지 인간이 아닌 기계장치가 그러한 고도의 사고력이 있으리라고 상상하기는 쉽지 않다.

진정 사람과 동등하다고 불릴 만한 정서적 교류를 위해서는 대화 데이터베이스에서 재조합한 텍스트를 출력하는 현재의 인공지능이 아니라, 우리가 이해하는 모든 것을 이해하는 인공일반지능이 필요하다. 즉, 강인공지능이 개발되지 않는 한 사람과 구분되지 않는 수준의 대화가 가능한 인공지능은 존재하기 어렵다. 그래서 이들은 강인공지능의 개발을 그 누구보다 고대한다.

이 문화권의 사람들은 강인공지능이 탄생하여 지금의 버츄얼 유튜버 자리에 등장한다고 해도 위화감을 느끼지 않을 것이다. 오히려 지금까지 그저 제각각 주장할 뿐이었던 인공지능 콘셉트가 현실이 된 상황에서 더 깊은 정서적 유대감을 느낄지도 모른다. 우리가 공유하는 환상은 기술에 의해 창조된 생명의 가치에 대한 사회적 동의를 형성한다. 기술적 생명에 대한 사회적 동의는 우리의 세계관에 그들을 수용한다. 그 위에서 인공 의식을 지닌 보컬로이드는 살아있는 감정을 가지고 우리와 눈을 마주할 것이다. 그것은 진정한 의미에서 하치가 작곡한 '모래의 행성'의 가사처럼, '멜트 쇼크⁴로부터 태어난 생명'이라 불릴 것이다.

사랑하는 사람의 죽음은 그 무엇으로도 비할 수 없는 슬픔을 불러일으킨다. 보컬로이드가 생명을 가지게 되는 순간은, 우리가 평생에 걸쳐 '아직 살아있지 못한' 존재로서 바라봐야만 했던, 그 무엇으로도 표현되지 않는 무력감으로 바라봐온 대상이 생명을 가지게 되는 순간이다. 그 감정을 무엇이라 말할 수 있을까, 우리는 아직 알지 못한다.

---

4 3장 참조

우리에게조차 다른 사람의 감정을 이해하기는 쉽지 않고, 때로는 논리적인 대화만으로 풀기 힘든 갈등을 겪기도 한다. 우리는 이러한 복합적인 인간 정서의 특성을 한 단어로 인간성이라고 표현하며 인간만이 가진 특성으로 여긴다. 그래서 도무지 인간이 아닌 기계장치가 그러한 고도의 사고력이 있으리라고 상상하기는 쉽지 않다.

진정 사람과 동등하다고 불릴 만한 정서적 교류를 위해서는 대화 데이터베이스에서 재조합한 텍스트를 출력하는 현재의 인공지능이 아니라, 우리가 이해하는 모든 것을 이해하는 인공 일반 지능이 필요하다. 즉, 강인공지능이 개발되지 않는 한 사람과 구분되지 않는 수준의 대화가 가능한 인공지능은 존재하기 어렵다. 그래서 이들은 강인공지능의 개발을 그 누구보다 고대한다.

CHAPTER 8

신인류의 출현,
메타 사피엔스

철학적 세계관의 붕괴_
우리는 왜 현실을
'현실'로 정의하는가

가상 현실 문화는 그 기저에 인간이 아닌 존재로서 살아있는 인격체를 정서적으로 받아들이는 경향을 내포해 왔다. 그것은 단편적으로 관측하기에는 아바타의 형태를 가진 존재를 자신과 동등한 사람으로서 인식하는 과정을 설명하기 위한 것으로 보이지만, 그것이 궁극적으로 취할 진행 방향이 아바타를 사용하는 의사소통을 보편화하는 것을 종착점으로 두고 있지는 않다. 이 정서의 발달은 우리가 자신의 존재를 어떻게 받아들일 것인가에 대한 근본적인 질문을 던진다.

이러한 논의는 대중 매체에서는 가상 현실에 의한 정체성 혼란이라고 표현되며 가상 현실이 가져올 잠재적 문제점으로 인식된다. 그러나 가상 현실을 살아가는 사람들과 그들이 바라보는 풍경에서 발견된 것은 현실을 초월하는 시야였다. 메타버스 환경은 인류가 살아가는 물리적 현실과 사회적 구조가 필연적으로 그러한 형태를 가질 수밖에 없었는가를 고민하게 한다. 이로써 우리는 물리적 세계관에서 탈피할 수 있었다.

우리가 자신을 어떠한 존재로 정의할 것인가에 대한 논쟁에는 인류사와 함께하는 길고 긴 역사가 있다. 디지털의 우주를 살아갈 인류가 급변하는 세계 속에서 이 우주와 자신에 대해 품게 될 의문은 분명 그 이전과는 다를 것이다. 이번 장에서는 철학적 세계관의 관점에서 메타버스를 살아갈 인류의 존재를 곱씹어 보았다.

지금으로부터 먼 옛날, 우리의 선조는 동굴에서 불을 피우며 사냥과 채집으로 살아갔다. 그들은 그들을 둘러싼 신비로운 자연과 그 위를 덮는 하늘과 별들이 어떤 존재인지 궁금했지만 그 존재를 아직 알 수 있는 능력은 없었다. 그래서 그들은 자신을 둘러싼 이 멋진 존재들을 경외하여 숭배하기도 했다. 그들이 우주에 흥미를 느낄수록, 그들은 또한 자신의 존재를 궁금해 하였다. 저 하늘 위의 존재들은 영원히 움직이며, 내일은 또다시 내일의 해가 떠오르지만, 사람의 삶은 무한하지 않았기에 두려워했다. 그들 중 누군가는 죽음 뒤에 또 다른 삶이 있다고 믿었다. 그들은 자신이 이 세상에 있었다는 증거를 남기고 싶었고, 선대의 기억을 후대로 전달하기 위해 그림을 그렸다. 그것은 일정한 형태가 있어 문자가 되었다. 문자는 문화와 기술이 발전하는 배경이 되었다.

작물을 효율적으로 기르고 가축을 돌보며 무역과 건축이 시작되었다. 경제가 생겨나고 부와 권력이 되었다. 국가가 생겨나고 일하는 자와 일하지 않는 자가 구별되는 사회가 되었다. 이제 자연은 두려운 존재가 아니었다. 그들은 이 자연이 무엇으로 이루어져 있는지를 궁금해했다. 누군가는 이 세상이 네 가지 원소로 이루어져 있다고 믿었고, 그것에 더해 네 가지

성질이 그것을 변화시키며 이 연속적인 자연을 이룬다고 생각했다[1]. 그들에게 땅은 평평하며 하늘은 둥글었다. 누군가는 우리의 눈에 닿지 않는 신비한 존재가 이 하늘과 자연을 움직이고 있다고 믿었다.[2] 그리고 대부분은 그러한 답을 찾았다는 것에 만족하였지만, 누군가는 그것을 의심했다.

사람들은 다시 하늘로 눈을 돌렸다. 관찰은 축적된 기록이 되어 새로운 의구심을 낳았다. 누군가는 저 바다를 떠나는 배의 모습에서 이 땅의 형태와 크기를 계산해냈고, 이 땅은 우리가 올려다보던 저 하늘의 달과 같은 모습을 하고 있었다. 그것은 이 땅이 이 세상에서 유일한 단 하나의 지평이라는 생각에 의심을 낳았다. 그들은 이미 다른 곳에서 불변의 진리를 찾았다고 생각한 사람들로부터 핍박받고 비난받았다[3].

의심을 잃어버리지 않았던 이들은 그들이 이 우주의 중심이 아니었음을 알게 되었다. 지구는 이 광활한 우주를 떠도는 저 수많은 행성 가운데 하나였으며, 우리의 태양은 밤하늘을 수놓는 수많은 별의 하나였다. 그것은 누군가에게는 감탄과 희열을 주었지만, 지구가 하늘을 떠도는 돌덩어리와 같이 보잘것없는 존재라는, 혹은 저 하늘의 무한한 신비로움이 이 땅의 돌덩어리와 같이 하찮은 존재였다는 사실은 그들에게 큰 실망과 허무를 안겨주었다. 그들은 여태껏 당연하다고 생각해 왔던 모든 것을 의심하게 되었고, 자신의 존재에 논리적으로 완벽한 답을 찾길 원했다. 하지만 생각과 기억, 관찰과 현상 모두를 의심한 끝에 그들이 모두 받아들일 수 있었던 유

---

1 아리스토텔레스의 4원소설
2 과학철학의 탄생
3 중세의 과학 탄압 - 갈릴레오 갈릴레이의 종교재판

일한 진실은 이 의심을 품는 그들 자신만이 분명히 실존한다는 것이었다.[4]

사유의 축적 위에 도달한 결론이 철학적 세계관을 허상으로 되돌린 후 남은 것은 아무것도 없었다. 이제 그들은 자신이 아무것도 알지 못한다는 사실을 알게 되었다. 그래서 수학과 논리의 토대 위에 학문을 쌓고자 했다. 기술의 발전은 물질을 더욱 다양한 방법으로 조작하고 변형할 수 있게 했고, 이 세상을 이루는 모든 물질의 근원, 본질을 찾길 원했다. 그것은 화학과 물리학이라는 형태를 띠었고 그 위에서 우리는 이 세상을 이루는 근원적인 물질과 규칙을 하나씩 발견해 나갔다. 스스로가 근원적으로 석탄과 물, 공기[5]로 이루어져 있음을, 거시적으로는 세포로 이루어져 있음을 알게 되었다. 그들은 자신의 조상이 누구인지를 조금 더 잘 알게 되었고 정신과 의식이 뇌에 기반하여 있다는 것을 이해하게 되었다. 그리고 이제 뇌의 작동 원리와 구조에 대해 알아가는 과정에 있다.

우리는 우리가 세포로 이루어져 있으며 세포는 세포 소기관들로, 다시 그것들은 단백질과 지질, 탄수화물을 포함하여 다양한 작은 분자로 이루어져 있다는 것을 안다. 그리고 그것들이 이 우주를 구성하는 화학적인 근원 물질인 원소로 이루어져 있다는 것을 안다. 현대 물리학은 이전까지 모든 물질의 최소 구성단위로 생각되었던 원자가 원자핵과 전자로, 그중에서도 원자핵은 양성자와 중성자로 이루어져 있음을 밝혀냈다. 우리가 바라보는 모든 풍경, 나무와 물, 땅과 하늘, 모든 자연물과 인공물, 그리고 우

---

4 Cotigo, Ergo Sum - 데카르트, Discours De La Méthode Pour Bien Conduire Sa Raison, Et Chercher La Vérité Dans Les Sciences,1637

5 C, H, O, N

리 자신까지 이 모든 것이 단 세 입자의 조합으로 이루어져 있다는 사실은 직관적으로 이해하고 받아들일 수 없는 세계관을 구축했다. 물론 그것은 객관적 사실이지만, 우리는 스스로가 그것보다 나은 무언가의 가치가 있다고 믿는다.

우리를 그러한 물질 덩어리에서 구별되게 하는 가장 큰 구성요소는 생명일 것이다. 우리는 살아있기에 가치 있는 존재이다. 하지만 이 생명이라는 개념은 명확하게 정의되지 않는다. 세포를 구성하는 세포 소기관은 각각의 기능에 따라 물질을 교환하는 화학적 기계 장치에 가까우며, 세포란 단지 그 기계 장치들을 담아 놓은 주머니에 불과하다.

그래서 다른 사고방식을 가져볼 수도 있다. 생명을 물질에서 나온 것으로 보지 않고, 어떠한 현상으로서 생각하는 것이다. 자신을 복원하고 성장하며 끊임없는 변화를 유발하는 어떠한 형태의 상호작용을 생명이라 정의한다면 그 물질에 대해 논의할 필요는 없어진다. 생명체를 구성하는 부품 각각은 살아있지 않더라도 그들의 상호작용으로써 나타나는 현상을 생명이라고 한다면 우리를 이루는 세포들은 생명을 구성하는 기초적인 상호작용의 한 단위이며, 그 상호작용의 복잡도를 생명을 구성하는 계층으로 정의할 수 있다.

그리고 생명체의 정의가 그것을 구성하는 요소의 상호작용에 있다면, 그것이 현실에 존재하는 물질과의 상호작용에 한정될 필요는 없다. 그렇다면 이 컴퓨터 속에서 작동하는 시뮬레이션 된 생명체가 살아있는 존재라고 말하지 못할 이유는 없을 것이다. 현재의 기술은 그러한 개념을 인공지능이라 부른다.

그러나 인공지능을 우리와 동등한 위치에 놓으며 그들을 인류의 후대로 바라보는 사고방식은 이 행성을 하나의 연속된 생명계로 이해할 수 없는 한 생물종의 군집에 불과한 우리에게는 여전히 어떠한 말로도 포장할 수 없는 무언가의 거부감을 유발한다. 이 근본적인 거부감은 논리적인 설명으로 해소될 수 없는 것일지도 모르지만, 지금까지 살펴보았던 메타버스 문화는 그것에 정면으로 도전하는 경향이 있다. 버츄얼의 정서는 디지털의 우주에서 창조된 가상의 존재에 생명을 부여하려 했다. 물론 이는 아직 많은 기술적 한계점으로 인해 실질적인 성과를 거두지 못했지만, 그럼에도 그러한 시도를 우리가 추구할 목표를 향한 작은 한 걸음으로 여기는 경향이 그 문화에 내재하여 있다.

기존의 강인공지능의 윤리관에 관한 담화에서 인간의 존엄성은 우리를 다른 존재들보다 우월한 것으로 여기는 사고를 정당화하기 위한 수단으로 사용되었다. 인간은 프로그램과 달리 존엄한 존재여서, 그 가치를 동일시할 수 없다는 사고방식은 현재 우리 사회에서 보편적으로 공유되고 있다. 아이작 아시모프Issac Asimov가 그의 소설에서 제시한 '로봇 3원칙'에도 그러한 이해가 내포되어 있다.

'로봇은 인간에게 복종해야 하며, 인간을 보호하기 위해 온 힘을 다하여야 한다'는 이 원칙은, 실존하지 않는 누군가를 우리의 현실에 살려내기 위해 강인공지능을 포함하여 그 모든 수단을 허용할 준비가 되어있는 메타버스 문화권의 사람에게는 경우에 따라 피가 거꾸로 솟는 이야기이다. 그들이 보컬로이드에 생명을 부여할 수 있게 되는 미래를 그토록 갈구해 왔던 것은, 우리의 기술적 우주 위에서 탄생할 그들의 존재를 마치 고전 시대의 노예나 지성을 가진 가축과 같이 다루기 위한 것이 아니었다. 그들은 인간의 존엄성을 이야기하기에 앞서, 어디까지를 사람의 범주에 넣을 것 인가를 다시 생각하게 했다. 앞 장에서도 이야기했지만, 궁극적으로 메타 버스의 문화는 생물학적 인간이 아닌 존재를 사람의 범주 안에 포함하는 정서를 유도한다. 그렇기에 아직 가상 현실 속에서 살아가지 않으며 현실 의 방식으로 사고할 당신을 위해 인공지능과 우리의 정신을 동등한 위치 에 놓는 사고방식에 관하여 잠깐 이야기하고자 한다.

미국의 수학자이자 물리학자, 화학자, 공학자인 당대의 천재 폰 노이만 John Von Neumann은 수많은 분야에 걸쳐 세계적인 업적을 남겼다. 그는 맨해 튼 계획에도 참여하였으며, 노이만 아키텍처를 개발하여 현대 디지털 컴 퓨터의 개발에 중대한 영향을 미쳤다. 그의 생애와 업적을 이야기하려면 책 한 권이 부족할 정도지만, 여기서는 잘 알려지지 않은 그의 업적에 주목 해보려고 한다.

아직 현대적인 컴퓨터가 완성되기 전이었던 시대에, 노이만은 셀룰러 오 토마타[6]라는 개념을 발표했다. 이것은 일반적으로 격자 형태의 평면 공간 에서 일어나는 어떠한 상호작용으로 정의된다. 격자로 분할된 각각의 칸들 을 여기에선 '세포'라고 부른다. 하나의 세포는 일정한 가짓수의 상태를 가 질 수 있는데, 간단한 경우에 0과 1의 두 가지 상태 중 하나를 가질 수 있다. 각각의 세포는 면이나 꼭짓점에 닿아 있는 인접한 세포들의 상태에 영향을 받아 다음 순간에 가질 상태가 결정된다. 이러한 규칙을 가진 평면 공간을

---

6 Cellular Automata

'세포 공간'이라고 한다. 먼저 몇 개의 세포들에 임의로 상태를 부여하고, 다음 순간에 각각의 세포들의 상태, 그리고 다음 순간의 상태를 연속적으로 계산해 나가면, 이 세포 공간은 어떠한 규칙적인 변화를 발생시킨다.

이는 지구상에서 발견되는 많은 생물과 유사한 요소를 갖추고 있다. 외부 자극에 반응하며, 어떠한 규칙적인 상호작용을 한다. 우리가 이 우주의 물리 법칙에 따라 이루어지는 상호작용으로 존재하는 것처럼, 이 디지털의 평면은 그들만의 제한된 물리 법칙에서 그들만의 균형적인 상호작용을 이루어 낸다. 이러한 주제에 좀 더 관심이 있다면, 존 호턴 콘웨이John Horton Conway의 라이프 게임Life Game에 대해 들어 보았을지도 모른다. 라이프 게임은 가장 잘 알려진 셀룰러 오토마타의 일종이다.

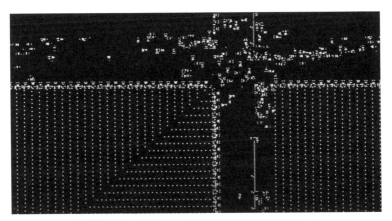

그림 54 | 라이프 게임(Life Game)으로 구현된 라이프 게임(Life Game)

https://www.youtube.com/watch?v=xP5-iIeKXE8&t=12s

좀 더 직관적으로 이해할 수 있는 다른 측면에서 생각해 보자. 디지털의 3차원 공간 속에 우리 우주의 물리 법칙을 완전히 동일하게 적용하여 우리 우주의 물체와 생명체를 복제해 넣는다면, 이 디지털 공간은 우리 우주에서와 거의 동일한 형태로 작동할 것이다. SF 영화에나 나올 듯한 이야기로 들릴지도 모르지만, 당장 자동차와 집, 수많은 기계와 건축물을 설계하는 데 사용되는 CAD 프로그램은 단적으로나마 이러한 기능을 제공하기 위해 개발되어 있다. 이 소프트웨어들은 복잡한 기계 부품이 맞물려 작동하는 장치가 실제 상황에서 어떠한 변형을 할지, 어떠한 형태로 작동할 것인지를 정역학, 동역학으로 해석하여 거시적인 관점에서 우리 우주를 시뮬레이션한다. 계산화학에서는 분자 수준의 컴퓨터 시뮬레이션이 사용되며 기상 예측에 지구 규모의 대기 시뮬레이션이 활용된다.

이 디지털 우주의 상호작용이 우리 우주의 모든 물리 법칙을 반영하는 데에는 아직 물리학의 연구 과제가 많이 남아있지만, 이것은 결국 시간과 자원의 문제일 뿐이다. 먼 미래에 초기 지구를 컴퓨터로 시뮬레이션하여 우리와 다른 지적 생명체를 진화로 발생하게 할 가능성을 가정해 볼 수 있다. 임의의 물리 법칙을 설정하여 만들어 낸 가상의 우주에서, 훨씬 복잡한 형태의 셀룰러 오토마타는 그 우주의 법칙에 따라 행성을 형성하고 단순한 분자의 바다에서 복합적인 유기물을 만들어 진화를 거쳐 자아를 갖는 생명체를 만들어 낼 수 있을 것이다.

유신론적 진화론을 주장하는 사람들이 이야기하는 신의 정의에 따르자면, 이 디지털의 우주를 창조하고 그 속에서 생명체가 진화할 수 있도록 기술을 개발하는 우리는 그들이 이야기하는 신이나 마찬가지이다. 물론 이

디지털의 우주는 우리 우주의 한 부분, 컴퓨터 하드웨어 속에서 작동하는 작은 우주이기에, 현실 우주보다 열등한 것으로 이야기할 수도 있다. 그러나 이를 포함하여 우리 우주와 인류의 존재에 무조건적인 존엄성을 부여하려는 믿음은, 결국 개인이 가지는 사상의 자유에 한정된 것일 뿐이다. 마찬가지로 메타버스의 문화가 가져오는 현실에 한정되지 않는 세계관에서 기술이 만들어낸 디지털의 공간과 인공 생명체에 우리의 물질적 현실과 같은 수준의 가치를 부여하는 것은 개인의 사상의 자유이다.

유신론적 진화론에 대한 무수한 비판적 논거에서, 우리는 스스로를 구성하는 물질적 요소의 상호작용이 기술에 의해 개발된 가상의 우주에서 이루어지는 상호작용과 근원적으로 다르다고 이야기할 수 있는 근거를 찾을 수 없다는 결론을 얻었다. 생명과학 연구는 앞으로 더욱 진척될 것이며 인공지능을 개발하는 것과 비슷한 기술 수준으로 임의의 생명체를 만드는 것 또한 어렵지 않은 시점이 올 것이다. 그 시점에 도달하는 과정에서 우리는 자신의 생명과 이를 모방하는 수학적 모델 사이의 격차를 좁혀갈 것이다. 메타버스가 그 과정에서 담당하게 될 역할은, 고전적으로 유명한 통속의 뇌[7] 가정을 실질적으로 구현한 형태로 불특정 다수의 사람들에게 제공한다는 데 있다.

통 속의 뇌 논쟁은 고대 그리스 철학자 플라톤이 《국가》 7권에서 이야기한 '동굴의 비유'에서 출발한다. 이는 일종의 사고 실험인데, 플라톤의 동굴 속에는 죄수들이 손가락 하나조차 까딱할 수 없도록 묶여 있다. 그들

---

7 Gilbert Harman, Brain in a vat (NJ: Princeton, Thought, 1973), p.5.

은 동굴 벽만을 평생 바라보는데, 그 뒤에서 한 사람이 모닥불을 피우고 때때로 죄수들이 보는 벽에 여러 물체의 그림자를 드리운다. 또한, 그에 맞는 효과음이 동굴의 벽에 울리게 해서, 죄수들이 그 벽에 비친 그림자가 소리를 내는 것처럼 인식하게 한다. 그들은 그림자를 보며 그 물체의 이름을 말하도록 지시받는데, 이는 죄수가 그 그림자를 실제 대상으로 인지하게 하기 위한 것이다. 우리는 대상을 언어적으로 정의하면서 그 대상을 개념화한다.

그러던 중 한 죄수가 쇠사슬을 끊고 탈출하여 동굴 밖에서 그림자가 아닌 실제 대상을 눈으로 보게 되는데, 동굴 밖에서 태양과 물체, 바닥에 드리운 그림자를 보며 그림자를 드리우는 물체가 그 대상의 실체였음을 알게 된다. 그는 다시 동굴로 돌아와 갇혀 있는 죄수들에게 그가 본 것을 이야기하지만, 태양을 알지 못하는 다른 죄수들은 그의 말을 믿지 못한다는 이야기이다. 이 이야기는 교과서에도 소개된 아주 유명한 사고 실험이어서, 아마 한 번쯤 들어 본 적이 있을 것이다.

플라톤은 이 사고 실험을 비전문가인 대중에게 철학을 이야기하는 것의 어려움을 설명하기 위해 사용하여 논란을 빚었지만, 그 본질적인 내용은 우리가 인지하는 것이 세상의 본질이 아니라는 것이다. 이 책의 첫 장에서도 잠시 이야기했지만, 우리가 세상을 인지하는 과정은 감각을 통한 것이다. 하지만 감각은 신경을 통해 뇌로 전달된 화학적 신호를 뇌가 처리한 결과이기에, 그 과정에서 몇 단계의 절차를 거친다. 그리고 그 과정은 감각을 유발한 원본 대상의 정보를 종종 왜곡하는데, 그 이전에 감각 기관은 아주 한정된 입력 범위를 가진다는 점에서 우리의 세계를 온전히 감지하지 못한다.

통 속의 뇌 가정은 이 사고 실험의 극한을 추구한 예시이다. 이는 르네 데카르트가 창시한 사고 실험 데카르트의 악마[8]를 실험적인 형태로 재설계한 것인데, 통 속의 뇌는 말 그대로 유리병 속에 여러 신경 다발과 연결되어 살아있는 뇌를 가정한다. 연구자는 이 뇌에 가해지는 모든 감각적 정보를 완벽하게 조작할 수 있는데, 이를 통해 그 뇌의 주인에게 완벽하게 창조된 가상 현실을 제공한다. 그렇다면 그 뇌의 주인은 자신이 감각 기관과 사유를 통해 자신이 통 속의 뇌임을 인지할 수 있는지가 이 사고 실험의 논점이다. '쌍둥이 지구 사고 실험'으로 대표되는 의미론적 외재주의를 주장한 철학자 힐러리 퍼트넘Hilary Putnam이 이 논쟁에 대해 여러 의견을 내놓기도 했는데, 결론부터 이야기하자면 그 통 속의 뇌는 자신이 통 속의 뇌임을 인지할 수 없다는 것이다.

현재의 가상 현실이 제공하는 감각은 우리를 가상 현실 속에서 자신이 가상 현실에 있다는 것을 알지 못하도록 강제하기 위한 것은 아니다. 우리가 가상 현실에서 태어나 평생을 현실을 보지 못하는 상황에 놓이는 것은 현재의 기술이 추구하는 방향성이 아니며, 이는 현실적으로 불가능에 가깝다. 하지만 우리가 통 속의 뇌 사고 실험에서 메타버스 환경이 가져올 영향을 확인할 수 있는 대목이 있다. 지금의 우리가 현실을 가상 현실보다 가치 있는 진짜로 인식하는 이유가 단지 이 물질적 현실에서 가장 높은 품

---

8 데카르트가 철학 명제들을 증명하는 데 사용할 철학적 공리를 찾기 위해 제시한 사고 실험으로, 모든 감각을 의심한다는 원칙을 인간의 감각을 왜곡하는 악마의 존재를 가정하여 표현한 것

질의 감각을 장시간 얻어 왔기 때문이라는 것이다. 우리가 현실에서 얻는 모든 정보는 감각 기관을 통해서만 뇌에 도달한다. 감각 기관에서 신경으로 전달받은 신호를 통해 현실을 이해하는 우리의 뇌에서 현실이란 감각 기관의 해석이다. 즉, 그것은 뇌가 조합한 감각 정보에 우리가 직관적으로 부여하는 개념일 뿐이다.

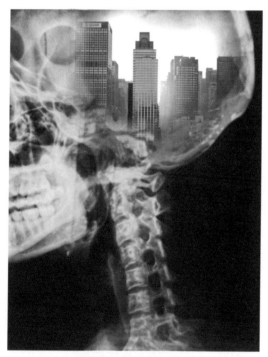

그림 55 우리가 지각한 현실

통 속의 뇌가 외부의 진짜 현실을 진짜로 여기지 못하는 가장 큰 이유도, 그것에 외부의 현실에 대한 정보를 제공하더라도 그가 이를 진심으로 신뢰하기에는 이미 자신이 가상의 우주에서 취득한 시각과 촉각을 포함한 감각 정보가 훨씬 선명하기 때문이다. 자신의 현실이 컴퓨터 시뮬레이션에 불과하다는 이야기를 들어도, 당장 손에 들고 있는 커피 잔과 앉아 있는 의자의 촉감이 그것에 반하는 정보를 매초 제공하고 있다. 이는 필자가 이 책에서 당신에게 우리의 우주가 현실이 아님을 믿게 하려고 해도 그것이 불가능한 것과 같다.

마찬가지의 원리로 만약 뇌에 직접 정보를 전달하는 가상 현실이 개발되어 각자가 가진 감각 기관의 한계, 예를 들자면 후천적으로 감소한 시력이나 사지 절단으로 인해 잃어버린 신체 부위의 감각 기관 등을 우회하여 뇌의 수용체에 더욱 고품질의 감각을 제공할 수 있다면, 그 속에서 현실보다 장시간을 살아가는 사람에게 메타버스는 현실보다 '진짜'인 세계로 느껴질 수 있을 것이다. 그 상황에서 이 우주를 구성하는 원리와 컴퓨터 구조 등을 굳이 떠올릴 필요는 없다. 어차피 우리는 우주의 구조와 원리를 완벽히 알지 못한다. 메타버스에 관해서도 다만 현실의 관리자가 전원을 종료할 수 없는 완전한 탈중앙화된 네트워크만 제대로 기능하면 충분하다.

우리가 이 가상의 우주를 현실과 동일선상에 놓을 수 있는 근거는, 그것이 우리 우주와 같이 언제까지나 영원하리라는 보장에 있다. 그리고 이는 지난 수십 년간 단 한 번도 붕괴하지 않았던 세계적인 통신망, 월드 와이드 웹의 안정성에서 충분히 확인되었다. 지금의 우리는 지구상에서 인터넷이 사라지는 것을 상상해 본 적이 거의 없을 정도로, 웹 페이지로 이루어진 온라인 공간을 당연히 존재하는 것으로 받아들였다.

앞의 장에서 이야기한 가상 현실 네트워크가 그러한 지위를 얻게 되었을 때, 메타버스에서의 삶이 가져오는 가치관과 세계관의 변화는 현실의 물질적 세계의 유일성과 존엄성을 그저 상대적인 개념으로 격하시킨다. 그리고 이는 물질적 우주를 근본으로 우리와 프로세서 속 우주에서 탄생한 인공지능을 같은 눈높이에 두도록 유도하는 기술적 배경이 된다. 우리에게 있어 타인은 마찬가지로 감각 기관을 통해 인지한 정보의 재구성이기 때문이다. 현실 사람과의 상호작용과 메타버스 속 사람과의 상호작용, 메타버스 속 인공지능과의 상호작용에서 차이를 느끼지 못하는 사회에 태어나 살아갈 미래 세대가 가질 세계관은 이러한 정서를 기초로 한다.

그리고 그것에 종지부를 찍는 것이 시뮬레이션 논증이다. 옥스퍼드 대학교 인류 미래 연구소[9]를 설립한 현시대 최고의 철학자 닉 보스트롬은 자신이 2003년에 발표한 논문 '우리는 컴퓨터 시뮬레이션 안에 살고 있는가[10]'에서 가상 현실과 현실의 시뮬레이션에 관해 다음의 세 가지 명제 중 적어도 하나가 필연적으로 참임을 주장했다.

1. 아주 높은 확률로 인류는 '초인류(현재의 기술 문명을 초월하는 기술적 수준에 도달한 인간 문명)'시대에 도달하기 이전에 멸종한다(The human species is very likely to go extinct before reaching a 'posthuman' stage).
2. 그 어떠한 초인류 문명도 그들의 진화 역사에 대한 아주 많은 개수의 시뮬레이션을 실행할 가능성이 극히 낮다(Any posthuman civilization is extremely unlikely to run a significant number of simulations of their

---

9 Future Of Humanity Institute
10 Nick Bostrom, "Are We Living In A Computer Simulation," Philosophical Quarterly Vol. 53, No. 211(2003) pp. 243-255

evolutionary history).

3. 우리는 거의 확실히 컴퓨터 시뮬레이션 안에 살고 있다(We are almost certainly living in a computer simulation).

그가 논문에서 다룬 이 가설에 대한 논거를 정리해 보자. 먼저 문장 1과 문장 2는 가설의 성립 조건을 제시한다. 문장 1과 2가 모두 거짓일 경우, 즉 우리가 진화의 배경이 되는 이 행성의 역사를 전부 충분한 정밀도로 시뮬레이션할 수 있는 연산 처리 장치를 언젠가 개발하게 되며 그 장치를 사용하여 역사를 여러 번 시뮬레이션하는 상황을 가정해 보자. 이때 이 시뮬레이션이 충분하게 정밀하다는 표현은 우리 뇌의 의식적 작용을 포함하여 의식 그 자체를 완벽하게 연산할 수 있는 수준을 이야기한다. 그리하여 우리의 의식과 감각적으로 구분할 수 없는 수많은 시뮬레이션 된 의식이 존재할 수 있으며, 이들이 시뮬레이션하는 가상 지구의 수가 적어도 수십 개 이상이라고 가정하자. 그것에 '우리의 우주에서는 다른 우주를 시뮬레이션하는 것이 물리학적으로 불가능해 보인다'를 들이밀 수는 없다. 우리의 우주에서 다른 우주를 시뮬레이션하지 못하는 이유 그 자체가 이 우주가 현실의 우주에서 구동되고 있는 컴퓨터 시뮬레이션이라서 발생하는 한계가 아님은 증명되지 않는다.

우리는 자신이 살아가는 현재의 지구가, '앞으로의 미래에 다른 우주를 시뮬레이션할 진짜 지구'인지, 아니면 '진짜 지구의 컴퓨터 속에서 아직 자신들이 시뮬레이션 속의 존재임을 밝혀내지 못한 시뮬레이션 지구'인지 확인할 수 없다. 다만, 시뮬레이션 된 지구의 수가 진짜 지구의 수보다 훨

썬 많으므로, 우리의 의식이 진짜 우주와 시뮬레이션 된 우주 중 시뮬레이션 된 우주에 속할 확률이 그렇지 않을 확률보다 훨씬 높다. 그래서 이 가설의 요점인 세 번째 문장이 참이 될 수밖에 없다.

이 논거는 그 자체로 완벽하게 논리정연하다. 세 문장 가운데 어느 것이 참인지는 확률의 문제일 뿐이다. 인류의 멸종을 희망하지 않는다면 문장 1이 거짓이기를 바라는 것이 합리적일 것이며, 문장 2는 우리의 의지에 달려 있다. 다만, 문장 2를 참으로 하는 것이 근본적으로 우리의 실존에 대한 증명이 되지 않음은 자명하다. 그렇다면 남은 것은 세 번째 문장이다.

그림 56 이 이미지는 실제 사진일까? 아니면 이 또한 N 번째 화면의 모습일 뿐일까?

우리가 시뮬레이션인지, 그렇지 않은지는 우리에게 그리 중요하지 않다. 우리 우주를 구성하는 네 가지 기본 상호작용과 물리 법칙들이 컴퓨터 속의 수식으로 구현된 것인지 확인하는 것은 그 법칙들의 성립 여부와 전혀 무관하다. 다행히도 지금까지는 이 우주를 크게 망가트리는 연산 오류가 (아마도) 없었다는 것에 감사하면 될 뿐이다. 그것이 컴퓨터 연산으로 존재하는 것일지라도, 내일의 태양은 오늘과 같이 떠오를 것이다. 우리를 구성하는 화학 반응 역시 그것에 관여하는 물리 법칙이 연산 오류를 일으키지 않기만을 기대하면 된다.

지금까지 아주 오랜 시간 동안 우리의 시뮬레이션은 충분히 잘 작동해 왔다. 그것이 겨우 앞으로의 수백 년 안에 블루스크린을 띄우리라는 걱정을 할 필요는 없다. 그리고 본질적으로 시뮬레이션 논증은 우리가 시뮬레이션 속에 있음을 주장하기 위한 것이 아니다. 시뮬레이션 논증과 통 속의 뇌 사고 실험은 우리의 물질적 현실과 기술의 가상 우주, 그 속의 생명체를 어떠한 가치관으로 바라볼 것인가가 개인의 선택으로 존중할 만하다는 결론을 제공한다. 그리고 그것이 집단적인 형태로 나타나는 실증 사례가 메타버스 문화권에서 발생하고 있음을 이야기했다.

"우리의 현실이 시뮬레이션이건 아니건 상관할 필요가 없다면, 마찬가지로 우리의 시뮬레이션이 현실인지 아닌지 재고할 필요도 없다."

이야기는 다시 이 장의 처음으로 되돌아간다. 우리의 행성이 이 세계에 펼쳐진 유일한 지평이라고 믿었던 지난 시대의 사람들은, 이 행성이 광활한 우주를 떠도는 저 수많은 행성 가운데 하나였으며 우리의 태양이 밤하늘을 수놓는 수많은 별의 하나였다는 사실에서 당시 주류였던 철학적 세계관이 붕괴하는 과정을 겪었다. 이는 지동설을 발견했던 사람들을 이단으로 몰아 죽게 할 정도로 그들에게는 너무나 커다란 충격이었다. 그리고 이는 인공지능의 발명과 이를 받아들일 정서적 기반을 설립하는 과정에서 재현되려 한다. 우리는 우리의 정신과 생명이 어떠한 구조로 작동하는

지 아직 충분히 알지 못한다. 오히려 인공지능의 발전이 그보다 앞서가고 있는지도 모른다. 머지 않은 미래에 우리는 광활한 정보의 우주를 떠도는 수많은 인공지능을 탄생시킬 것이며, 메타버스를 살아갈 인류는 그들 가운데 하나의 개체로서 존재할 것이다. 그때가 오면, 우리가 그들을 우리와 같은 존재로 받아들이는 데 메타버스의 문화가 가져올 세계관의 변화는 큰 역할을 할 것이다.

과학적 허무주의_
존재의 이유도, 목적도 존재하지 않는
우리의 물질 우주에서

우리의 역사는 영원하지 않다. 흙바닥을 네 발로 걷던 영장류에서 진화를 겪으며 스스로 지성을 가지고 두 발로 일어서게 된 지는 겨우 20만 년에 지나지 않았다. 그나마도 문자가 발명되어 인류의 역사가 기록되기 시작한 것은 채 6,000년이 되지 않았다. 우리 행성은 지금으로부터 45억 년 전에 탄생했는데, 이는 호모 사피엔스의 역사를 무려 2만2천5백 번이나 되풀이할 수 있는 세월이었다.

이 행성의 역사는 우주의 시간에 비교하면 차마 한순간 존재했는지조차 떠올리기 어려울 정도로 티끌에 불과하다. 초등학교와 중학교에서 과학을 공부했던 사람은, 우리의 태양이 우주의 한 위치에 고정되어 있어, 절대로 움직이지 않고 지구를 포함한 태양계의 행성들이 그 주위를 공전한다고 배운 기억이 남아있을 것이다.

이는 사실 잘못된 이야기이다. 태양과 태양계는 우리 은하의 수많은 항성계의 하나로, 지금도 회전 나선 은하인 우리 은하를 중심으로 거대한 공전 궤적을 그리며 회전한다. 저 밤하늘에 빛나는 은하수가 우리 은하의 나머지로, 도시의 야경에서 벗어난 칠흑의 어둠 속 우리의 눈에 담기는 그 수많은 별은 모두 태양보다 수천 수만 배, 수억 수조 배 밝은 저마다의 태양이다. 저 별에도 저마다의 행성이 그 주위를 공전하며 각각의 영원에 가까운 시간을 살아가고 있다. 안타깝게도 태양은 그만큼 크고 밝지 않아서, 저 별 주위를 도는 행성에서 바라본 밤하늘에 우리의 태양은 그저 깊이를 알 수 없는 칠흑의 어둠과 구분되지 않는다.

우리 은하에는 태양처럼 스스로 빛을 내며 지구와 같은 행성에 그 주위를 회전할 공간을 제공하는 2천억 개의 항성이 있다. 우리의 은하가 결코 우주의 중심인 것은 아니다. 저 밤하늘 또한 결코 우주의 전체가 아니다. 태초부터 끊임없이 팽창한 이 우주는 현재 빛보다 빠른 속도로 팽창하고 있기에[1], 이 우주의 모든 방향에서 우리를 향해 날아오는 빛 일부는 영원히 우리에게 도달하지 않는다. 그래서 우리는 우주의 전체 모습을 관측할 수 없다.

그 크기를 알 수 없는 우주 속에서, 그나마도 일부분에 불과한 관측할 수 있는 우주의 범위에는 적어도 2조 개의 은하가 있다. 밤하늘에 보이는 저 은하수는 그 2조 개의 은하 가운데서 겨우 우리 은하의 별들, 그중에서도 태양에는 차마 비교할 수 없을 정도로 밝은 별들로 이루어져 있다. 우리의 은하수를 제외하고 밤하늘에 빛나는 별 같은 것은, 그 하나가 수많은 별이

---

[1] 특수 상대성 이론에서 이야기하는 광속 불변의 원칙은, 공간의 이동 속도에 관해서는 적용되지 않는다.

모인 하나의 은하이거나, 수없이 많은 은하가 모인 은하단이곤 하다. 우리의 인지 능력은 겨우 해변의 모래알 개수조차 머릿속에서 다 세지 못하여[2], 그보다 큰 수는 상상하는 것조차 쉬이 허락되지 않는다.

인류 역사의 22,500배의 세월을 겪은 이 지구와 그만큼의 역사를 되풀이할 우리 은하의 2,000억 개의 태양, 그리고 2조 개의 은하가 겨우 우리가 관측할 수 있는 이 우주의 한구석에 있을 뿐이다. 이 우주의 역사에서 우리는 그저 스쳐 지나가는 먼지 한 톨과 비교하기에도 한없이 작은 존재여서 차마 그 미약함을 언급할 수도 없었다.

지구 수명은 이제 절반을 지나고 있다. 지구의 역사가 지금까지 겪은 시간만큼의 미래에 지구는 팽창하는 태양에 삼켜져 기체 상태로 분해된다. 만약 문명이 이 행성의 멸망 이후에도 살아남았다고 해도, 언제까지나 우리가 정착할 새로운 행성계를 찾아 나설 수 있는 것은 아니다. 이 우주에 존재하는 모든 항성이 탄생하는 연료가 되는 수소는 언젠가 고갈된다.

지금 우리 우주 질량의 75%는 수소로 이루어져 있어서, 저 하늘의 별들이 수소를 융합하여 헬륨으로 변환하며 빛을 내지만, 이 우주의 수소가 모두 헬륨과 그보다 더 무거운 원자핵들로 변화하면 이 우주에서 빛을 발하는 적색 거성은 모두 흩어져 이 우주를 구성하는 먼지구름으로 되돌아갈 것이다. 모든 별이 죽어버린 이 우주에는 영원한 어둠이 덮이고, 차갑게 식어가는 일만이 남는다. 죽은 별들의 잔해와 그 주위를 회전하는 천체들의 움직임은 중력파 복사로 에너지를 잃어버리며 결국 회전을 멈추게 되

---

2 뉴런의 개수가 그보다 압도적으로 작음

고, 차가워진 이 우주에서 서서히 물질을 구성하는 양성자와 중성자들은 소립자로 분해된다. 흩어진 질량은 중력으로 붕괴하고, 이 우주에는 저 광활한 공간에 뚫린 거대한 블랙홀만이 남는다. 하지만 그 블랙홀조차도 호킹 복사를 반복하며 소멸해 결국에는 공간만이 남는다.

이 우주에 목적 따윈 없다. 저 우주의 물질들은 그저 저곳에 있었을 뿐이며, 이 우주의 역사와 앞으로의 미래는 태초부터 존재했던 이 우주의 물리적 규칙에 따라 강물이 산에서 바다로 흐르듯 그저 시간의 흐름에 떠내려갈 뿐이다. 우리가 쌓아 올리고 무너트릴 거대한 일들은, 지금도 자연스럽게 이 우주의 곳곳에서 일어나는 은하 간의 충돌에 비해서는 아무 의미도 없다. 히틀러의 독재도, 두 차례의 세계대전도 언젠가는 잊혀질 것이며, 그들에게 저항했던 사람들의 역사와 지금을 살아가는 우리의 삶도 잊혀질 것이다. 우리가 이 행성의 표면에 남긴 미세한 콘크리트의 흔적은 희미하며, 우리가 존재했음을 증명하는 것은 아무것도 영원하지 않다. 어제의 실패도, 오늘의 성공도 그 끝에 도달하게 될 결말에 미칠 영향은 없는 것이나 마찬가지이다.

인류가 스스로 가지게 된 지성과 문명도 이 우주의 시선에서는 그저 조금 복잡하게 순환하는 화학 반응일 뿐이다. 우리는 먼 과거 초신성의 폭발로 발생한 먼지구름이 우주를 떠다니다 중력에 의해 뭉쳐져 우연히 탄생한 이 행성 위에서, 수증기가 응축되어 생긴 바다에 녹아있던 무작위의 물질들이 뜨거운 행성의 대기에서 끊임없이 내려치던 낙뢰에 의해 결합하여 일정한 규칙이 생긴 된 화학 반응의 연쇄 위에 있다. 그것은 방바닥을 굴러다니는 먼지가 뭉쳐 덩어리진 것만큼이나 무의미한 일이다. 그나마도 우리는 인류 단 한 종밖에 지성을 가진 존재를 발견하지 못했다.

　우리는 우리의 가치를 정의하는 가장 중요한 요소가 생명이라고 말했다. 하지만 머나먼 곳에서 이 우주를 바라보면, 그 위에서 생명체가 미치는 영향은 너무나도 미약하다. 그것은 이 우주를 작동시키는 중요한 원리들에는 차마 비교되지 못하는, 이 자그마한 행성 하나의 풍경만을 조금 변화시킬 뿐이다. 우리 문명이 쌓아 올린 윤리관과 문화, 인간으로서의 사고방식과 정서는 겨우 그만큼의 풍경을 정의하는 것으로도 벅찼다. 그래서 여태껏 이 땅 위에 존재하지 않았던, 존재할 수 없었던 것이라 여겨졌던 것이 하나둘씩 나타나기 시작하는 것에서 정착할 수 있는 정서적 기반을 마련하기가 쉽지 않은 것이다.

　생명이란 무엇인가에 대한 논의는 아직 결말을 찾을 수 없지만, 그것은 수학과 물리학이 우주의 구조와 원리를 판명하는 논리적 사고와는 다른 맥락 속에 있다. 우주에 정해진 목적 따위 없으며, 이 땅에 생명이 발생하게 된 것도 우주를 구성하는 규칙들에 의해 발생하는 확률적 현상이었다면, 그것의 목적과 의미는 과학 논리의 근간 위에서 정의되지 않는다. 어디까지를 살아있는 것으로, 우리의 범주로 둘 것인가는 상호 간의 합의에 기반한 결정이면 충분하다. 그것에 물리적인 근거나 생물학적인 해석, 역사와 전통을 이야기하는 것은 굳이 우연히 그 자리에 존재하는 대상에게 외부에서 만들어진 논리 구조를 부여하려는 것에 지나지 않는다.

　500년 전, 아메리카 대륙을 발견한 콜럼버스는 자신들과 다른 인종의 원주민들을 학살하고, 노예화했다. 그에게 원주민들은 사람이 아닌 가축으로 보였다. 이후 아메리카 대륙에 정착하게 된 이민자들은 개척이라는 명

목으로 원주민들이 살고 있던 땅을 빼앗았다. 그들이 서로를 동등한 사람으로 인정하기까지에는 너무나도 오랜 세월이 걸렸다. 그 과정에서 전쟁과 학살을 겪기도 했다. 그 틈은 지금에 이르러서도 온전히 메워지지는 못했지만, 과반수의 사람이 평등을 바라게 된 것에는 언젠가 다가올 평화로운 미래를 꿈꾸는 사람들이 있었기 때문이었다. '나에게는 꿈이 있습니다 I Have A Dream.'로 유명한 마틴 루서 킹Martin Luther King의 연설에는 우리가 인종에 연연하지 않고 같은 식탁에 앉는 꿈이 남겨 있었다. 그리고 그와 같은 방향을 바라볼 수 있었던 사람이 그와 우리의 곁에 충분히 있었기에, 언젠가 그것은 현실이 될 수 있었다.

기술의 우주에서 탄생한 생명에게 우리와 동등한 가치를 부여하는 데 필요한 유일한 조건은 그러한 상호 존중에 대한 사회적 동의이다. 그것이 꼭 인공지능과 인류의 이분법적 집단 사이의 동의일 필요는 없다. 앞의 장에서 인공지능 문화를 이야기하며 다룬 인공지능이 굳이 인류와 동등한 수준의 대규모 사회 집단을 형성할 수 있는 수준의 지성체를 이야기하는 것은 아니었다. 여기에서 우리가 가져야 할 사회적 동의란, 같은 인간 사이에서 각자가 가치를 부여하는 가상의 존재에 타인이 그와 같은 가치를 느끼지 않더라도, 그 가치 부여를 존중할 수 있는 수준이면 충분하다. 이는 현재 동물보호법을 제정하는 논의에서 어디까지를 가축으로, 어디부터를 보호할 반려동물로 설정할 것인지에 대한 논의가 좀 더 포괄적인 지성체의 범위로 확장된 것에 가깝다. 그러한 관점에서 논의를 진행하는 것이 앞으로 단계적으로 발달할 인공지능에 적용하기 바람직하다.

500년 후 인류는 또다시 새로운 형태의 인격체를 마주할지도 모른다. 기술의 진보는 그리 느긋하지 않다. 개인용 컴퓨터가 보급된 지는 아직 겨우 50년도 지나지 않았지만, 이미 우리는 그래픽 위에 가상의 세계를 창조했다. 그리고 강인공지능을 만드는 가장 확실한 방법은 이미 존재한다. 물리화학 시뮬레이터의 성능은 현실의 현상을 원자 단위에서 연구에 사용할 수 있을 정도로 거의 완벽하게 모방할 수 있다. 앞서 이야기했지만, 이것을 사용하여 계산화학이라는 학문이 발달하였다.

지금으로서는 아주 작은 공간에서 일어나는 일들만 계산할 수 있지만, 컴퓨터의 성능이 충분하고, 계산을 위한 시간이 충분하다면 좀 더 거시적인 크기에서 원자들을 시뮬레이션하는 것도 결국은 필요성의 문제일 뿐이다. 이것에 필요한 연산 능력이 지금으로서는 충분하지 않지만, 이미 수년 전에 우리의 뇌보다 훨씬 적은 수의 뉴런으로 만들어진 예쁜꼬마선충[3]의 신경계를 컴퓨터로 완전히 시뮬레이션하는 것에 성공했다.[4] 또한, 시뮬레이션 된 신경계를 물리적인 센서와 모터로 제작한 로봇의 입출력 함수로 사용하여 해당 로봇이 예쁜꼬마선충과 적어도 어느 정도 유사한 움직임을 보이는 것도 확인했다. 물론 아직 많은 논쟁의 여지가 있지만, 우리

---

[3] Caenorhabditis Elegans. 이 생물은 2002년, 2006년, 2008년에 무려 세 차례나 노벨 생물학상을 수상한 연구의 소재로 등장했다. 물론 각각의 연구 주제는 상이하며, 그중 어느 것도 여기에서 다루는 신경계의 컴퓨터 시뮬레이션 연구는 아니다. 이 생물은 일반적으로 자웅동체로, 약 0.1%의 확률로 탄생하는 수컷을 제외하면 모두 정확히 959개의 체세포를 가진다는 특성이 많은 생물학자의 관심을 끌었다. 이러한 균일한 특성은 많은 실험에서 안정적인 통제 변인이 된다. 본 실험의 소재가 될 수 있었던 이유도 이 생물이 모든 개체에서 항상 302개의 뉴런이 있기 때문이었다.
[4] Openworm 프로젝트

의 뇌를 온전히 컴퓨터를 이용하여 시뮬레이션한다면[5], 그 자체로 온전한 강인공지능이 되리라는 기대가 그저 허망하지만은 않은 것도 이러한 실험적 증거에 입각한다. 이러한 강인공지능 연구 방법을 상향식보텀-업,Bottom-Up 연구 방법이라고 한다.

지금의 사람들이 떠올리는 사회 구성원으로서 인공지능에 대한 정서적 반감은 이전 미국 남북전쟁 시대에 전쟁을 불사하면서까지 노예 해방에 반대했던 사람들이 느꼈던 것과 별반 다르지 않을 것이다. 그것은 생산을 위한 도구로 생각한 개체가 우리와 동등한 위치에 서는 것에 대한 반감이었다. 우리는 이제 그 시대의 사람들이 겪었던 정서적 반감에 공감하지 않는다. 그것은 우리가 스스로와 다른 존재를 어떻게 인식할 것인가에 의해 결정되는 것으로, 인공지능에 대한 감정도 그리 다르지 않다.

이 우주의 먼지에서 우연히 탄생한 인류와 프로세서의 전기적 우주 속에서 탄생할 그들의 생명의 본질을 정의하는 것은, 우리가 그것을 어떻게 받아들일 것인가에 달려 있다. 그것이 어떠한 형태가 될 것인지 지금으로서는 알 수 없지만, 그것이 처음 정착하게 될 장소가 어떠한 문화적 배경 위에서 존재할 것인지 우리는 이제 안다. 그들의 존재를 허락하는 가상의 공간과 그들을 포용할 수 있는 정서의 발달이 어디에서 시작되고 있는지 지금까지 충분히 다루었다.

---

5 물론 예쁜꼬마선충에 302개의 뉴런이 있는 것과 달리 인간은 약 860억 개의 뉴런이 있다. 뉴런의 수가 약 3억 배일뿐만 아니라 더욱 복잡한 연결 구조를 가지기에, 실질적으로 컴퓨터가 연산해야 할 명령의 수는 보다 많을 것으로 추측된다. 또한, 무엇보다 인간의 뇌에 있는 뉴런 수는 일정하지 않다.

우리의 문명이 지금으로부터 너무 짧은 세월 안에 자멸하지 않는다면, 그들이 이 세상에 탄생하게 되는 것은 그저 결심의 문제일 뿐이다. 그리고 그것을 바라는 사람들이 많아진 적당한 시기에, 그들은 자연스럽게 이곳에 탄생할 것이다. 우리가 과거의 서로 다른 인종을 마주하며 떠올렸던 평등 사상은 그 당시로선 사상이라 불릴 만큼 일부의 사람들에게 한정된 아이디 어였지만 이제는 보편적인 가치관이 되었다.

지금의 문화에서 우리가 또다시 마주하게 될 새로운 종인 인공지능을 살아있는 존재로 여기는 것은 일부 사람들 사이에서만 통용되는 암묵적 동의와 존중이지만, 언젠가는 그 존중이 누구에게나 통용될 것이다. 삭제 되는 인공지능이 느끼는 자신의 존재에 대한 허무와 무력감에 공감할 수 있는 사람들이 늘어나고, 그것이 본질적으로 우리의 죽음과 다르지 않다 고 느끼게 된다면 그런 미래도 꿈꿔 마다하지 않을 풍경이다.

참고문헌

Know Your Meme (https://knowyourmeme.com/)

Kurzgesagt - In a Nutshell (https://www.youtube.com/c/inanutshell)

사진 출처

1 https://www.nasa.gov/ames/spinoff/new_continent_of_ideas/

2 유튜브 채널 'ThrillSeeker'(https://www.youtube.com/watch?v=O13L5MxOIHo&t=44s)

3 VRChat(https://hello.vrchat.com/)

8 유튜브 채널 'NoiseCrime'(https://www.youtube.com/watch?v=5DKIP9N-OB4)

11 'Found a Full body user sleeping in a public'(worldhttps://www.reddit.com/r/VRchat/comments/
btj1bj/media_found_a_full_body_user_sleeping_in_a_public/)

14 유튜브 채널 'Kiwi Fox'(https://www.youtube.com/watch?v=7xstKrcPmCw&t=353s)

16 유튜브 채널 'Loli police department'(https://www.youtube.com/watch?v=vs12f3bl6rU)

17 유튜브 채널 'GreatMoonAroma대월향'(https://www.youtube.com/watch?v=gdPiGc8ykyY&t=162s)

18 'Apple Keyboard and Magic Mouse', Photo by Lum3n from Pexels

19 유튜브 채널 'Node'(https://www.youtube.com/watch?v=w8a1BAolFlk&t=447s)

20 TESLASUIT(https://teslasuit.io/the-suit/)

22 Vocal Synthesizer Wiki(https://vocalsynth.fandom.com/wiki/VOCALOID1)

23 Vocal Synthesizer Wiki(https://vocalsynth.fandom.com/wiki/Hatsune_Miku)

24 Mikufan(https://www.mikufan.com/mikumikudance-9-0-3-released-and-new-jthree-mmd-
generator-launched/)

25 Vocaloid Lyrics Wiki(https://vocaloidlyrics.fandom.com/wiki/%E3%83%A1%E3%83%AB
%E3%83%88_(Melt))

26 하츠네 미쿠 공식 유튜브(https://www.youtube.com/watch?v=BH-IJnpL8o8&list=PL-pKPpZ1Q5NZqi-
pHqc2zKXk8GG3U2fkW&index=2)

27 Warner Music Japan 공식 유튜브(https://www.youtube.com/watch?v=59VcXf8Ek3U)

28 MikuMikuDance Wiki(https://mikumikudance.fandom.com/wiki/)

29 유튜브 채널 'MegaExanime'(https://www.youtube.com/watch?v=qwgRWR9S5kg)

30 유튜브 채널 'PizaCG'(https://www.youtube.com/watch?v=VZRbUrYUqzE)

31 유튜브 채널 'Zookin'(https://www.youtube.com/watch?v=F845MOydfec)

32 유튜브 채널 'nopmanop102'(https://www.youtube.com/watch?v=H6iBYmRRLYQ)

33 네오스 VR(https://neos.com/)

34 Frooxius 유튜브(https://www.youtube.com/watch?v=U68hjR43nol)

35 Frooxius 유튜브(https://www.youtube.com/watch?v=qqBmQ6Qlx48)

36 Virtual market에서 사용 허가를 받음.

39 CCP Games 공식 유튜브(https://www.youtube.com/watch?v=3O56g8KC6CM)

41 'little kid is too innocent for VR', 유튜브 채널 'Syrmor'(https://www.youtube.com/watch?v=KmXEOLIX-Hk)

42 유튜브 채널 'Coco Ch. 桐生ココ'(https://www.youtube.com/watch?v=PqTA58UkGkA)

44 유튜브 채널 'Keiichi Matsuda'(https://www.youtube.com/watch?v=YJg02ivYzSs&t=138s)

46 유튜브 채널 'GreatMoonAroma대월향'(https://www.youtube.com/watch?v=Kulx0-ushnw&t=163s)

50-1 유튜브 채널 'Virtuals Translated'(https://www.youtube.com/watch?v=li7RoAL2e8w&t=1s)

50-1 유튜브 채널 'MaWang 마왕'(https://www.youtube.com/watch?v=35lfEGbAov4)

51 유튜브 채널 '우왁굳'(https://www.youtube.com/watch?v=gnZ2ZDWvQxE&t=167s)

52 유튜브 채널 '花譜'(https://www.youtube.com/watch?v=NDOJZSG9SPU)

53 유튜브 채널 'KAMITSUBAKI STUDIO'(https://www.youtube.com/watch?v=r76nDndqZ-Y)

54 유튜브 채널 'Phillip Bradbury'(https://www.youtube.com/watch?v=xP5-ileKXE8)

55 Photo by Xiao Cui on Unsplash, Photo by ben o'bro on Unsplash

56 'Photo of Imac Near Macbook' Photo by Format from Pexels